Bodanowitz
Landesdisziplinargesetz Brandenburg

# Landesdisziplinargesetz Brandenburg

## Kommentar

von

**Dr. Jan Bodanowitz**
Präsident des Verwaltungsgerichts Potsdam

KSV Medien

Die Herstellung bei KSV Medien erfolgt weitgehend digital
und in dem Bewusstsein, eine möglichst ressourcenschonende
Produktion zu gewährleisten.

**Bibliografische Information der Deutschen Nationalbibliothek**
Die Deutsche Nationalbibliothek verzeichnet diese Publikation in der Deutschen Nationalbibliografie; detaillierte bibliografische Daten sind im Internet über http://dnb.dnb.de abrufbar.


Satz: C.H.Beck.Media.Solutions · Nördlingen
Druck: CPI books

**ISBN 978-3-8293-1828-0**

# Inhalt

# Abkürzungsverzeichnis

| | | |
|---|---|---|
| Abs. | = | Absatz |
| BbgBesG | = | Besoldungsgesetz für das Land Brandenburg (Brandenburgisches Besoldungsgesetz) |
| BbgBeamtVG | = | Beamtenversorgungsgesetz für das Land Brandenburg (Brandenburgisches Beamtenversorgungsgesetz) |
| BbgBKG | = | Gesetz über den Brandschutz, die Hilfeleistung und den Katastrophenschutz des Landes Brandenburg (Brandenburgisches Brand- und Katastrophenschutzgesetz) |
| BbgKVerf | = | Kommunalverfassung des Landes Brandenburg |
| BbgSchulG | = | Gesetz über die Schulen im Land Brandenburg (Brandenburgisches Schulgesetz) |
| BbgVwZG | = | Verwaltungszustellungsgesetz für das Land Brandenburg |
| BGB | = | Bürgerliches Gesetzbuch |
| BDG | = | Bundesdisziplinargesetz |
| Beschl. | = | Beschluss (auch: Nichtannahmebeschluss) |
| BRRG | = | Rahmengesetz zur Vereinheitlichung des Beamtenrechts (Beamtenrechtsrahmengesetz) |
| BVerfG | = | Bundesverfassungsgericht |
| BVerwG | = | Bundesverwaltungsgericht |
| BZVMBJS | = | Verordnung über die beamtenrechtlichen Zuständigkeiten im Geschäftsbereich des Ministeriums für Bildung, Jugend und Sport (Brandenburg) |
| BZVPol | = | Brandenburgische Beamtenrechtszuständigkeitsverordnung Polizei |
| d. h. | = | das heißt |
| Erl. | = | Erläuterung(en) |
| GebGBbg | = | Gebührengesetz für das Land Brandenburg |
| GKG | = | Gesetz über kommunale Gemeinschaftsarbeit im Land Brandenburg |
| GVG | = | Gerichtsverfassungsgesetz |
| i. S. v. | = | im Sinne von |
| i. V. m. | = | in Verbindung mit |
| KVBbgG | = | Gesetz über den Kommunalen Versorgungsverband Brandenburg |
| LBG | = | Beamtengesetz für das Land Brandenburg (Landesbeamtengesetz) |

| | | |
|---|---|---|
| LGG | = | Landesgleichstellungsgesetz (Brandenburg) |
| LDG | = | Landesdisziplinargesetz (Brandenburg) |
| m. w. N. | = | mit weiteren Nachweisen |
| NdsOVG | = | Niedersächsisches Oberverwaltungsgericht |
| n. v. | = | nicht veröffentlicht |
| OVG Bln-Bbg | = | Oberverwaltungsgericht Berlin-Brandenburg |
| OVG NW | = | Oberverwaltungsgericht für das Land Nordrhein-Westfalen |
| PersVG | = | Landespersonalvertretungsgesetz (Brandenburg) |
| Rn. | = | Randnummer |
| SGB VI | = | Sozialgesetzbuch Sechstes Buch – Gesetzliche Rentenversicherung |
| SGB IX | = | Sozialgesetzbuch Neuntes Buch – Rehabilitation und Teilhabe von Menschen mit Behinderungen |
| StPO | = | Strafprozessordnung |
| str. | = | strittig |
| sog. | = | sogenannte |
| TVFF | = | Verordnung über Aufnahme, Heranziehung, Zugehörigkeit und Ausscheiden der ehrenamtlichen Feuerwehrangehörigen (Tätigkeitsverordnung Freiwillige Feuerwehr – TVFF) |
| u. a. | = | unter anderem/und andere |
| Urt. | = | Urteil |
| VG | = | Verwaltungsgericht |
| VwVfG | = | Verwaltungsverfahrensgesetz |
| VwGO | = | Verwaltungsgerichtsordnung |
| VwZG | = | Verwaltungszustellungsgesetz |
| WPflG | = | Wehrpflichtgesetz |
| z. B. | = | zum Beispiel |

# Literaturverzeichnis

*Köhler/Baunack* Daniel Köhler/Sebastian Baunack, BDG Bundesdisziplinargesetz und materielles Disziplinarrecht, 7. Auflage 2021

*Gansen* Franz Werner Gansen, Disziplinarrecht in Bund und Ländern, Kommentar, Stand: April 2023

*Herrmann/Sandkuhl* Klaus Herrmann/Heide Sandkuhl, Beamtendisziplinarrecht – Beamtenstrafrecht, 2. Auflage 2021

*Schnellenbach/Bodanowitz* Helmut Schnellenbach/Jan Bodanowitz, Beamtenrecht in der Praxis, 10. Auflage 2022

*Schütz/Schmiemann* Erwin Schütz/Klaus Schmiemann, Disziplinarrecht des Bundes und der Länder, Stand: Juli 2022

*Urban/Wittkowski* Richard Urban/Bernd Wittkowski, Bundesdisziplinargesetz, Kommentar, 2. Auflage 2017

*Weiß/Koch* Hans-Dietrich Weiß/Andreas Koch, Disziplinarrecht des Bundes und der Länder, Gesamtkommentar Öffentliches Dienstrecht, Stand I/2023

# Einführung

Für das Land Brandenburg trifft das Landesdisziplinargesetz die wesentlichen Regelungen zu von Landes- sowie Kommunalbeamten begangenen bzw. ihnen vorgeworfenen Dienstvergehen. Die Rechtsanwendung gestaltet sich in der Praxis nicht selten schwierig, besonders in Verwaltungszweigen, in denen nur selten Disziplinarverfahren einzuleiten sind und es an einem entsprechenden Erfahrungswissen fehlt. Bisher konnte dafür nur auf einschlägige Kommentierungen zum Bundesdisziplinargesetz zurückgegriffen werden. Dieser Kommentar dient als praktisches Hilfsmittel und stellt die erste Kommentierung des Landesdisziplinargesetzes für Brandenburg überhaupt dar.

Der Zweckbestimmung als praktisches Hilfsmittel entsprechend ist die Kommentierung kurz und bündig abgefasst, weshalb auch von einer ausführlicheren einführenden Darstellung abgesehen wird. Anspruch ist es, die Nutzenden zuverlässig über wesentliche Gesichtspunkte zu informieren. Die Darstellung verzichtet dafür bewusst auf theoretische Überfrachtungen oder etwa eine vollständige Dokumentation zur Entwicklung der einschlägigen Rechtsprechung. Von Hinweisen auf unveröffentlicht gebliebene Entscheidungen der mit dem Disziplinarrecht im Land Brandenburg befassten Gerichte, also der Disziplinarkammer bei dem Verwaltungsgericht Potsdam, als dessen Vorsitzender der Verfasser tätig ist, und des Disziplinarsenats bei dem Oberverwaltungsgericht Berlin-Brandenburg, wird weitgehend abgesehen. Eine an sich wünschenswerte verstärkte Veröffentlichungspraxis der Gerichte stößt an Grenzen, da die Tatbestände der gerichtlichen Entscheidungen nicht selten (zumindest für einen größeren Kollegenkreis) Rückschlüsse auf die betroffenen Beamten zulassen und Auskunft über schützenswerte personenbezogene Daten geben.

Aus Gründen der besseren Lesbarkeit und des Umfangs werden durchgehend männliche Personen- und Funktionsbezeichnungen verwendet. Mit diesen sind alle Geschlechter gleichermaßen gemeint. Die Verwendung des generischen Maskulinums steht im Einklang mit dem Vorgehen des Normgebers im kommentierten Gesetz (§ 1 Abs. 4 LDG).

# Landesdisziplinargesetz (LDG)

vom 18. Dezember 2001 (GVBl. I/01 Nr. 19, S. 254),
zuletzt geändert durch Art. 11 des Gesetzes
vom 15. Oktober 2018 (GVBl. I/18 Nr. 22, S. 28)

## TEIL 1
## ALLGEMEINE BESTIMMUNGEN

### § 1
### Persönlicher Geltungsbereich

(1) Dieses Gesetz gilt für Beamte und Ruhestandsbeamte im Sinne des Landesbeamtengesetzes. Abgewählte kommunale Wahlbeamte auf Zeit im Sinne des § 123 Absatz 2 des Landesbeamtengesetzes gelten als Ruhestandsbeamte; § 87 Absatz 3 bleibt unberührt. Frühere Beamte, die Unterhaltsbeiträge nach den Bestimmungen des Brandenburgischen Beamtenversorgungsgesetzes oder entsprechender früherer Regelungen beziehen, gelten bis zum Ende dieses Bezuges als Ruhestandsbeamte, ihre Bezüge als Ruhegehalt.

(2) Für Ehrenbeamte gilt dieses Gesetz nur, sofern dies in besonderen, für die einzelnen Gruppen von Ehrenbeamten geltenden Gesetzen geregelt ist.

(3) Die in diesem Gesetz verwendeten Amts- und Funktionsbezeichnungen sowie die sonstigen personenbezogenen Bezeichnungen gelten für Frauen und Männer in gleicher Weise.

### § 2
### Sachlicher Geltungsbereich

(1) Dieses Gesetz gilt für die

1. von Beamten während ihres Beamtenverhältnisses begangenen Dienstvergehen (§ 47 Abs. 1 des Beamtenstatusgesetzes) und
2. von Ruhestandsbeamten
   a) während ihres Beamtenverhältnisses begangenen Dienstvergehen (§ 47 Abs. 1 des Beamtenstatusgesetzes) und
   b) nach Eintritt in den Ruhestand begangenen als Dienstvergehen geltenden Handlungen (§ 47 Abs. 2 des Beamtenstatusgesetzes und § 55 des Landesbeamtengesetzes).

(2) Bei Beamten und Ruhestandsbeamten, die früher in einem anderen Dienstverhältnis als Beamte, Richter, Berufssoldaten oder Soldaten auf Zeit gestanden haben, gilt dieses Gesetz auch wegen solcher Dienstvergehen, die sie in dem früheren Dienstverhältnis oder als

Versorgungsberechtigte aus einem solchen Dienstverhältnis begangen haben; auch bei den aus einem solchen Dienstverhältnis Ausgeschiedenen und Entlassenen gelten Handlungen, die in § 47 Abs. 2 des Beamtenstatusgesetzes und § 55 des Landesbeamtengesetzes bezeichnet sind, als Dienstvergehen. Ein Wechsel des Dienstherrn steht der Anwendung dieses Gesetzes nicht entgegen.

(3) Für Beamte, die Wehrdienst im Rahmen einer Wehrübung (§ 6 des Wehrpflichtgesetzes) oder einer besonderen Auslandsverwendung (§ 6a des Wehrpflichtgesetzes) leisten, gilt dieses Gesetz auch wegen solcher Dienstvergehen, die während des Wehrdienstes begangen wurden, wenn das Verhalten sowohl soldatenrechtlich als auch beamtenrechtlich ein Dienstvergehen ist.

## § 3

### Ergänzende Anwendung anderer Gesetze

Zur Ergänzung dieses Gesetzes sind insbesondere die Bestimmungen des Verwaltungsverfahrensgesetzes, des Verwaltungszustellungsgesetzes, des Gebührengesetzes sowie des Verwaltungsvollstreckungsgesetzes für das Land Brandenburg und der Verwaltungsgerichtsordnung entsprechend anzuwenden, soweit sie nicht zu den Bestimmungen dieses Gesetzes in Widerspruch stehen oder soweit nicht in diesem Gesetz etwas Anderes bestimmt ist.

## § 4

### Gebot der Beschleunigung

Disziplinarverfahren sind beschleunigt durchzuführen. Beschäftigte, die mit Ermittlungen beauftragt werden, sollen für die Dauer ihrer Tätigkeit von ihrem Hauptamt so weitgehend entlastet werden, dass der Abschluss der Ermittlungen durch ihre hauptamtliche Tätigkeit nicht verzögert wird.

# TEIL 2

# DISZIPLINARMAßNAHMEN

## § 5

### Arten der Disziplinarmaßnahmen

(1) Disziplinarmaßnahmen bei Beamten sind:

1. Verweis (§ 6),
2. Geldbuße (§ 7),
3. Kürzung der Dienstbezüge (§ 8),

4. Zurückstufung (§ 9) und
5. Entfernung aus dem Beamtenverhältnis (§ 10).

(2) Disziplinarmaßnahmen bei Ruhestandsbeamten sind:

1. Kürzung des Ruhegehalts (§ 11) und
2. Aberkennung des Ruhegehalts (§ 12).

(3) Bei Ehrenbeamten sind nur Verweis, Geldbuße und Entfernung aus dem Beamtenverhältnis zulässig. Für Beamte auf Probe und Beamte auf Widerruf gelten die besonderen Bestimmungen der §§ 84 und 85.

(4) Missbilligende Äußerungen (Zurechtweisungen, Ermahnungen, Rügen und dergleichen), die nicht ausdrücklich als Verweis bezeichnet werden, sind keine Disziplinarmaßnahmen.

## § 6
## Verweis

Der Verweis ist der schriftliche Tadel eines bestimmten Verhaltens des Beamten. Der Verweis gilt mit dem Eintritt der Unanfechtbarkeit der Entscheidung als vollstreckt.

## § 7
## Geldbuße

(1) Die Geldbuße kann bis zur Höhe der monatlichen Dienst- oder Anwärterbezüge des Beamten auferlegt werden. Hat der Beamte keine Dienst- oder Anwärterbezüge, darf die Geldbuße bis zu dem Betrag von 500 Euro auferlegt werden.

(2) Die Geldbuße kann nach Eintritt der Unanfechtbarkeit der Entscheidung von den Dienst-, Anwärter- oder Versorgungsbezügen, vom Unterhaltsbeitrag oder von den nach § 41 nachzuzahlenden Bezügen abgezogen werden. Sie fließt dem Dienstherrn zu.

## § 8
## Kürzung der Dienstbezüge

(1) Die Kürzung der Dienstbezüge ist die bruchteilmäßige Verminderung der monatlichen Dienstbezüge des Beamten um höchstens ein Fünftel und auf längstens drei Jahre. Sie erstreckt sich auf alle Ämter, die der Beamte bei Eintritt der Unanfechtbarkeit der Entscheidung bei einem brandenburgischen Dienstherrn inne hat. Hat der Beamte aus einem früheren öffentlich-rechtlichen Dienstverhältnis einen Versor-

gungsanspruch erworben, so bleibt dieser von der Kürzung der Dienstbezüge unberührt.

(2) Die Kürzung der Dienstbezüge beginnt mit dem Kalendermonat, der auf den Eintritt der Unanfechtbarkeit der Entscheidung folgt. Tritt der Beamte vor Eintritt der Unanfechtbarkeit der Entscheidung in den Ruhestand, gilt eine entsprechende Kürzung des Ruhegehalts (§ 11) als festgesetzt. Tritt der Beamte während der Dauer der Kürzung der Dienstbezüge in den Ruhestand, wird sein Ruhegehalt in demselben Verhältnis wie die Dienstbezüge und für denselben Zeitraum gekürzt; ein Ausgleich nach § 67 des Brandenburgischen Beamtenversorgungsgesetzes wird entsprechend gekürzt. Sterbegeld sowie Witwen- und Waisengeld werden nicht gekürzt.

(3) Die Kürzung der Dienstbezüge wird gehemmt, solange der Beamte ohne Dienstbezüge beurlaubt ist. Er kann jedoch für die Dauer seiner Beurlaubung den Kürzungsbetrag monatlich vorab an den Dienstherrn entrichten; die Dauer der Kürzung der Dienstbezüge nach der Beendigung der Beurlaubung verringert sich entsprechend.

(4) Solange seine Dienstbezüge gekürzt werden, darf der Beamte nicht befördert werden. Der Zeitraum kann in der Entscheidung abgekürzt werden, sofern dies im Hinblick auf die Dauer des Disziplinarverfahrens angezeigt ist.

(5) Die Rechtsfolgen der Kürzung der Dienstbezüge erstrecken sich auch auf ein neues Beamtenverhältnis zu demselben oder zu einem anderen brandenburgischen Dienstherrn. Hierbei steht bei Anwendung des Absatzes 4 die Einstellung in einem höheren als dem bisherigen Amt der Beförderung gleich; dies gilt nicht bei der Ernennung zum Wahlbeamten auf Zeit.

## § 9
## Zurückstufung

(1) Die Zurückstufung ist die Versetzung des Beamten in ein Amt derselben Laufbahn mit geringerem Endgrundgehalt. Der Beamte verliert alle Rechte aus seinem bisherigen Amt einschließlich der damit verbundenen Dienstbezüge und der Befugnis, die bisherige Amtsbezeichnung zu führen. Soweit in der Entscheidung nichts Anderes bestimmt ist, enden mit der Zurückstufung auch die Ehrenämter und die Nebentätigkeiten, die der Beamte im Zusammenhang mit dem bisherigen Amt oder auf Verlangen, Vorschlag oder Veranlassung seines Dienstvorgesetzten übernommen hat.

(2) Die Dienstbezüge aus dem neuen Amt werden von dem Kalendermonat an gezahlt, der dem Eintritt der Unanfechtbarkeit der Entscheidung folgt. Tritt der Beamte vor Eintritt der Unanfechtbarkeit der Entscheidung in den Ruhestand, erhält er mit der Unanfechtbarkeit der

Entscheidung Versorgungsbezüge nach der in der Entscheidung bestimmten Besoldungsgruppe.

(3) Der Beamte darf frühestens fünf Jahre nach Eintritt der Unanfechtbarkeit der Entscheidung befördert werden. Der Zeitraum kann in der Entscheidung verkürzt werden, sofern dies im Hinblick auf die Dauer des Disziplinarverfahrens angezeigt ist.

(4) Die Rechtsfolgen der Zurückstufung erstrecken sich auch auf ein neues Beamtenverhältnis zu demselben oder zu einem anderen brandenburgischen Dienstherrn. Hierbei steht im Hinblick auf Absatz 3 die Einstellung in einem höheren Amt als dem, in welches der Beamte zurückgestuft wurde, der Beförderung gleich; dies gilt nicht bei der Ernennung zum Wahlbeamten auf Zeit.

## § 10

### Entfernung aus dem Beamtenverhältnis

(1) Mit der Entfernung aus dem Beamtenverhältnis endet das Dienstverhältnis. Der Beamte verliert den Anspruch auf Dienstbezüge und Versorgung sowie die Befugnis, die Amtsbezeichnung und die im Zusammenhang mit dem Amt verliehenen Titel zu führen und die Dienstkleidung zu tragen.

(2) Die Zahlung der Dienstbezüge wird mit dem Ende des Kalendermonats eingestellt, in dem die Entscheidung unanfechtbar wird. Tritt der Beamte in den Ruhestand, bevor die Entscheidung über die Entfernung aus dem Beamtenverhältnis unanfechtbar wird, gilt die Entscheidung als Aberkennung des Ruhegehalts.

(3) Der aus dem Beamtenverhältnis entfernte Beamte erhält für die Dauer von sechs Monaten einen Unterhaltsbeitrag in Höhe von 50 Prozent der Dienstbezüge, die ihm bei Eintritt der Unanfechtbarkeit der Entscheidung zustehen; eine Einbehaltung von Dienstbezügen nach § 39 Abs. 2 bleibt unberücksichtigt. Die Gewährung des Unterhaltsbeitrags kann in der Entscheidung ganz oder teilweise ausgeschlossen werden, soweit der Beamte ihrer nicht würdig oder den erkennbaren Umständen nach nicht bedürftig ist. Sie kann in der Entscheidung über sechs Monate hinaus verlängert werden, soweit dies notwendig ist, um eine unbillige Härte zu vermeiden; der Beamte hat die Umstände glaubhaft zu machen. Für die Zahlung des Unterhaltsbeitrags gelten die besonderen Regelungen des § 80.

(4) Die Entfernung aus dem Beamtenverhältnis und ihre Rechtsfolgen erstrecken sich auf alle Ämter, die der Beamte bei Eintritt der Unanfechtbarkeit der Entscheidung bei einem brandenburgischen Dienstherrn inne hat. Ist eines von mehreren Ämtern ein Ehrenamt und wird diese Disziplinarmaßnahme nur wegen eines in dem Ehrenamt oder im Zusammenhang mit diesem begangenen Dienstvergehens ver-

hängt, kann die Entfernung aus dem Beamtenverhältnis auf das Ehrenamt und die in Verbindung mit ihm übernommenen Nebentätigkeiten beschränkt werden. Hinsichtlich der dem Beamten verbleibenden Ämter kann eine weitere Disziplinarmaßnahme verhängt werden.

(5) Wird ein Beamter, der früher bei einem brandenburgischen Dienstherrn in einem anderen Dienstverhältnis als Beamter oder Richter gestanden hat, aus dem Beamtenverhältnis entfernt, verliert er auch die Ansprüche aus dem früheren Dienstverhältnis, wenn diese Disziplinarmaßnahme wegen eines Dienstvergehens ausgesprochen wird, das in dem früheren Dienstverhältnis begangen wurde.

(6) Ist ein Beamter aus dem Beamtenverhältnis entfernt worden, darf er bei einem brandenburgischen Dienstherrn nicht wieder zum Beamten ernannt werden; die oberste Dienstbehörde, bei Beamten der Gemeinden und Gemeindeverbände die oberste Rechtsaufsichtsbehörde sowie bei Beamten der der Aufsicht des Landes unterstehenden Körperschaften, Anstalten und Stiftungen des öffentlichen Rechts die Aufsichtsbehörde kann Ausnahmen zulassen. Es soll auch kein anderes Beschäftigungsverhältnis begründet werden.

## § 11
## Kürzung des Ruhegehalts

(1) Die Kürzung des Ruhegehalts ist die bruchteilmäßige Verminderung des monatlichen Ruhegehalts des Ruhestandsbeamten um höchstens ein Fünftel und auf längstens drei Jahre. § 8 Abs. 1 Satz 2 und 3 sowie Abs. 2 Satz 1 und 4 gilt entsprechend.

(2) Ein noch nicht gezahlter Ausgleich nach § 67 des Brandenburgischen Beamtenversorgungsgesetzes ist entsprechend zu kürzen.

## § 12
## Aberkennung des Ruhegehalts

(1) Mit der Aberkennung des Ruhegehalts verliert der Ruhestandsbeamte den Anspruch auf Versorgung einschließlich der Hinterbliebenenversorgung und die Befugnis, die Amtsbezeichnung und die Titel zu führen, die im Zusammenhang mit dem früheren Amt verliehen wurden.

(2) Nach der Aberkennung des Ruhegehalts erhält der Ruhestandsbeamte bis zur Gewährung einer Rente aufgrund einer Nachversicherung, längstens jedoch für die Dauer von sechs Monaten, einen Unterhaltsbeitrag in Höhe von 70 Prozent des Ruhegehalts, das ihm bei Eintritt der Unanfechtbarkeit der Entscheidung zusteht; eine Kürzung des Ruhegehalts nach § 39 Abs. 3 bleibt unberücksichtigt. § 10 Abs. 3 Satz 2 bis 4 gilt entsprechend.

(3) Die Aberkennung des Ruhegehalts und ihre Rechtsfolgen erstrecken sich auf alle Ämter, die der Ruhestandsbeamte bei Eintritt in den Ruhestand bei einem brandenburgischen Dienstherrn inne gehabt hat.

(4) § 10 Abs. 2 Satz 1 sowie Abs. 5 und 6 gilt entsprechend.

## § 13
## Bemessung der Disziplinarmaßnahme

(1) Die Entscheidung über eine Disziplinarmaßnahme ergeht nach pflichtgemäßem Ermessen. Die Disziplinarmaßnahme ist nach der Schwere des Dienstvergehens zu bemessen. Das Persönlichkeitsbild des Beamten ist angemessen zu berücksichtigen. Ferner soll berücksichtigt werden, in welchem Umfang der Beamte das Vertrauen des Dienstherrn oder der Allgemeinheit beeinträchtigt hat.

(2) Ein Beamter, der durch ein schweres Dienstvergehen das Vertrauen des Dienstherrn oder der Allgemeinheit endgültig verloren hat, ist aus dem Beamtenverhältnis zu entfernen. Dem Ruhestandsbeamten wird das Ruhegehalt aberkannt, wenn er als noch im Dienst befindlicher Beamter aus dem Beamtenverhältnis hätte entfernt werden müssen.

(3) Mehrere Disziplinarmaßnahmen können nicht nebeneinander verhängt werden. § 10 Abs. 4 bleibt unberührt.

## § 14
## Zulässigkeit von Disziplinarmaßnahmen nach Straf- oder Bußgeldverfahren

(1) Ist gegen einen Beamten im Straf- oder Bußgeldverfahren unanfechtbar eine Strafe, Geldbuße oder Ordnungsmaßnahme verhängt worden oder kann eine Tat nach § 153a Abs. 1 Satz 5 oder Abs. 2 Satz 2 der Strafprozessordnung nach der Erfüllung von Auflagen und Weisungen nicht mehr als Vergehen verfolgt werden, darf wegen desselben Sachverhalts

1. ein Verweis, eine Geldbuße oder eine Kürzung des Ruhegehalts nicht ausgesprochen werden,
2. eine Kürzung der Dienstbezüge nur ausgesprochen werden, wenn dies zusätzlich erforderlich ist, um den Beamten zur Pflichterfüllung anzuhalten.

(2) Ist der Beamte im Straf- oder Bußgeldverfahren rechtskräftig freigesprochen worden, darf wegen des Sachverhalts, der Gegenstand der gerichtlichen Entscheidung gewesen ist, eine Disziplinarmaßnahme nur ausgesprochen werden, wenn dieser Sachverhalt ein Dienst-

vergehen darstellt, ohne den Tatbestand einer Straf- oder Bußgeldvorschrift zu erfüllen.

## § 15

### Disziplinarmaßnahmeverbot wegen Zeitablaufs

(1) Sind seit der Vollendung eines Dienstvergehens mehr als zwei Jahre vergangen, darf ein Verweis nicht mehr erteilt und eine Geldbuße nicht mehr ausgesprochen werden.

(2) Sind seit der Vollendung eines Dienstvergehens mehr als drei Jahre vergangen, darf eine Kürzung der Dienstbezüge oder eine Kürzung des Ruhegehalts nicht mehr ausgesprochen werden.

(3) Sind seit der Vollendung eines Dienstvergehens mehr als sieben Jahre vergangen, darf auf Zurückstufung nicht mehr erkannt werden.

(4) Die Fristen der Absätze 1 bis 3 werden durch die Einleitung oder Ausdehnung des Disziplinarverfahrens, die Erhebung der Disziplinarklage, die Erhebung der Nachtragsdisziplinarklage oder die Anordnung oder Ausdehnung von Ermittlungen gegen Beamte auf Probe und Beamte auf Widerruf nach § 85 unterbrochen.

(5) Die Fristen der Absätze 1 bis 3 sind für die Dauer des Widerspruchsverfahrens, des gerichtlichen Disziplinarverfahrens, für die Dauer einer Aussetzung des Disziplinarverfahrens nach § 23 oder für die Dauer der Mitwirkung des Personalrats gehemmt. Ist vor Ablauf der Frist wegen desselben Sachverhalts ein Straf- oder Bußgeldverfahren eingeleitet oder eine Klage aus dem Beamtenverhältnis erhoben worden, ist die Frist für die Dauer dieses Verfahrens gehemmt.

## § 16

### Verwertungsverbot, Entfernung aus der Personalakte

(1) Ein Verweis darf nach zwei Jahren, eine Geldbuße, eine Kürzung der Dienstbezüge und eine Kürzung des Ruhegehalts dürfen nach drei Jahren und eine Zurückstufung darf nach sieben Jahren bei weiteren Disziplinarmaßnahmen und bei sonstigen Personalmaßnahmen nicht mehr berücksichtigt werden (Verwertungsverbot). Der Beamte gilt nach dem Eintritt des Verwertungsverbots als von der Disziplinarmaßnahme nicht betroffen.

(2) Die Frist für das Verwertungsverbot beginnt, sobald die Entscheidung über die Disziplinarmaßnahme unanfechtbar ist. Sie endet nicht, solange ein gegen den Beamten eingeleitetes Straf- oder Disziplinarverfahren nicht unanfechtbar abgeschlossen ist, eine andere Disziplinarmaßnahme berücksichtigt werden darf, eine Entscheidung über die Kürzung der Dienstbezüge noch nicht vollstreckt ist oder ein

gerichtliches Verfahren über die Beendigung des Beamtenverhältnisses oder über die Geltendmachung von Schadensersatz gegen den Beamten anhängig ist.

(3) Eintragungen in der Personalakte über die Disziplinarmaßnahme sind nach Eintritt des Verwertungsverbots von Amts wegen zu entfernen und zu vernichten. Das Rubrum und die Entscheidungsformel einer abschließenden gerichtlichen Entscheidung, mit der auf eine Zurückstufung erkannt wurde, verbleiben in der Personalakte. Dabei sind die Bezeichnung weiterer Beteiligter und der Bevollmächtigten, die Namen der Richter sowie die Kostenentscheidung unkenntlich zu machen. Auf Antrag des Beamten unterbleibt die Entfernung oder erfolgt eine gesonderte Aufbewahrung. Der Antrag ist innerhalb eines Monats zu stellen, nachdem dem Beamten die bevorstehende Entfernung mitgeteilt und er auf sein Antragsrecht und die Antragsfrist hingewiesen worden ist. Wird der Antrag gestellt oder verbleiben Rubrum und Entscheidungsformel einer abschließenden gerichtlichen Entscheidung nach Satz 2 in der Personalakte, ist das Verwertungsverbot bei den Eintragungen zu vermerken.

(4) Die Absätze 1 bis 3 gelten entsprechend für Disziplinarvorgänge, die nicht zu einer Disziplinarmaßnahme geführt haben. Die Frist für das Verwertungsverbot beträgt, wenn das Disziplinarverfahren nach § 33 Abs. 1 Nr. 1 eingestellt wird, drei Monate und im Übrigen zwei Jahre. Die Frist beginnt mit dem Eintritt der Unanfechtbarkeit der Entscheidung, die das Disziplinarverfahren abschließt, im Übrigen mit dem Tag, an dem der Dienstvorgesetzte, der für die Einleitung des Disziplinarverfahrens zuständig ist, zureichende tatsächliche Anhaltspunkte erhält, die den Verdacht eines Dienstvergehens rechtfertigen.

(5) Auf die Entfernung und Vernichtung von Disziplinarvorgängen, die zu einer missbilligenden Äußerung geführt haben, findet § 99 Abs. 1 Satz 1 Nr. 2, Satz 2 und 3 des Landesbeamtengesetzes Anwendung.

# TEIL 3
# BEHÖRDLICHES DISZIPLINARVERFAHREN

## Kapitel 1
## Einleitung, Ausdehnung und Beschränkung

### § 17
### Disziplinarbefugnisse

**(1) Die Disziplinarbefugnisse werden im Rahmen des behördlichen Disziplinarverfahrens von den zuständigen Dienstvorgesetzten, Behörden und Einrichtungen ausgeübt.**

**(2) Bei Ruhestandsbeamten werden die Disziplinarbefugnisse durch die zum Zeitpunkt des Eintritts in den Ruhestand zuständige oberste Dienstbehörde ausgeübt. Diese kann ihre Befugnisse durch Rechtsverordnung ganz oder teilweise auf nachgeordnete Dienstvorgesetzte und Einrichtungen übertragen. Besteht die zuständige oberste Dienstbehörde nicht mehr, bestimmt das Ministerium des Innern, welche Behörde oder Einrichtung zuständig ist. § 86 Abs. 3 bleibt unberührt.**

**(3) Ist ein höherer Dienstvorgesetzter nicht vorhanden, werden die nach diesem Gesetz dem höheren Dienstvorgesetzten zustehenden Befugnisse durch die oberste Dienstbehörde ausgeübt.**

### § 18
### Einleitung von Amts wegen

**(1) Liegen zureichende tatsächliche Anhaltspunkte vor, die den Verdacht eines Dienstvergehens rechtfertigen, hat der Dienstvorgesetzte die Dienstpflicht, ein Disziplinarverfahren einzuleiten. Der höhere Dienstvorgesetzte und die oberste Dienstbehörde stellen im Rahmen ihrer Aufsicht die Erfüllung dieser Pflicht sicher; sie können das Disziplinarverfahren jederzeit an sich ziehen; § 89 Abs. 1 bleibt unberührt. Die Einleitung ist aktenkundig zu machen.**

**(2) Ist zu erwarten, dass nach den §§ 14 und 15 eine Disziplinarmaßnahme nicht in Betracht kommt, wird ein Disziplinarverfahren nicht eingeleitet. Die Gründe sind aktenkundig zu machen und dem Beamten bekannt zu geben.**

**(3) Hat ein Beamter zwei oder mehrere Ämter inne, die nicht im Verhältnis von Haupt- zu Nebenamt stehen, und beabsichtigt der Dienstvorgesetzte, zu dessen Geschäftsbereich eines dieser Ämter gehört, ein Disziplinarverfahren gegen ihn einzuleiten, teilt er dies den Dienstvorgesetzten mit, die für die anderen Ämter zuständig sind. Ein weiteres Disziplinarverfahren kann gegen den Beamten wegen des-**

selben Sachverhalts nicht eingeleitet werden. Hat ein Beamter zwei oder mehrere Ämter inne, die im Verhältnis von Haupt- zu Nebenamt stehen, kann nur der Dienstvorgesetzte ein Disziplinarverfahren gegen ihn einleiten, der für das Hauptamt zuständig ist.

(4) Die Zuständigkeiten nach den Absätzen 1 bis 3 werden durch eine Beurlaubung, eine Abordnung oder eine Zuweisung nicht berührt. Bei einer Abordnung geht die aus Absatz 1 sich ergebende Pflicht hinsichtlich der während der Abordnung begangenen Dienstvergehen auf den neuen Dienstvorgesetzten über, soweit dieser nicht ihre Ausübung den anderen Dienstvorgesetzten überlässt.

## § 19
## Einleitung auf Antrag des Beamten

(1) Der Beamte kann bei dem Dienstvorgesetzten oder dem höheren Dienstvorgesetzten die Einleitung eines Disziplinarverfahrens gegen sich selbst beantragen, um sich von dem Verdacht eines Dienstvergehens zu entlasten.

(2) Der Antrag darf nur abgelehnt werden, wenn keine zureichenden tatsächlichen Anhaltspunkte vorliegen, die den Verdacht eines Dienstvergehens rechtfertigen. Die Entscheidung ist dem Beamten mitzuteilen.

(3) § 18 Abs. 1 Satz 2 zweiter Halbsatz und Satz 3 sowie Abs. 3 und 4 gilt entsprechend.

## § 20
## Ausdehnung und Beschränkung

(1) Das Disziplinarverfahren kann bis zum Erlass einer Entscheidung nach den §§ 33 bis 35 auf neue Handlungen ausgedehnt werden, die den Verdacht eines Dienstvergehens rechtfertigen. Die Ausdehnung ist aktenkundig zu machen.

(2) Das Disziplinarverfahren kann bis zum Erlass einer Entscheidung nach den §§ 33 bis 35 oder eines Widerspruchsbescheids nach § 42 beschränkt werden, indem solche Handlungen ausgeschieden werden, die für die Art und Höhe der zu erwartenden Disziplinarmaßnahme voraussichtlich nicht ins Gewicht fallen. Die Beschränkung ist aktenkundig zu machen. Die ausgeschiedenen Handlungen können nicht wieder in das Disziplinarverfahren einbezogen werden, es sei denn, die Voraussetzungen für die Beschränkung entfallen nachträglich. Werden die ausgeschiedenen Handlungen nicht wieder einbezogen, können sie nach dem unanfechtbaren Abschluss des Disziplinarverfahrens nicht Gegenstand eines neuen Disziplinarverfahrens sein.

## Kapitel 2
## Durchführung

### § 21
### Unterrichtung, Belehrung und Anhörung des Beamten

**(1) Der Beamte ist über die Einleitung des Disziplinarverfahrens unverzüglich zu unterrichten, sobald dies ohne Gefährdung der Aufklärung des Sachverhalts möglich ist. Hierbei ist ihm zu eröffnen, welches Dienstvergehen ihm zur Last gelegt wird. Er ist gleichzeitig darauf hinzuweisen, dass es ihm freisteht, sich mündlich oder schriftlich zu äußern oder nicht zur Sache auszusagen und sich jederzeit eines Bevollmächtigten oder Beistands zu bedienen.**

**(2) Für die Abgabe einer schriftlichen Äußerung wird dem Beamten eine Frist von einem Monat und für die Abgabe der Erklärung, sich mündlich äußern zu wollen, eine Frist von zwei Wochen gesetzt. Hat der Beamte rechtzeitig erklärt, sich mündlich äußern zu wollen, ist die Anhörung innerhalb von drei Wochen nach Eingang der Erklärung durchzuführen. Ist der Beamte aus zwingenden Gründen gehindert, eine Frist nach Satz 1 einzuhalten oder einer Ladung zur mündlichen Verhandlung Folge zu leisten, und hat er dies unverzüglich mitgeteilt, ist die maßgebliche Frist zu verlängern oder er erneut zu laden. Die Fristsetzungen und Ladungen sind dem Beamten zuzustellen.**

**(3) Ist die nach Absatz 1 Satz 2 und 3 vorgeschriebene Belehrung unterblieben oder unrichtig erfolgt, darf die Aussage des Beamten nicht zu seinem Nachteil verwertet werden.**

### § 22
### Pflicht zur Durchführung von Ermittlungen, Ausnahmen

**(1) Zur Aufklärung des Sachverhalts sind die erforderlichen Ermittlungen durchzuführen. Dabei sind die belastenden, die entlastenden und die Umstände zu ermitteln, die für die Bemessung einer Disziplinarmaßnahme bedeutsam sind. Der höhere Dienstvorgesetzte und die oberste Dienstbehörde können die Ermittlungen an sich ziehen.**

**(2) Von Ermittlungen ist abzusehen, soweit der Sachverhalt aufgrund der tatsächlichen Feststellungen eines rechtskräftigen Urteils im Straf- oder Bußgeldverfahren oder im verwaltungsgerichtlichen Verfahren, durch das nach § 9 des Brandenburgischen Besoldungsgesetzes über den Verlust der Besoldung bei schuldhaftem Fernbleiben vom Dienst entschieden worden ist, feststeht. Von Ermittlungen kann auch abgesehen werden, soweit der Sachverhalt auf sonstige Weise aufgeklärt ist, insbesondere nach der Durchführung eines anderen gesetzlich geordneten Verfahrens.**

## § 23
## Zusammentreffen von Disziplinarverfahren mit Strafverfahren oder anderen Verfahren, Aussetzung

(1) Ist gegen den Beamten wegen des Sachverhalts, der dem Disziplinarverfahren zugrunde liegt, im Strafverfahren die öffentliche Klage erhoben worden, wird das Disziplinarverfahren ausgesetzt. Die Aussetzung soll unterbleiben, wenn keine begründeten Zweifel am Sachverhalt bestehen oder wenn im Strafverfahren aus Gründen nicht verhandelt werden kann, die in der Person des Beamten liegen.

(2) Das nach Absatz 1 Satz 1 ausgesetzte Disziplinarverfahren soll unverzüglich, spätestens mit dem rechtskräftigen Abschluss des Strafverfahrens, fortgesetzt werden, wenn die Voraussetzungen des Absatzes 1 Satz 2 nachträglich eintreten.

(3) Das Disziplinarverfahren kann auch ausgesetzt werden, wenn in einem anderen gesetzlich geordneten Verfahren über eine Frage zu entscheiden ist, deren Beurteilung für die Entscheidung im Disziplinarverfahren von wesentlicher Bedeutung ist. Absatz 1 Satz 2 und Absatz 2 gelten entsprechend.

## § 24
## Bindung an tatsächliche Feststellungen aus Strafverfahren oder anderen Verfahren

(1) Die tatsächlichen Feststellungen eines rechtskräftigen Urteils im Straf- oder Bußgeldverfahren oder im verwaltungsgerichtlichen Verfahren, durch das nach § 9 des Brandenburgischen Besoldungsgesetzes über den Verlust der Besoldung bei schuldhaftem Fernbleiben vom Dienst entschieden worden ist, sind im Disziplinarverfahren, das denselben Sachverhalt zum Gegenstand hat, bindend.

(2) Die in einem anderen gesetzlich geordneten Verfahren getroffenen tatsächlichen Feststellungen sind nicht bindend, können aber der Entscheidung im Disziplinarverfahren ohne nochmalige Prüfung zugrunde gelegt werden.

## § 25
## Beweiserhebung

(1) Die erforderlichen Beweise sind zu erheben. Hierbei können insbesondere

1. schriftliche dienstliche Auskünfte eingeholt werden,
2. Zeugen und Sachverständige vernommen oder ihre schriftliche Äußerung eingeholt werden,
3. Urkunden und Akten beigezogen sowie
4. der Augenschein eingenommen werden.

(2) Niederschriften über Aussagen von Personen, die schon in einem anderen gesetzlich geordneten Verfahren vernommen worden sind, sowie Niederschriften über einen richterlichen Augenschein können ohne erneute Beweiserhebung verwertet werden.

(3) Über einen Beweisantrag des Beamten ist nach pflichtgemäßem Ermessen zu entscheiden. Dem Beweisantrag ist stattzugeben, soweit er für die Tat- oder Schuldfrage oder für die Bemessung der Art und Höhe einer Disziplinarmaßnahme von Bedeutung sein kann.

(4) Dem Beamten ist Gelegenheit zu geben, an der Vernehmung von Zeugen und Sachverständigen sowie an der Einnahme des Augenscheins teilzunehmen und hierbei sachdienliche Fragen zu stellen. Er kann von der Teilnahme ausgeschlossen werden, soweit dies aus wichtigen Gründen, insbesondere mit Rücksicht auf den Zweck der Ermittlungen oder zum Schutz der Rechte Dritter, erforderlich ist. Ein schriftliches Gutachten ist ihm zugänglich zu machen, soweit nicht zwingende Gründe dem entgegenstehen.

(5) Der Bevollmächtigte oder Beistand ist zu allen Beweiserhebungen, mit Ausnahme von Beschlagnahmen und Durchsuchungen, zu laden. Ihm steht das Recht zur Einsichtnahme in die Akten zu.

## § 26

### Zeugen und Sachverständige

(1) Zeugen sind zur Aussage und Sachverständige zur Erstattung von Gutachten verpflichtet. Die Bestimmungen der Strafprozessordnung über die Pflicht, als Zeuge auszusagen oder als Sachverständiger ein Gutachten zu erstatten, über die Ablehnung von Sachverständigen sowie über die Vernehmung von Angehörigen des öffentlichen Dienstes als Zeugen oder Sachverständige gelten entsprechend.

(2) Verweigern Zeugen oder Sachverständige ohne Vorliegen eines der in den §§ 52 bis 55 und § 76 der Strafprozessordnung bezeichneten Gründe die Aussage oder die Erstattung des Gutachtens, kann das Gericht um die Vernehmung ersucht werden. In dem Ersuchen sind der Gegenstand der Vernehmung darzulegen sowie die Namen und Anschriften der Beteiligten anzugeben. Das Gericht entscheidet über die Rechtmäßigkeit der Verweigerung der Aussage oder der Erstattung des Gutachtens.

(3) Ein Ersuchen nach Absatz 2 darf nur von dem Dienstvorgesetzten, seinem allgemeinen Vertreter oder einem beauftragten Beschäftigten gestellt werden, der die Befähigung zum Richteramt hat.

## § 27
## Herausgabe von Unterlagen

(1) Der Beamte hat Schriftstücke, Zeichnungen, bildliche Darstellungen und Aufzeichnungen einschließlich technischer Aufzeichnungen, die einen dienstlichen Bezug aufweisen, auf Verlangen für das Disziplinarverfahren zur Verfügung zu stellen. Das Gericht kann die Herausgabe auf Antrag durch Beschluss anordnen und sie durch die Festsetzung von Zwangsgeld erzwingen; für den Antrag gilt § 26 Abs. 3 entsprechend. Der Beschluss ist unanfechtbar.

(2) Das Zwangsgeld kann von den Dienst-, Anwärter- oder Versorgungsbezügen, vom Unterhaltsbeitrag oder von den nach § 41 Abs. 2 nachzuzahlenden Bezügen abgezogen werden. Es fließt dem Dienstherrn zu.

## § 28
## Beschlagnahmen und Durchsuchungen

(1) Das Gericht kann auf Antrag durch Beschluss Beschlagnahmen und Durchsuchungen anordnen; § 26 Abs. 3 gilt entsprechend. Die Anordnung darf nur getroffen werden, wenn der Beamte des ihm zur Last gelegten Dienstvergehens dringend verdächtig ist und die Maßnahme zu der Bedeutung der Sache und der zu erwartenden Disziplinarmaßnahme nicht außer Verhältnis steht. Die Bestimmungen der Strafprozessordnung über Beschlagnahmen und Durchsuchungen gelten entsprechend, soweit nicht in diesem Gesetz etwas Anderes bestimmt ist.

(2) Die Maßnahmen nach Absatz 1 dürfen nur durch die nach der Strafprozessordnung dazu berufenen Behörden durchgeführt werden.

(3) Durch Absatz 1 wird das Grundrecht der Unverletzlichkeit der Wohnung (Artikel 13 Abs. 1 des Grundgesetzes und Artikel 15 Abs. 1 der Verfassung des Landes Brandenburg) eingeschränkt.

## § 29
## Protokoll

Über Anhörungen des Beamten und Beweiserhebungen sind Protokolle aufzunehmen; § 168a der Strafprozessordnung gilt entsprechend. Bei der Einholung von schriftlichen dienstlichen Auskünften sowie der Beiziehung von Urkunden, Akten und Dateien genügt die Aufnahme eines Aktenvermerks.

## § 30
### Innerdienstliche Informationen

(1) Die Übermittlung von Personalakten, anderen Behördenunterlagen mit personenbezogenen Daten und Dateien sowie die Erteilung von Auskünften aus diesen Akten, Unterlagen und Dateien an die mit Disziplinarvorgängen befassten Stellen und die Verarbeitung der so erhobenen personenbezogenen Daten im Disziplinarverfahren sind, soweit nicht andere Rechtsvorschriften dem entgegenstehen, auch gegen den Willen des Beamten oder anderer Betroffener zulässig, wenn und soweit die Durchführung des Disziplinarverfahrens dies erfordert und überwiegende Belange des Beamten, anderer Betroffener oder der ersuchten Stellen nicht entgegenstehen.

(2) Zwischen den Dienststellen eines oder verschiedener Dienstherrn sowie zwischen den Teilen einer Dienststelle sind Mitteilungen über Disziplinarverfahren, über Tatsachen aus Disziplinarverfahren und über Entscheidungen der Disziplinarorgane sowie die Übermittlung hierüber geführter Akten und Dateien zulässig, wenn und soweit dies zur Durchführung des Disziplinarverfahrens, im Hinblick auf die künftige Übertragung von Aufgaben oder Ämtern an den Beamten oder im Einzelfall aus besonderen dienstlichen Gründen unter Berücksichtigung der Belange des Beamten oder anderer Betroffener erforderlich ist.

## § 31
### Abschließende Anhörung

Nach der Beendigung der Ermittlungen ist dem Beamten Gelegenheit zu geben, sich abschließend zu äußern; § 21 Abs. 2 gilt entsprechend. Die Anhörung kann unterbleiben, wenn das Disziplinarverfahren nach § 33 Abs. 2 Nr. 2 oder 3 eingestellt werden soll.

## § 32
### Abgabe des Disziplinarverfahrens

Hält der Dienstvorgesetzte nach dem Ergebnis der Anhörungen und Ermittlungen seine Befugnisse nach den §§ 33 bis 35 nicht für ausreichend, so führt er die Entscheidung des höheren Dienstvorgesetzten oder der obersten Dienstbehörde herbei. Der höhere Dienstvorgesetzte oder die oberste Dienstbehörde können das Disziplinarverfahren an den Dienstvorgesetzten zurückgeben, wenn sie weitere Ermittlungen für geboten oder dessen Befugnisse für ausreichend halten.

## Kapitel 3
## Abschlussentscheidung

### § 33
### Einstellungsverfügung

(1) Das Disziplinarverfahren wird eingestellt, wenn

1. ein Dienstvergehen nicht erwiesen ist,
2. ein Dienstvergehen zwar erwiesen ist, eine Disziplinarmaßnahme jedoch nicht angezeigt erscheint,
3. nach den §§ 14 oder 15 eine Disziplinarmaßnahme nicht ausgesprochen werden darf oder
4. das Disziplinarverfahren oder eine Disziplinarmaßnahme aus sonstigen Gründen unzulässig ist.

(2) Das Disziplinarverfahren wird ferner eingestellt, wenn

1. der Beamte stirbt,
2. das Beamtenverhältnis durch Entlassung, Verlust der Beamtenrechte oder Entfernung endet oder
3. bei einem Ruhestandsbeamten die Folgen einer gerichtlichen Verurteilung nach § 11 Absatz 1 des Brandenburgischen Beamtenversorgungsgesetzes eintreten.

(3) Die Einstellungsverfügung ist zu begründen und zuzustellen.

### § 34
### Disziplinarverfügung

(1) Ist ein Verweis, eine Geldbuße, eine Kürzung der Dienstbezüge oder eine Kürzung des Ruhegehalts angezeigt, wird eine solche Maßnahme durch Disziplinarverfügung ausgesprochen.

(2) Jeder Dienstvorgesetzte ist zu Verweisen und Geldbußen gegen die ihm unterstellten Beamten befugt.

(3) Kürzungen der Dienstbezüge können festsetzen:

1. die oberste Dienstbehörde bis zum Höchstmaß und
2. die der obersten Dienstbehörde unmittelbar nachgeordneten Dienstvorgesetzten bis zu einer Kürzung um ein Fünftel der Dienstbezüge auf zwei Jahre.

(4) Kürzungen des Ruhegehalts bis zum Höchstmaß kann der zur Ausübung der Disziplinarbefugnisse zuständige Dienstvorgesetzte festsetzen.

(5) Die oberste Dienstbehörde kann ihre Befugnisse nach Absatz 3 Nr. 1 durch Rechtsverordnung ganz oder teilweise auf nachgeordnete Dienstvorgesetzte übertragen.

(6) Die Disziplinarverfügung ist zu begründen und zuzustellen.

## § 35
## Erhebung der Disziplinarklage

(1) Soll gegen den Beamten auf Zurückstufung, auf Entfernung aus dem Beamtenverhältnis oder auf Aberkennung des Ruhegehalts erkannt werden, ist gegen ihn Disziplinarklage zu erheben.

(2) Die Disziplinarklage wird bei Beamten durch die oberste Dienstbehörde, bei Ruhestandsbeamten durch den zur Ausübung der Disziplinarbefugnisse zuständigen Dienstvorgesetzten erhoben. Die oberste Dienstbehörde kann ihre Befugnis nach Satz 1 durch Rechtsverordnung ganz oder teilweise auf nachgeordnete Dienstvorgesetzte übertragen. § 18 Abs. 1 Satz 2 zweiter Halbsatz sowie Abs. 3 und 4 gilt entsprechend. § 88 Abs. 3 bleibt unberührt.

## § 36
## Grenzen der erneuten Ausübung der Disziplinarbefugnisse

(1) Die Einstellungsverfügung und die Disziplinarverfügung sind dem höheren Dienstvorgesetzten unverzüglich zuzuleiten. Hält dieser seine Befugnisse nach den Absätzen 2 und 3 nicht für ausreichend, hat er die Einstellungsverfügung oder die Disziplinarverfügung unverzüglich der obersten Dienstbehörde zuzuleiten. Die oberste Dienstbehörde kann das Disziplinarverfahren zurückgeben, wenn sie weitere Ermittlungen für geboten oder seine Befugnisse für ausreichend hält. Eine Zuleitungspflicht nach den Sätzen 1 und 2 besteht nicht, sofern dies die oberste Dienstbehörde allgemein oder für den Einzelfall angeordnet hat.

(2) Der höhere Dienstvorgesetzte oder die oberste Dienstbehörde kann ungeachtet einer Einstellung des Disziplinarverfahrens nach § 33 Abs. 1 im Rahmen ihrer Zuständigkeiten wegen desselben Sachverhalts eine Disziplinarverfügung erlassen oder Disziplinarklage erheben. Eine Entscheidung nach Satz 1 ist nur innerhalb von drei Monaten nach der Zustellung der Einstellungsverfügung zulässig, es sei denn, es ergeht wegen desselben Sachverhalts ein rechtskräftiges Urteil aufgrund von tatsächlichen Feststellungen, die von denjenigen tatsächlichen Feststellungen, auf denen die Entscheidung beruht, abweichen.

(3) Der höhere Dienstvorgesetzte oder die oberste Dienstbehörde kann eine Disziplinarverfügung eines nachgeordneten Dienstvorge-

setzten, die oberste Dienstbehörde auch eine von ihr selbst erlassene Disziplinarverfügung jederzeit aufheben. Sie können im Rahmen ihrer Zuständigkeiten in der Sache neu entscheiden oder Disziplinarklage erheben. Eine Verschärfung der Disziplinarmaßnahme nach Art oder Höhe oder die Erhebung der Disziplinarklage ist nur innerhalb von drei Monaten nach der Zustellung der Disziplinarverfügung zulässig, es sei denn, es ergeht wegen desselben Sachverhalts ein rechtskräftiges Urteil aufgrund von tatsächlichen Feststellungen, die von denjenigen tatsächlichen Feststellungen, auf denen die Entscheidung beruht, abweichen.

## § 37
## Verfahren bei nachträglicher Entscheidung im Straf- oder Bußgeldverfahren

(1) Ergeht nach dem Eintritt der Unanfechtbarkeit der Disziplinarverfügung in einem Straf- oder Bußgeldverfahren, das wegen desselben Sachverhalts eingeleitet worden ist, unanfechtbar eine Entscheidung, nach der gemäß § 14 die Disziplinarmaßnahme nicht zulässig wäre, ist die Disziplinarverfügung auf Antrag des Beamten von dem Dienstvorgesetzten, der sie erlassen hat, aufzuheben und das Disziplinarverfahren einzustellen.

(2) Die Antragsfrist beträgt drei Monate. Sie beginnt mit dem Tag, an dem der Beamte von der in Absatz 1 bezeichneten Entscheidung Kenntnis erhalten hat.

## § 38
## Kostentragung

(1) Dem Beamten, gegen den eine Disziplinarmaßnahme verhängt wird, können die entstandenen Auslagen auferlegt werden. Bildet das Dienstvergehen, das dem Beamten zur Last gelegt wird, nur zum Teil die Grundlage für die Disziplinarverfügung oder sind durch Ermittlungen, deren Ergebnis zugunsten des Beamten ausgefallen ist, besondere Kosten entstanden, können ihm die Auslagen nur in verhältnismäßigem Umfang auferlegt werden.

(2) Wird das Disziplinarverfahren eingestellt, trägt der Dienstherr die entstandenen Auslagen. Erfolgt die Einstellung trotz Vorliegens eines Dienstvergehens, können die Auslagen dem Beamten auferlegt oder im Verhältnis geteilt werden.

(3) Bei einem Antrag nach § 37 gilt im Falle der Ablehnung des Antrags Absatz 1 und im Falle seiner Stattgabe Absatz 2 entsprechend.

(4) Soweit der Dienstherr die entstandenen Auslagen trägt, hat er dem Beamten auch die Aufwendungen zu erstatten, die zur zweckentsprechenden Rechtsverfolgung notwendig waren. Hat sich der Beamte eines Bevollmächtigten oder Beistandes bedient, sind auch dessen Gebühren und Auslagen erstattungsfähig. Aufwendungen, die durch das Verschulden des Beamten entstanden sind, hat dieser selbst zu tragen; das Verschulden eines Vertreters ist ihm zuzurechnen.

(5) Die dem Beamten oder dem Ruhestandsbeamten auferlegten Kosten können von den Dienst-, Anwärter- oder Versorgungsbezügen, vom Unterhaltsbeitrag oder von den nach § 41 Abs. 2 nachzuzahlenden Bezügen abgezogen werden.

(6) Das behördliche Disziplinarverfahren ist gebührenfrei.

## Kapitel 4
## Vorläufige Dienstenthebung und Einbehaltung von Bezügen

### § 39
### Zulässigkeit

(1) Die für die Erhebung der Disziplinarklage zuständige Behörde oder Einrichtung kann einen Beamten gleichzeitig mit oder nach der Einleitung des Disziplinarverfahrens vorläufig des Dienstes entheben, wenn im Disziplinarverfahren voraussichtlich auf Entfernung aus dem Beamtenverhältnis oder auf Aberkennung des Ruhegehalts erkannt werden wird oder wenn bei einem Beamten auf Probe oder einem Beamten auf Widerruf voraussichtlich eine Entlassung nach § 23 Abs. 3 Satz 1 Nr. 1 sowie Abs. 4 des Beamtenstatusgesetzes erfolgen wird. Sie kann den Beamten außerdem vorläufig des Dienstes entheben, wenn durch sein Verbleiben im Dienst der Dienstbetrieb oder die Ermittlungen wesentlich beeinträchtigt würden und die vorläufige Dienstenthebung zu der Bedeutung der Sache und der zu erwartenden Disziplinarmaßnahme nicht außer Verhältnis steht.

(2) Die für die Erhebung der Disziplinarklage zuständige Behörde oder Einrichtung kann gleichzeitig mit oder nach der vorläufigen Dienstenthebung anordnen, dass bis zu 50 Prozent der monatlichen Dienst- oder Anwärterbezüge des Beamten einbehalten werden, wenn im Disziplinarverfahren voraussichtlich auf Entfernung aus dem Beamtenverhältnis oder auf Aberkennung des Ruhegehalts erkannt werden wird. Das Gleiche gilt, wenn der Beamte im Beamtenverhältnis auf Probe oder auf Widerruf voraussichtlich nach § 23 Absatz 3 Satz 1 Nummer 1 sowie Absatz 4 des Beamtenstatusgesetzes entlassen werden wird.

(3) Die für die Erhebung der Disziplinarklage zuständige Behörde oder Einrichtung kann gleichzeitig mit oder nach der Einleitung des Disziplinarverfahrens anordnen, dass bis zu 30 Prozent des Ruhegehalts des Ruhestandsbeamten einbehalten werden, wenn im Disziplinarverfahren voraussichtlich auf Aberkennung des Ruhegehalts erkannt werden wird.

(4) Die für die Erhebung der Disziplinarklage zuständige Behörde oder Einrichtung kann die vorläufige Dienstenthebung, die Einbehaltung von Dienst- oder Anwärterbezügen sowie die Einbehaltung von Ruhegehalt jederzeit ganz oder teilweise aufheben.

## § 40
## Rechtswirkungen

(1) Die vorläufige Dienstenthebung wird mit der Zustellung, die Einbehaltung von Bezügen mit dem auf die Zustellung folgenden Fälligkeitstag wirksam und vollziehbar. Sie erstrecken sich auf alle Ämter, die der Beamte bei einem brandenburgischen Dienstherrn inne hat. Ist eines der Ämter ein Ehrenamt und ist das Disziplinarverfahren nur wegen eines in dem Ehrenamt oder im Zusammenhang mit diesem begangenen Dienstvergehens eingeleitet worden, kann die vorläufige Dienstenthebung auf das Ehrenamt und die in Verbindung mit ihm übernommenen Nebentätigkeiten beschränkt werden.

(2) Für die Dauer der vorläufigen Dienstenthebung ruhen die im Zusammenhang mit dem Amt entstandenen Ansprüche auf Aufwandsentschädigung.

(3) Wird der Beamte vorläufig des Dienstes enthoben, während er schuldhaft dem Dienst fernbleibt, dauert der nach § 9 des Brandenburgischen Besoldungsgesetzes begründete Verlust der Bezüge fort. Er endet mit dem Zeitpunkt, zu dem der Beamte seinen Dienst aufgenommen hätte, wenn er hieran nicht durch die vorläufige Dienstenthebung gehindert worden wäre. Der Zeitpunkt ist von der für die Erhebung der Disziplinarklage zuständigen Behörde oder Einrichtung festzustellen und dem Beamten mitzuteilen.

(4) Die vorläufige Dienstenthebung und die Einbehaltung von Bezügen enden mit dem rechtskräftigen Abschluss des Disziplinarverfahrens.

## § 41
## Verfall und Nachzahlung der einbehaltenen Beträge

(1) Die nach § 39 Abs. 2 und 3 einbehaltenen Bezüge verfallen, wenn

1. im Disziplinarverfahren auf Entfernung aus dem Beamtenverhältnis oder auf Aberkennung des Ruhegehalts erkannt worden oder

eine Entlassung nach § 23 Absatz 3 Satz 1 Nummer 1 sowie Absatz 4 des Beamtenstatusgesetzes erfolgt ist,

2. in einem wegen desselben Sachverhalts eingeleiteten Strafverfahren eine Strafe verhängt worden ist, die den Verlust der Rechte als Beamter oder Ruhestandsbeamter zur Folge hat,
3. das Disziplinarverfahren aufgrund des § 33 Abs. 1 Nr. 3 eingestellt worden ist und ein neues Disziplinarverfahren, das innerhalb von drei Monaten nach der Einstellung wegen desselben Sachverhalts eingeleitet worden ist, zur Entfernung aus dem Beamtenverhältnis oder zur Aberkennung des Ruhegehalts geführt hat oder
4. das Disziplinarverfahren aus den Gründen des § 33 Abs. 2 Nr. 2 oder 3 eingestellt worden ist und die für die Erhebung der Disziplinarklage zuständige Behörde oder Einrichtung innerhalb von drei Monaten nach der Einstellung festgestellt hat, dass die Entfernung aus dem Beamtenverhältnis oder die Aberkennung des Ruhegehalts gerechtfertigt gewesen wäre.

(2) In dem Fall des Absatzes 1 Nr. 3 sind die einbehaltenen Bezüge erst dann nachzuzahlen, wenn die dort genannte Frist verstrichen ist und ein neues Disziplinarverfahren nicht eingeleitet worden ist. In dem Fall des Absatzes 1 Nr. 4 sind die einbehaltenen Bezüge erst dann nachzuzahlen, wenn die dort genannte Frist verstrichen ist und eine Feststellung nicht ergangen ist. Wird das Disziplinarverfahren auf andere Weise als in den Fällen des Absatzes 1 unanfechtbar abgeschlossen, sind die nach § 39 Abs. 2 und 3 einbehaltenen Bezüge nachzuzahlen. Auf die nachzuzahlenden Dienstbezüge können Einkünfte aus anzeigepflichtigen Nebentätigkeiten (§ 85 des Landesbeamtengesetzes) angerechnet werden, die der Beamte aus Anlass der vorläufigen Dienstenthebung ausgeübt hat, wenn eine Disziplinarmaßnahme verhängt worden ist oder die für die Erhebung der Disziplinarklage zuständige Behörde oder Einrichtung feststellt, dass ein Dienstvergehen erwiesen ist. Der Beamte ist verpflichtet, über die Höhe solcher Einkünfte Auskunft zu geben.

## Kapitel 5
## Widerspruchsverfahren

### § 42
### Widerspruchsverfahren

(1) Vor der Erhebung der Klage des Beamten ist ein Widerspruchsverfahren durchzuführen. Ein Widerspruchsverfahren findet nicht statt, wenn die angefochtene Entscheidung durch die oberste Dienstbehörde erlassen worden ist.

(2) Der Widerspruchsbescheid wird durch die oberste Dienstbehörde, bei Ruhestandsbeamten durch den zuständigen Dienstvorgesetzten erlassen. Die oberste Dienstbehörde kann ihre Zuständigkeit nach Satz 1 durch Rechtsverordnung ganz oder teilweise auf nachgeordnete Behörden oder Einrichtungen übertragen. § 88 Abs. 2 bleibt unberührt.

(3) In dem Widerspruchsbescheid darf die angefochtene Entscheidung nicht zum Nachteil des Beamten abgeändert werden. Die Befugnis, eine abweichende Entscheidung nach § 36 Abs. 3 zu treffen, bleibt unberührt.

## § 43

## Grenzen der erneuten Ausübung der Disziplinarbefugnisse

(1) Wird der Widerspruchsbescheid nicht von der obersten Dienstbehörde erlassen, ist er ihr unverzüglich zuzuleiten. Die oberste Dienstbehörde kann den Widerspruchsbescheid, durch den über eine Disziplinarverfügung entschieden worden ist, jederzeit aufheben. Sie kann in der Sache neu entscheiden oder Disziplinarklage erheben. Eine Verschärfung der Disziplinarmaßnahme nach Art oder Höhe oder die Erhebung der Disziplinarklage ist nur innerhalb von drei Monaten nach der Zustellung des Widerspruchsbescheides zulässig, es sei denn, es ergeht wegen desselben Sachverhalts ein rechtskräftiges Urteil aufgrund von tatsächlichen Feststellungen, die von denjenigen tatsächlichen Feststellungen, auf denen die Entscheidung beruht, abweichen.

(2) Eine Zuleitungspflicht nach Absatz 1 Satz 1 besteht nicht, sofern dies die oberste Dienstbehörde allgemein oder für den Einzelfall angeordnet hat.

## § 44

## Kostentragung

(1) Im Widerspruchsverfahren trägt der unterliegende Teil die entstandenen Auslagen. Hat der Widerspruch teilweise Erfolg, sind die Auslagen im Verhältnis zu teilen. Wird eine Disziplinarverfügung trotz des Vorliegens eines Dienstvergehens aufgehoben, können die Auslagen ganz oder teilweise dem Beamten auferlegt werden.

(2) Nimmt der Beamte den Widerspruch zurück, trägt er die entstandenen Auslagen.

(3) Erledigt sich das Widerspruchsverfahren in der Hauptsache auf andere Weise, ist über die entstandenen Auslagen nach billigem Ermessen zu entscheiden.

(4) § 38 Abs. 4 bis 6 gilt entsprechend.

# TEIL 4
# GERICHTLICHES DISZIPLINARVERFAHREN

## Kapitel 1
## Disziplinargerichtsbarkeit

### § 45
### Zuständigkeit der Verwaltungsgerichtsbarkeit

Die Aufgaben der Disziplinargerichtsbarkeit nach diesem Gesetz nehmen das Verwaltungsgericht Potsdam, das Oberverwaltungsgericht und das Bundesverwaltungsgericht wahr. Hierzu wird bei dem Verwaltungsgericht Potsdam eine Kammer für Disziplinarsachen und bei dem Oberverwaltungsgericht ein Senat für Disziplinarsachen gebildet.

### § 46
### Kammer für Disziplinarsachen

(1) Die Kammer für Disziplinarsachen entscheidet in der Besetzung von drei Richtern und zwei Beamtenbeisitzern als ehrenamtlichen Richtern, wenn nicht ein Einzelrichter entscheidet. An Beschlüssen außerhalb der mündlichen Verhandlung und an Gerichtsbescheiden wirken die Beamtenbeisitzer nicht mit. Einer der Beamtenbeisitzer soll dem Verwaltungszweig und der Laufbahngruppe des Beamten angehören, gegen den sich das Disziplinarverfahren richtet.

(2) Für die Übertragung des Rechtsstreits auf den Einzelrichter gilt § 6 der Verwaltungsgerichtsordnung. In dem Verfahren der Disziplinarklage ist eine Übertragung auf den Einzelrichter ausgeschlossen.

(3) Der Vorsitzende der Kammer für Disziplinarsachen entscheidet, wenn die Entscheidung im vorbereitenden Verfahren ergeht,

1. bei Zurücknahme der Klage, des Antrags oder eines Rechtsmittels,
2. bei Erledigung des gerichtlichen Disziplinarverfahrens in der Hauptsache und
3. über die Kosten.

Ist ein Berichterstatter bestellt, entscheidet er anstelle des Vorsitzenden.

## § 47
### Beamtenbeisitzer

(1) Die Beamtenbeisitzer müssen auf Lebenszeit oder auf Zeit ernannte Beamte sein und bei ihrer Wahl bei einem brandenburgischen Dienstherrn beschäftigt sein.

(2) Die §§ 20 bis 28 der Verwaltungsgerichtsordnung werden vorbehaltlich des § 51 Absatz 3 auf die Beamtenbeisitzer nicht angewandt.

## § 48
### Wahl der Beamtenbeisitzer

(1) Die Beamtenbeisitzer werden von dem Ausschuss, der zur Wahl der ehrenamtlichen Richter bestellt ist (§ 26 der Verwaltungsgerichtsordnung), auf vier Jahre gewählt. Wird eine Nachwahl erforderlich, ist sie nur für den Rest der Amtszeit vorzunehmen.

(2) Das für die Verwaltungsgerichtsbarkeit zuständige Ministerium stellt in jedem vierten Jahr eine Vorschlagsliste von Beamtenbeisitzern auf. Hierbei ist die doppelte Anzahl der durch den Präsidenten des Verwaltungsgerichts als erforderlich bezeichneten Beamtenbeisitzer zugrunde zu legen. Die obersten Landesbehörden, die im Land bestehenden Spitzenorganisationen der Gewerkschaften der Beamten und die kommunalen Spitzenverbände können für die Aufnahme von Beamten in die Liste Vorschläge machen. In den Listen sind die Beamten nach Laufbahngruppen und Verwaltungsbereichen gegliedert aufzuführen. Die Liste ist dem Präsidenten des Verwaltungsgerichts zuzusenden.

## § 49
### Ausschluss von der Ausübung des Richteramts

(1) Ein Richter oder Beamtenbeisitzer ist von der Ausübung des Richteramts kraft Gesetzes ausgeschlossen, wenn er

1. durch das Dienstvergehen verletzt ist,
2. Ehegatte, eingetragener Lebenspartner oder gesetzlicher Vertreter des Beamten oder des Verletzten ist oder war,
3. mit dem Beamten oder dem Verletzten in gerader Linie verwandt oder verschwägert oder in der Seitenlinie bis zum dritten Grad verwandt oder bis zum zweiten Grad verschwägert ist oder war,
4. in dem Disziplinarverfahren gegen den Beamten tätig war oder als Zeuge gehört wurde oder als Sachverständiger ein Gutachten erstattet hat,
5. in einem wegen desselben Sachverhalts eingeleiteten Straf- oder Bußgeldverfahren gegen den Beamten beteiligt war,

6. Dienstvorgesetzter des Beamten ist oder war oder bei einem Dienstvorgesetzten des Beamten mit der Bearbeitung von Personalangelegenheiten des Beamten befasst ist oder
7. als Mitglied einer Personalvertretung in dem Disziplinarverfahren gegen den Beamten mitgewirkt hat.

(2) Ein Beamtenbeisitzer ist auch ausgeschlossen, wenn er der Dienststelle des Beamten angehört.

## § 50
### Nichtheranziehung eines Beamtenbeisitzers

Ein Beamtenbeisitzer, gegen den Disziplinarklage oder wegen einer vorsätzlich begangenen Straftat die öffentliche Klage erhoben oder der Erlass eines Strafbefehls beantragt oder dem die Führung seiner Dienstgeschäfte verboten worden ist, darf während dieser Verfahren oder für die Dauer des Verbots zur Ausübung seines Amts nicht herangezogen werden.

## § 51
### Entbindung vom Amt des Beamtenbeisitzers

(1) Der Beamtenbeisitzer ist von seinem Amt zu entbinden, wenn

1. er im Strafverfahren rechtskräftig zu einer Freiheitsstrafe verurteilt worden ist,
2. im Disziplinarverfahren gegen ihn unanfechtbar eine Disziplinarmaßnahme mit Ausnahme eines Verweises ausgesprochen worden ist,
3. er in ein Amt außerhalb des Landes Brandenburg versetzt wird,
4. das Beamtenverhältnis endet oder
5. die Voraussetzungen für das Amt des Beamtenbeisitzers nach § 47 Absatz 1 bei der Wahl nicht vorlagen.

(2) In besonderen Härtefällen kann der Beamtenbeisitzer auch auf Antrag von der weiteren Ausübung des Amts entbunden werden.

(3) Für die Entscheidung gilt § 24 Absatz 3 der Verwaltungsgerichtsordnung entsprechend.

## § 52
### Senate für Disziplinarsachen

(1) Für den Senat für Disziplinarsachen des Oberverwaltungsgerichts gelten § 46 Abs. 1 und 3 sowie die §§ 47 bis 51 entsprechend.

(2) Für das Bundesverwaltungsgericht gilt § 49 Abs. 1 entsprechend.

## Kapitel 2
## Disziplinarverfahren vor dem Verwaltungsgericht

### Abschnitt 1
### Klageverfahren

#### § 53
#### Klageerhebung, Form und Frist der Klage

(1) Die Disziplinarklage ist schriftlich zu erheben. Die Klageschrift muss den persönlichen und beruflichen Werdegang des Beamten, den bisherigen Gang des Disziplinarverfahrens, die Tatsachen, in denen ein Dienstvergehen gesehen wird, und die anderen Tatsachen und Beweismittel, die für die Entscheidung bedeutsam sind, geordnet darstellen. Liegen die Voraussetzungen des § 24 Abs. 1 vor, kann wegen der Tatsachen, in denen ein Dienstvergehen gesehen wird, auf die bindenden Feststellungen der ihnen zugrunde liegenden Urteile verwiesen werden.

(2) Für die Form und Frist der übrigen Klagen gelten die §§ 74, 75 und 81 der Verwaltungsgerichtsordnung. Der Lauf der Frist des § 75 Satz 2 der Verwaltungsgerichtsordnung ist gehemmt, solange das Disziplinarverfahren nach § 23 ausgesetzt ist.

(3) Mit der Klageschrift sind die Akten, beigezogenen Schriftstücke und Dateien vorzulegen.

#### § 54
#### Nachtragsdisziplinarklage

(1) Neue Handlungen, die nicht Gegenstand einer anhängigen Disziplinarklage sind, können nur durch Erhebung einer Nachtragsdisziplinarklage in das Disziplinarverfahren einbezogen werden.

(2) Hält der Dienstherr die Einbeziehung neuer Handlungen für angezeigt, teilt er dies dem Gericht unter Angabe der konkreten Anhaltspunkte mit, die den Verdacht eines Dienstvergehens rechtfertigen. Das Gericht setzt das Disziplinarverfahren vorbehaltlich des Absatzes 3 aus und bestimmt eine Frist, bis zu der die Nachtragsdisziplinarklage erhoben werden kann. Die Frist kann auf einen vor ihrem Ablauf gestellten Antrag des Dienstherrn verlängert werden, wenn dieser sie aus Gründen, die er nicht zu vertreten hat, voraussichtlich nicht einhalten kann. Die Fristsetzung und ihre Verlängerung erfolgen durch Beschluss. Der Beschluss ist unanfechtbar.

(3) Das Gericht kann von einer Aussetzung des Disziplinarverfahrens nach Absatz 2 absehen, wenn die neuen Handlungen für die Art und

Höhe der zu erwartenden Disziplinarmaßnahme voraussichtlich nicht ins Gewicht fallen oder ihre Einbeziehung das Disziplinarverfahren erheblich verzögern würde; Absatz 2 Satz 4 und 5 gilt entsprechend. Ungeachtet einer Fortsetzung des Disziplinarverfahrens nach Satz 1 kann wegen der neuen Handlungen bis zur Zustellung der Ladung zur mündlichen Verhandlung oder bis zur Zustellung eines Beschlusses nach § 60 Nachtragsdisziplinarklage erhoben werden. Die neuen Handlungen können auch Gegenstand eines neuen Disziplinarverfahrens sein.

(4) Wird innerhalb der nach Absatz 2 bestimmten Frist nicht Nachtragsdisziplinarklage erhoben, setzt das Gericht das Disziplinarverfahren ohne Einbeziehung der neuen Handlungen fort; Absatz 3 Satz 2 und 3 gilt entsprechend.

## § 55

## Belehrung des Beamten

Der Beamte ist durch den Vorsitzenden gleichzeitig mit der Zustellung der Disziplinarklage oder der Nachtragsdisziplinarklage auf die Fristen des § 56 Abs. 1 und des § 59 Abs. 2 sowie auf die Folgen der Fristversäumung hinzuweisen.

## § 56

## Mängel des behördlichen Disziplinarverfahrens oder der Klageschrift

(1) Bei einer Disziplinarklage hat der Beamte wesentliche Mängel des behördlichen Disziplinarverfahrens oder der Klageschrift innerhalb von zwei Monaten nach Zustellung der Klage oder der Nachtragsdisziplinarklage geltend zu machen.

(2) Wesentliche Mängel, die nicht oder nicht innerhalb der Frist des Absatzes 1 geltend gemacht werden, kann das Gericht unberücksichtigt lassen, wenn ihre Berücksichtigung nach seiner freien Überzeugung die Erledigung des Disziplinarverfahrens verzögern würde und der Beamte über die Folgen der Fristversäumung belehrt worden ist; dies gilt nicht, wenn der Beamte zwingende Gründe für die Verspätung glaubhaft macht.

(3) Das Gericht kann dem Dienstherrn zur Beseitigung eines wesentlichen Mangels, den der Beamte rechtzeitig geltend gemacht hat oder dessen Berücksichtigung es unabhängig davon für angezeigt hält, eine Frist setzen. § 54 Abs. 2 Satz 3 bis 5 gilt entsprechend. Wird der Mangel innerhalb der Frist nicht beseitigt, wird das Disziplinarverfahren durch Beschluss des Gerichts eingestellt.

(4) Die rechtskräftige Einstellung nach Absatz 3 steht einem rechtskräftigen Urteil gleich.

## § 57
### Beschränkung des Disziplinarverfahrens

(1) Das Gericht kann durch Beschluss das Disziplinarverfahren beschränken, indem es solche Handlungen ausscheidet, die für die Art und Höhe der zu erwartenden Disziplinarmaßnahme nicht oder voraussichtlich nicht ins Gewicht fallen. Der Beschluss ist unanfechtbar.

(2) Die ausgeschiedenen Handlungen können nicht wieder in das Disziplinarverfahren einbezogen werden, es sei denn, die Voraussetzungen für die Beschränkung entfallen nachträglich. Werden die ausgeschiedenen Handlungen nicht wieder einbezogen, können sie nach dem unanfechtbaren Abschluss des Disziplinarverfahrens nicht Gegenstand eines neuen Disziplinarverfahrens sein.

## § 58
### Bindung an tatsächliche Feststellungen aus anderen Verfahren

(1) Die tatsächlichen Feststellungen eines rechtskräftigen Urteils im Straf- oder Bußgeldverfahren oder im verwaltungsgerichtlichen Verfahren, durch das nach § 9 des Brandenburgischen Besoldungsgesetzes über den Verlust der Besoldung bei schuldhaftem Fernbleiben vom Dienst entschieden worden ist, sind im Disziplinarverfahren, das denselben Sachverhalt zum Gegenstand hat, für das Verwaltungsgericht bindend. Es hat jedoch die erneute Prüfung solcher Feststellungen zu beschließen, die offenkundig unrichtig sind.

(2) Die in einem anderen gesetzlich geordneten Verfahren getroffenen tatsächlichen Feststellungen sind nicht bindend, können aber der Entscheidung ohne erneute Prüfung zugrunde gelegt werden.

## § 59
### Beweisaufnahme

(1) Das Gericht erhebt die erforderlichen Beweise.

(2) Bei einer Disziplinarklage sind Beweisanträge von dem Dienstherrn in der Klageschrift und von dem Beamten innerhalb von zwei Monaten nach Zustellung der Klage oder der Nachtragsdisziplinarklage zu stellen. Ein verspäteter Antrag kann abgelehnt werden, wenn seine Berücksichtigung nach der freien Überzeugung des Gerichts die Erledigung des Disziplinarverfahrens verzögern würde und der Beamte über die Folgen der Fristversäumung belehrt worden ist; dies gilt nicht, wenn zwingende Gründe für die Verspätung glaubhaft gemacht werden.

(3) Die Bestimmungen der Strafprozessordnung über die Pflicht, als Zeuge auszusagen oder als Sachverständiger ein Gutachten zu erstat-

ten, über die Ablehnung von Sachverständigen sowie über die Vernehmung von Angehörigen des öffentlichen Dienstes als Zeugen und Sachverständige gelten entsprechend.

## § 60
## Entscheidung durch Beschluss

(1) Bei einer Disziplinarklage kann das Gericht, auch nach der Eröffnung der mündlichen Verhandlung, mit Zustimmung der Beteiligten durch Beschluss

1. auf die erforderliche Disziplinarmaßnahme (§ 5) erkennen, wenn nur ein Verweis, eine Geldbuße, eine Kürzung der Dienstbezüge oder eine Kürzung des Ruhegehalts verwirkt ist, oder
2. die Disziplinarklage abweisen.

Zur Erklärung der Zustimmung kann den Beteiligten von dem Gericht, dem Vorsitzenden oder dem Berichterstatter eine Frist gesetzt werden, nach deren Ablauf die Zustimmung als erteilt gilt, wenn nicht ein Beteiligter widersprochen hat.

(2) Der rechtskräftige Beschluss nach Absatz 1 steht einem rechtskräftigen Urteil gleich.

## § 61
## Mündliche Verhandlung, Entscheidung durch Urteil

(1) Das Gericht entscheidet über die Klage, wenn das Disziplinarverfahren nicht auf andere Weise abgeschlossen wird, aufgrund mündlicher Verhandlung durch Urteil. § 106 der Verwaltungsgerichtsordnung wird nicht angewandt.

(2) Bei einer Disziplinarklage dürfen nur die Handlungen zum Gegenstand der Urteilsfindung gemacht werden, die dem Beamten in der Klage oder der Nachtragsdisziplinarklage als Dienstvergehen zur Last gelegt werden. Das Gericht kann in dem Urteil

1. auf die erforderliche Disziplinarmaßnahme (§ 5) erkennen oder
2. die Disziplinarklage abweisen.

(3) Bei der Klage gegen eine Disziplinarverfügung prüft das Gericht neben der Rechtmäßigkeit auch die Zweckmäßigkeit der angefochtenen Entscheidung.

## § 62
### Grenzen der erneuten Ausübung der Disziplinarbefugnisse

**(1) Soweit der Dienstherr die Disziplinarklage zurückgenommen hat, können die ihr zugrunde liegenden Handlungen nicht mehr Gegenstand eines Disziplinarverfahrens sein.**

**(2) Hat das Gericht unanfechtbar über die Klage gegen eine Disziplinarverfügung entschieden, ist hinsichtlich der dieser Entscheidung zugrunde liegenden Handlungen eine erneute Ausübung der Disziplinarbefugnisse nur wegen solcher erheblicher Tatsachen und Beweismittel zulässig, die keinen Eingang in das gerichtliche Disziplinarverfahren gefunden haben. Eine Verschärfung der Disziplinarmaßnahme nach Art oder Höhe oder die Erhebung der Disziplinarklage ist nur innerhalb von drei Monaten nach der Zustellung des Urteils zulässig, es sei denn, es ergeht wegen desselben Sachverhalts ein rechtskräftiges Urteil aufgrund von tatsächlichen Feststellungen, die von denjenigen tatsächlichen Feststellungen, auf denen die Entscheidung beruht, abweichen.**

## Abschnitt 2
### Besondere Verfahren

## § 63
### Antrag auf gerichtliche Fristsetzung

**(1) Ist ein behördliches Disziplinarverfahren nicht innerhalb von sechs Monaten seit der Einleitung durch Einstellung, durch Erlass einer Disziplinarverfügung oder durch Erhebung der Disziplinarklage abgeschlossen worden, kann der Beamte bei dem Gericht die gerichtliche Bestimmung einer Frist zum Abschluss des Disziplinarverfahrens beantragen. Die Frist des Satzes 1 ist gehemmt, solange das Disziplinarverfahren nach § 23 ausgesetzt ist.**

**(2) Liegt ein zureichender Grund für den fehlenden Abschluss des behördlichen Disziplinarverfahrens innerhalb von sechs Monaten nicht vor, bestimmt das Gericht eine Frist, in der es abzuschließen ist. Anderenfalls lehnt es den Antrag ab. § 54 Abs. 2 Satz 3 bis 5 gilt entsprechend.**

**(3) Wird das behördliche Disziplinarverfahren innerhalb der nach Absatz 2 bestimmten Frist nicht abgeschlossen, ist es durch Beschluss des Gerichts einzustellen.**

**(4) Der rechtskräftige Beschluss nach Absatz 3 steht einem rechtskräftigen Urteil gleich.**

## § 64
## Antrag auf Aussetzung der vorläufigen Dienstenthebung und der Einbehaltung von Bezügen

(1) Der Beamte kann die Aussetzung der vorläufigen Dienstenthebung und der Einbehaltung von Dienst- oder Anwärterbezügen beim Gericht beantragen; Gleiches gilt für den Ruhestandsbeamten bezüglich der Einbehaltung von Ruhegehalt. Der Antrag ist bei dem Oberverwaltungsgericht zu stellen, wenn bei ihm in derselben Sache ein Disziplinarverfahren anhängig ist.

(2) Die vorläufige Dienstenthebung und die Einbehaltung von Bezügen sind auszusetzen, wenn ernstliche Zweifel an ihrer Rechtmäßigkeit bestehen.

(3) Für die Änderung oder Aufhebung von Beschlüssen über Anträge nach Absatz 1 gilt § 80 Abs. 7 der Verwaltungsgerichtsordnung entsprechend.

# Kapitel 3
# Disziplinarverfahren vor dem Oberverwaltungsgericht

## Abschnitt 1
## Berufung

## § 65
## Statthaftigkeit, Form und Frist der Berufung

(1) Gegen das Urteil des Verwaltungsgerichts über eine Disziplinarklage steht den Beteiligten die Berufung an das Oberverwaltungsgericht zu. Die Berufung ist bei dem Verwaltungsgericht innerhalb eines Monats nach Zustellung des vollständigen Urteils schriftlich einzulegen und zu begründen. Die Begründungsfrist kann auf einen vor ihrem Ablauf gestellten Antrag hin von dem Vorsitzenden verlängert werden. Die Begründung muss einen bestimmten Antrag sowie die im Einzelnen anzuführenden Gründe der Anfechtung (Berufungsgründe) enthalten. Mangelt es an einem dieser Erfordernisse, ist die Berufung unzulässig.

(2) Im Übrigen steht den Beteiligten die Berufung gegen das Urteil des Verwaltungsgerichts nur zu, wenn sie von dem Verwaltungsgericht oder dem Oberverwaltungsgericht zugelassen wird. Die §§ 124 und 124a der Verwaltungsgerichtsordnung sind anzuwenden.

### § 66
### Berufungsverfahren

(1) Für das Berufungsverfahren gelten die Bestimmungen über das Disziplinarverfahren vor dem Verwaltungsgericht entsprechend, soweit sich aus diesem Gesetz nichts Anderes ergibt. Die §§ 54 und 55 werden nicht angewandt.

(2) Wesentliche Mängel des behördlichen Disziplinarverfahrens, die nach § 56 Abs. 2 unberücksichtigt bleiben durften, bleiben auch im Berufungsverfahren unberücksichtigt.

(3) Ein Beweisantrag, der vor dem Verwaltungsgericht nicht innerhalb der Frist des § 59 Abs. 2 gestellt worden ist, kann abgelehnt werden, wenn seine Berücksichtigung nach der freien Überzeugung des Oberverwaltungsgerichts die Erledigung des Disziplinarverfahrens verzögern würde und der Beamte im ersten Rechtszug über die Folgen einer Fristversäumung belehrt worden ist; dies gilt nicht, wenn zwingende Gründe für die Verspätung glaubhaft gemacht werden. Beweisanträge, die das Verwaltungsgericht zu Recht abgelehnt hat, bleiben auch im Berufungsverfahren ausgeschlossen.

(4) Die durch das Verwaltungsgericht erhobenen Beweise können der Entscheidung ohne erneute Beweisaufnahme zugrunde gelegt werden.

### § 67
### Mündliche Verhandlung, Entscheidung durch Urteil

Das Oberverwaltungsgericht entscheidet über die Berufung, wenn das Disziplinarverfahren nicht auf andere Weise abgeschlossen wird, aufgrund mündlicher Verhandlung durch Urteil. § 106 der Verwaltungsgerichtsordnung wird nicht angewandt.

## Abschnitt 2
## Beschwerde

### § 68
### Statthaftigkeit, Form und Frist der Beschwerde

(1) Für die Statthaftigkeit, Form und Frist der Beschwerde gelten die §§ 146 und 147 der Verwaltungsgerichtsordnung.

(2) Gegen Beschlüsse des Verwaltungsgerichts, durch die nach § 60 Abs. 1 über eine Disziplinarklage entschieden wird, kann die Beschwerde nur auf das Fehlen der Zustimmung der Beteiligten gestützt werden.

(3) Für das Beschwerdeverfahren gegen Beschlüsse des Verwaltungsgerichts über eine Aussetzung nach § 64 gilt § 146 Absatz 4 der Verwaltungsgerichtsordnung entsprechend.

### § 69
### Entscheidung des Oberverwaltungsgerichts

Das Oberverwaltungsgericht entscheidet über die Beschwerde durch Beschluss.

## Kapitel 4
## Disziplinarverfahren vor dem Bundesverwaltungsgericht

### § 70
### Form, Frist und Zulassung der Revision

Für die Zulassung der Revision, für die Form und Frist der Einlegung der Revision und der Einlegung der Beschwerde gegen ihre Nichtzulassung sowie für die Revisionsgründe gelten die §§ 132, 133, 137 bis 139 der Verwaltungsgerichtsordnung sowie § 127 des Beamtenrechtsrahmengesetzes.

### § 71
### Revisionsverfahren, Entscheidung über die Revision

(1) Für das Revisionsverfahren gelten die Bestimmungen über das Disziplinarverfahren vor dem Oberverwaltungsgericht entsprechend.

(2) Für die Entscheidung über die Revision gelten die §§ 143 und 144 der Verwaltungsgerichtsordnung.

## Kapitel 5
## Wiederaufnahme des gerichtlichen Disziplinarverfahrens

### § 72
### Wiederaufnahmegründe

(1) Die Wiederaufnahme des durch rechtskräftiges Urteil abgeschlossenen Disziplinarverfahrens ist zulässig, wenn

1. in dem Urteil eine Disziplinarmaßnahme ausgesprochen worden ist, die nach Art oder Höhe im Gesetz nicht vorgesehen ist,
2. Tatsachen oder Beweismittel beigebracht werden, die erheblich und neu sind,

3. das Urteil auf dem Inhalt einer unechten oder verfälschten Urkunde oder auf einem vorsätzlich oder fahrlässig falsch abgegebenen Zeugnis oder Gutachten beruht,
4. ein Urteil, auf dessen tatsächlichen Feststellungen das Urteil im Disziplinarverfahren beruht, durch ein anderes rechtskräftiges Urteil aufgehoben worden ist,
5. an dem Urteil ein Richter oder Beamtenbeisitzer mitgewirkt hat, der sich in dieser Sache der strafbaren Verletzung einer Amtspflicht schuldig gemacht hat,
6. an dem Urteil ein Richter oder Beamtenbeisitzer mitgewirkt hat, der von der Ausübung des Richteramts kraft Gesetzes ausgeschlossen war, es sei denn, dass die Gründe für den gesetzlichen Ausschluss bereits erfolglos geltend gemacht worden waren,
7. der Beamte nachträglich glaubhaft ein Dienstvergehen eingesteht, das in dem Disziplinarverfahren nicht hat festgestellt werden können, oder
8. im Verfahren der Disziplinarklage nach dessen rechtskräftigem Abschluss in einem wegen desselben Sachverhalts eingeleiteten Straf- oder Bußgeldverfahren unanfechtbar eine Entscheidung ergeht, nach der gemäß § 14 die Disziplinarmaßnahme nicht zulässig wäre.

(2) Erheblich im Sinne des Absatzes 1 Nr. 2 sind Tatsachen und Beweismittel, wenn sie allein oder in Verbindung mit den früher getroffenen Feststellungen geeignet sind, eine andere Entscheidung zu begründen, die Ziel der Wiederaufnahme des Disziplinarverfahrens sein kann. Neu im Sinne des Absatzes 1 Nr. 2 sind Tatsachen und Beweismittel, die dem Gericht bei seiner Entscheidung nicht bekannt gewesen sind. Ergeht nach Eintritt der Rechtskraft des Urteils im Disziplinarverfahren in einem wegen desselben Sachverhalts eingeleiteten Straf- oder Bußgeldverfahren ein rechtskräftiges Urteil aufgrund von tatsächlichen Feststellungen, die von denjenigen tatsächlichen Feststellungen des Urteils im Disziplinarverfahren abweichen, auf denen es beruht, gelten die abweichenden Feststellungen des Urteils im Straf- oder Bußgeldverfahren als neue Tatsachen im Sinne des Absatzes 1 Nr. 2.

(3) In den Fällen des Absatzes 1 Nr. 3 und 5 ist die Wiederaufnahme des Disziplinarverfahrens nur zulässig, wenn wegen der behaupteten Handlung eine rechtskräftige strafgerichtliche Verurteilung erfolgt ist oder wenn ein strafgerichtliches Verfahren aus anderen Gründen als wegen Mangels an Beweisen nicht eingeleitet oder nicht durchgeführt werden kann.

## § 73
### Unzulässigkeit der Wiederaufnahme

(1) Die Wiederaufnahme des durch rechtskräftiges Urteil abgeschlossenen Disziplinarverfahrens ist unzulässig, wenn nach dem Eintritt der Rechtskraft

1. ein Urteil im Straf- oder Bußgeldverfahren ergangen ist, das sich auf denselben Sachverhalt gründet und diesen ebenso würdigt, solange dieses Urteil nicht rechtskräftig aufgehoben worden ist, oder
2. ein Urteil im Strafverfahren ergangen ist, durch das der Verurteilte sein Amt oder seinen Anspruch auf Ruhegehalt verloren hat oder ihn verloren hätte, wenn er noch im Dienst gewesen wäre oder Ruhegehalt bezogen hätte.

(2) Die Wiederaufnahme des Disziplinarverfahrens zuungunsten des Beamten ist außerdem unzulässig, wenn seit dem Eintritt der Rechtskraft des Urteils drei Jahre vergangen sind.

## § 74
### Frist, Verfahren

(1) Der Antrag auf Wiederaufnahme des Disziplinarverfahrens muss bei dem Gericht, dessen Entscheidung angefochten wird, binnen drei Monaten schriftlich oder zur Niederschrift des Urkundsbeamten der Geschäftsstelle eingereicht werden. Die Frist beginnt mit dem Tag, an dem der Antragsberechtigte von dem Grund für die Wiederaufnahme Kenntnis erhalten hat. In dem Antrag ist das angefochtene Urteil zu bezeichnen und anzugeben, inwieweit es angefochten wird und welche Änderungen beantragt werden; die Anträge sind unter Bezeichnung der Beweismittel zu begründen.

(2) Im Wiederaufnahmeverfahren darf nicht tätig werden, wer an der den ersten oder zweiten Rechtszug abschließenden Entscheidung als Richter oder Beamtenbeisitzer mitgewirkt hat.

(3) Für das weitere Verfahren gelten die Bestimmungen über das gerichtliche Disziplinarverfahren entsprechend, soweit sich aus diesem Gesetz nichts Anderes ergibt.

## § 75
### Entscheidung durch Beschluss

(1) Das Gericht kann den Antrag, auch nach der Eröffnung der mündlichen Verhandlung, durch Beschluss verwerfen, wenn es die gesetzlichen Voraussetzungen für seine Zulassung nicht für gegeben oder ihn für offensichtlich unbegründet hält.

(2) Das Gericht kann vor der Eröffnung der mündlichen Verhandlung mit Zustimmung der zuständigen Behörde oder Einrichtung durch Beschluss das angefochtene Urteil aufheben und die Disziplinarklage abweisen oder die Disziplinarverfügung aufheben. Der Beschluss ist unanfechtbar.

(3) Der rechtskräftige Beschluss nach Absatz 1 sowie der Beschluss nach Absatz 2 stehen einem rechtskräftigen Urteil gleich.

## § 76
### Mündliche Verhandlung, Entscheidung des Gerichts

(1) Das Gericht entscheidet, wenn das Wiederaufnahmeverfahren nicht auf andere Weise abgeschlossen wird, aufgrund mündlicher Verhandlung durch Urteil.

(2) Gegen das Urteil des Verwaltungsgerichts und des Oberverwaltungsgerichts kann das in dem jeweiligen Verfahren statthafte Rechtsmittel eingelegt werden.

## § 77
### Rechtswirkungen, Entschädigung

(1) Wird in einem Wiederaufnahmeverfahren das angefochtene Urteil zugunsten des Beamten aufgehoben, erhält dieser von dem Eintritt der Rechtskraft des aufgehobenen Urteils an die Rechtsstellung, die er erhalten hätte, wenn das aufgehobene Urteil der Entscheidung entsprochen hätte, die im Wiederaufnahmeverfahren ergangen ist. Wurde in dem aufgehobenen Urteil auf Entfernung aus dem Beamtenverhältnis oder auf Aberkennung des Ruhegehalts erkannt, gilt § 35 des Landesbeamtengesetzes entsprechend.

(2) Der Beamte und die Personen, denen er kraft Gesetzes unterhaltspflichtig ist, können im Falle des Absatzes 1 neben den hiernach nachträglich zu gewährenden Bezügen in entsprechender Anwendung des Gesetzes über die Entschädigung für Strafverfolgungsmaßnahmen vom 8. März 1971 (BGBl. I S. 157) in der jeweils geltenden Fassung Ersatz des sonstigen Schadens vom Dienstherrn verlangen. Der Anspruch ist innerhalb von drei Monaten nach dem rechtskräftigen Abschluss des Wiederaufnahmeverfahrens bei der für die Erhebung der Disziplinarklage zuständigen Behörde oder Einrichtung geltend zu machen. Ihre Entscheidung ist dem Antragsteller zuzustellen. Lehnt sie den Anspruch ab, gelten für seine Weiterverfolgung die Vorschriften über den Rechtsweg für Klagen aus dem Beamtenverhältnis.

## Kapitel 6
## Kostenentscheidung im gerichtlichen Disziplinarverfahren

### § 78
### Kostentragung

(1) Der Beamte, gegen den im Verfahren der Disziplinarklage auf eine Disziplinarmaßnahme erkannt wird, trägt die Kosten des Verfahrens. Bildet das dem Beamten zur Last gelegte Dienstvergehen nur zum Teil die Grundlage für die Entscheidung oder sind durch besondere Ermittlungen im behördlichen Disziplinarverfahren, deren Ergebnis zugunsten des Beamten ausgefallen ist, besondere Kosten entstanden, können ihm die Kosten nur in verhältnismäßigem Umfang auferlegt werden.

(2) Wird eine Disziplinarverfügung trotz Vorliegens eines Dienstvergehens aufgehoben, können die Kosten ganz oder teilweise dem Beamten auferlegt werden.

(3) Wird das Disziplinarverfahren nach § 63 Abs. 3 eingestellt, trägt der Dienstherr die Kosten des Verfahrens.

(4) Im Übrigen gelten für die Kostentragungspflicht der Beteiligten die Bestimmungen der Verwaltungsgerichtsordnung.

### § 79
### Kosten

(1) In gerichtlichen Disziplinarverfahren werden Gebühren in entsprechender Anwendung des Gebührenverzeichnisses der Anlage zu § 78 des Bundesdisziplinargesetzes erhoben. Auslagen werden nach den Bestimmungen des Gerichtskostengesetzes erhoben.

(2) Kosten im Sinne des § 78 sind auch die zur zweckentsprechenden Rechtsverfolgung oder Rechtsverteidigung notwendigen Aufwendungen der Beteiligten einschließlich der Kosten des behördlichen Disziplinarverfahrens.

(3) Die gesetzlichen Gebühren und Auslagen eines Rechtsanwalts sind stets erstattungsfähig.

# TEIL 5
# UNTERHALTSBEITRAG, UNTERHALTSLEISTUNG UND BEGNADIGUNG

## § 80
## Unterhaltsbeitrag bei Entfernung aus dem Beamtenverhältnis oder bei Aberkennung des Ruhegehalts

(1) Die Zahlung des Unterhaltsbeitrags nach § 10 Abs. 3 oder § 12 Abs. 2 beginnt, soweit in der Entscheidung nichts Anderes bestimmt ist, zum Zeitpunkt des Verlusts der Dienstbezüge oder des Ruhegehalts.

(2) Die Zahlung des Unterhaltsbeitrags nach § 12 Abs. 2 steht unter dem Vorbehalt der Rückforderung, wenn für denselben Zeitraum eine Rente aufgrund der Nachversicherung gewährt wird. Zur Sicherung des Rückforderungsanspruchs hat der Ruhestandsbeamte eine entsprechende Abtretungserklärung abzugeben.

(3) Das Gericht kann in der Entscheidung bestimmen, dass der Unterhaltsbeitrag ganz oder teilweise an Personen gezahlt wird, zu deren Unterhalt der Beamte oder Ruhestandsbeamte verpflichtet ist; nach Rechtskraft der Entscheidung kann dies die oberste Dienstbehörde bestimmen.

(4) Auf den Unterhaltsbeitrag werden Erwerbs- und Erwerbsersatzeinkommen im Sinne des § 18a Abs. 2 sowie Absatz 3 Satz 1 und 2 des Vierten Buches Sozialgesetzbuch angerechnet. Der frühere Beamte oder frühere Ruhestandsbeamte ist verpflichtet, der obersten Dienstbehörde alle Änderungen in seinen Verhältnissen, die für die Zahlung des Unterhaltsbeitrags bedeutsam sein können, unverzüglich anzuzeigen. Kommt er dieser Pflicht schuldhaft nicht nach, kann ihm der Unterhaltsbeitrag ganz oder teilweise mit Wirkung für die Vergangenheit entzogen werden. Die Entscheidung trifft die oberste Dienstbehörde.

(5) Der Anspruch auf den Unterhaltsbeitrag erlischt, wenn der Betroffene wieder in ein öffentlich-rechtliches Amts- oder Dienstverhältnis berufen wird.

## § 81
## Unterhaltsleistung bei Mithilfe zur Aufdeckung von Straftaten

(1) Im Falle der Entfernung aus dem Beamtenverhältnis oder der Aberkennung des Ruhegehalts kann die zuletzt zuständige oberste Dienstbehörde dem ehemaligen Beamten oder ehemaligen Ruhestandsbeamten, der gegen das Verbot der Annahme von Belohnungen oder Geschenken verstoßen hat, die Gewährung einer monatlichen

Unterhaltsleistung zusagen, wenn er sein Wissen über Tatsachen offenbart hat, deren Kenntnis dazu beigetragen hat, Straftaten, insbesondere nach den §§ 331 bis 335 des Strafgesetzbuches, zu verhindern oder über seinen eigenen Tatbeitrag hinaus aufzuklären. Die Nachversicherung ist durchzuführen.

(2) Die Unterhaltsleistung ist als Prozentsatz der Anwartschaft auf eine Altersrente, die sich aus der Nachversicherung ergibt, oder einer entsprechenden Leistung aus der berufsständischen Alterssicherung mit folgenden Maßgaben festzusetzen:

1. Die Unterhaltsleistung darf die Höhe der Rentenanwartschaft aus der Nachversicherung nicht erreichen.
2. Unterhaltsleistung und Rentenanwartschaft aus der Nachversicherung dürfen zusammen den Betrag nicht übersteigen, der sich als Ruhegehalt nach § 25 Absatz 1 in Verbindung mit § 10 des Brandenburgischen Beamtenversorgungsgesetzes ergäbe.

Die Höchstgrenzen nach Satz 1 gelten auch für die Zeit des Bezugs der Unterhaltsleistung; an die Stelle der Rentenanwartschaft aus der Nachversicherung tritt die anteilige Rente.

(3) Die Zahlung der Unterhaltsleistung an den früheren Beamten kann erst erfolgen, wenn dieser die Regelaltersgrenze erreicht vollendet hat oder eine Rente wegen Erwerbsminderung aus der gesetzlichen Rentenversicherung oder eine entsprechende Leistung aus der berufsständischen Versorgung erhält.

(4) Der Anspruch auf die Unterhaltsleistung erlischt bei erneutem Eintritt in den öffentlichen Dienst sowie in den Fällen, die bei einem Ruhestandsbeamten den Verlust der Versorgung nach § 11 des Brandenburgischen Beamtenversorgungsgesetzes zur Folge hätten. Der hinterbliebene Ehegatte oder eingetragene Lebenspartner erhält den Anteil an der Unterhaltsleistung, der verhältnismäßig dem Anteil des Witwengeldes an dem Ruhegehalt nach § 35 des Brandenburgischen Beamtenversorgungsgesetzes entspricht, wenn zum Zeitpunkt der Entfernung aus dem Beamtenverhältnis oder der Aberkennung des Ruhegehalts die Ehe oder eingetragene Lebenspartnerschaft bereits bestanden hatte.

## § 82
## Begnadigung

(1) Dem Ministerpräsidenten steht das Begnadigungsrecht in Disziplinarsachen nach diesem Gesetz zu. Er kann es anderen Stellen übertragen.

(2) Wird die Entfernung aus dem Beamtenverhältnis oder die Aberkennung des Ruhegehalts im Gnadenweg aufgehoben, gilt § 36 Abs. 2 des Landesbeamtengesetzes entsprechend.

# TEIL 6
# BESONDERE BESTIMMUNGEN FÜR EINZELNE BEAMTENGRUPPEN

## Kapitel 1
## Polizeivollzugsbeamte

### § 83
### Dienstvorgesetzte

Der Minister des Innern kann durch Rechtsverordnung bestimmen, dass Vorgesetzte der Polizeivollzugsbeamten als Dienstvorgesetzte im Sinne dieses Gesetzes gelten.

## Kapitel 2
## Beamte auf Probe und Beamte auf Widerruf

### § 84
### Zulässige Disziplinarmaßnahmen

Zulässige Disziplinarmaßnahmen bei Beamten auf Probe und Beamten auf Widerruf sind Verweis und Geldbuße.

### § 85
### Ermittlungen

(1) Ein Beamter auf Probe kann nach § 23 Abs. 3 Satz 1 Nr. 1 des Beamtenstatusgesetzes nur entlassen werden, nachdem die für die Erhebung der Disziplinarklage zuständige Behörde oder Einrichtung nach den Bestimmungen dieses Gesetzes Ermittlungen durchgeführt hat.

(2) Ein Beamter auf Probe kann die Durchführung von Ermittlungen nach Absatz 1 beantragen, um sich von dem Verdacht eines Dienstvergehens zu entlasten; § 19 gilt entsprechend.

(3) Bei einem Beamten auf Widerruf, der wegen eines Dienstvergehens entlassen werden soll oder der sich von dem Verdacht eines Dienstvergehens entlasten will, gelten die Absätze 1 und 2 entsprechend.

## Kapitel 3
## Kommunalbeamte und sonstige Beamte von Körperschaften, Anstalten und Stiftungen des öffentlichen Rechts

### § 86
### Dienstvorgesetzter, höherer Dienstvorgesetzter, oberste Dienstbehörde

(1) Wer Dienstvorgesetzter der Kommunalbeamten ist, bestimmen die Kommunalverfassung des Landes Brandenburg, das Gesetz über kommunale Gemeinschaftsarbeit und das Gesetz über den Kommunalen Versorgungsverband. Die Beamten des Kommunalen Versorgungsverbandes sind Kommunalbeamte im Sinne dieses Gesetzes. An die Stelle des höheren Dienstvorgesetzten und der obersten Dienstbehörde tritt der Dienstvorgesetzte.

(2) Bei dem Landrat, dem hauptamtlichen Bürgermeister, dem Verbandsgemeindebürgermeister, dem Amtsdirektor, dem Ersten Beigeordneten sowie bei dem hauptamtlichen Verbandsvorsteher tritt an die Stelle des Dienstvorgesetzten die Rechtsaufsichtsbehörde und an die Stelle des höheren Dienstvorgesetzten sowie der obersten Dienstbehörde die oberste Rechtsaufsichtsbehörde. Dies gilt auch für den Direktor des Kommunalen Versorgungsverbandes sowie für kommunale Ehrenbeamte, die keinen Dienstvorgesetzten haben.

(3) Bei kommunalen Ruhestandsbeamten werden die Disziplinarbefugnisse durch den zum Zeitpunkt des Eintritts in den Ruhestand zuständigen Dienstvorgesetzten, bei dem Landrat, dem hauptamtlichen Bürgermeister, dem Verbandsgemeindebürgermeister, dem Amtsdirektor, dem Ersten Beigeordneten, dem hauptamtlichen Verbandsvorsteher und dem Direktor des Kommunalen Versorgungsverbandes im Ruhestand durch die zum Zeitpunkt des Eintritts in den Ruhestand zuständige Rechtsaufsichtsbehörde ausgeübt. Bei kommunalen Ehrenbeamten, die verabschiedet worden sind oder deren Ehrenbeamtenverhältnis durch Zeitablauf endet, werden die Disziplinarbefugnisse durch die zum Zeitpunkt der Verabschiedung oder der Beendigung des Ehrenbeamtenverhältnisses zuständige Rechtsaufsichtsbehörde ausgeübt.

### § 87
### Kürzung der Dienstbezüge, Zurückstufung, Einbehaltung von Dienstbezügen

(1) Der Dienstvorgesetzte des Kommunalbeamten kann abweichend von § 34 Abs. 3 Kürzungen der Dienstbezüge bis zum zulässigen Höchstmaß festsetzen.

(2) Für Kommunalbeamte auf Zeit gilt § 9 Abs. 1 Satz 1 mit der Maßgabe, dass die Zurückstufung in die Grundeinstufung (§ 2 Abs. 1 und 2 der Einstufungsverordnung) zulässig ist. § 9 Abs. 3 gilt entsprechend.

(3) Abgewählte kommunale Wahlbeamte auf Zeit unterfallen der Regelung über die Einbehaltung von Dienstbezügen nach § 39 Absatz 2 auch dann, wenn bis zum Tag der Abwahl eine vorläufige Dienstenthebung nach § 39 Absatz 1 nicht ausgesprochen worden ist, wegen der Schwere des Dienstvergehens aber voraussichtlich auf Aberkennung des Ruhegehalts erkannt werden wird. Die Einbehaltung der Dienstbezüge nach Satz 1 endet mit Ablauf des Anspruchs auf Weiterzahlung der Bezüge, die dem abgewählten Beamten am Tag vor der Abwahl nach Maßgabe besoldungsrechtlicher Vorschriften zustehen. Für den sich unmittelbar anschließenden Zeitraum findet § 39 Absatz 3 Anwendung.

## § 88
## Besondere Zuständigkeiten

(1) Die Gemeindevertretung, der Amtsausschuss, der Kreistag oder die Verbandsversammlung (Vertretungskörperschaft) kann den Dienstvorgesetzten im Einzelfall mit der Mehrheit ihrer gesetzlichen Mitglieder anweisen, ein Disziplinarverfahren einzuleiten. Abweichend von Satz 1 kann die Vertretungskörperschaft mit der Mehrheit ihrer gesetzlichen Mitglieder von der Rechtsaufsichtsbehörde die Einleitung eines Disziplinarverfahrens gegen den Landrat, den hauptamtlichen Bürgermeister, den Amtsdirektor, den Ersten Beigeordneten, den hauptamtlichen Verbandsvorsteher, den Direktor des Kommunalen Versorgungsverbandes sowie gegen kommunale Ehrenbeamte verlangen. Die Rechtsaufsichtsbehörde hat das Verlangen zurückzuweisen, wenn die Voraussetzungen des § 18 Abs. 1 Satz 1 nicht vorliegen.

(2) Den Widerspruchsbescheid erlässt die Ausgangsbehörde. Hat die Rechtsaufsichtsbehörde die angefochtene Entscheidung erlassen, erlässt den Widerspruchsbescheid die oberste Rechtsaufsichtsbehörde. Ein Widerspruchsverfahren findet nicht statt, wenn die angefochtene Entscheidung durch die oberste Rechtsaufsichtsbehörde erlassen worden ist.

(3) Disziplinarklage erhebt der Dienstvorgesetzte, bei dem Landrat, dem hauptamtlichen Bürgermeister, dem Amtsdirektor, dem Ersten Beigeordneten, dem hauptamtlichen Verbandsvorsteher, dem Direktor des Kommunalen Versorgungsverbandes sowie bei kommunalen Ehrenbeamten die Rechtsaufsichtsbehörde.

## § 89
### Unterrichtungs- und Mitteilungspflicht

(1) Die Rechtsaufsichtsbehörde ist über die Einleitung eines Disziplinarverfahrens unverzüglich zu unterrichten. Die Rechtsaufsichtsbehörde kann innerhalb eines Monats nach Eingang der Unterrichtung das Verfahren an sich ziehen. Wird eine Maßnahme unter Verstoß gegen Satz 1 getroffen, ist sie nichtig.

(2) Die Einleitung eines Disziplinarverfahrens, die Erhebung einer Disziplinarklage sowie Einstellungs- oder Disziplinarverfügungen sind, auch wenn eine Rechtsaufsichtsbehörde tätig wird oder geworden ist, der Vertretungskörperschaft mitzuteilen. Auf Antrag der Vertretungskörperschaft ist ihr Auskunft über den Stand des Verfahrens zu erteilen, wenn dies ohne Gefährdung der Sachverhaltsaufklärung möglich ist.

(3) Die Absätze 1 und 2 Satz 2 gelten auch, wenn die Rechtsaufsichtsbehörde an die Stelle des Dienstvorgesetzten tritt. Die Unterrichtungspflicht besteht dann gegenüber der obersten Rechtsaufsichtsbehörde.

## § 90
### Weisungsbefugnis der Rechtsaufsichtsbehörde

Die Rechtsaufsichtsbehörde kann den Dienstvorgesetzten im Einzelfall anweisen, ein Disziplinarverfahren einzuleiten. Kommt dieser der Anweisung nicht nach, kann sie das Disziplinarverfahren selbst einleiten.

## § 91
### Sonstige Beamte von Körperschaften, Anstalten und Stiftungen des öffentlichen Rechts

Für die sonstigen Beamten von Körperschaften, Anstalten und Stiftungen des öffentlichen Rechts gelten die §§ 86 bis 90 entsprechend, sofern nicht das jeweils zuständige Ministerium durch Rechtsverordnung etwas Abweichendes bestimmt.

# TEIL 7
# ÜBERGANGS- UND SCHLUSSBESTIMMUNGEN

## § 92
## Übergangsbestimmungen

(1) Die nach bisherigem Recht eingeleiteten Disziplinarverfahren werden in der Lage, in der sie sich bei In-Kraft-Treten dieses Gesetzes befinden, nach diesem Gesetz fortgeführt, soweit in den Absätzen 2 bis 11 nichts Abweichendes bestimmt ist. Maßnahmen, die nach bisherigem Recht getroffen worden sind, bleiben rechtswirksam.

(2) Die folgenden Disziplinarmaßnahmen nach bisherigem Recht stehen folgenden Disziplinarmaßnahmen nach diesem Gesetz gleich:

1. die Gehaltskürzung der Kürzung der Dienstbezüge,
2. die Versetzung in ein Amt derselben Laufbahn mit geringerem Endgrundgehalt der Zurückstufung und
3. die Entfernung aus dem Dienst der Entfernung aus dem Beamtenverhältnis.

(3) Wegen der vor dem In-Kraft-Treten dieses Gesetzes begangenen Dienstvergehen, für die nach bisherigem Recht eine Disziplinarmaßnahme wegen Zeitablaufs nicht mehr verhängt werden konnte, darf auch nach diesem Gesetz eine Disziplinarmaßnahme nicht verhängt werden. Im Übrigen richtet sich das Disziplinarmaßnahmeverbot wegen Zeitablaufs nach diesem Gesetz.

(4) Ist wegen eines vor dem In-Kraft-Treten dieses Gesetzes begangenen Dienstvergehens gegen einen Beamten im Strafverfahren oder im Bußgeldverfahren unanfechtbar eine Strafe, Geldbuße oder Ordnungsmaßnahme verhängt worden, darf wegen desselben Sachverhalts eine Disziplinarmaßnahme nach diesem Gesetz nicht verhängt werden, wenn die Verhängung einer entsprechenden Disziplinarmaßnahme nach bisherigem Recht nicht zulässig war. Dies gilt auch dann, wenn die Strafe, Geldbuße oder Ordnungsmaßnahme nach dem In-Kraft-Treten dieses Gesetzes verhängt wird.

(5) Ist vor dem In-Kraft-Treten dieses Gesetzes ein förmliches Disziplinarverfahren eingeleitet worden, sind ungeachtet der durchgeführten Vorermittlungen nach bisherigem Recht die nach diesem Gesetz vorgeschriebenen Ermittlungen durchzuführen. Die nach diesem Gesetz für die Erhebung der Disziplinarklage zuständige Behörde oder Einrichtung kann die nach bisherigem Recht zuständige Einleitungsbehörde mit der Fortführung des Disziplinarverfahrens beauftragen und einen nach bisherigem Recht bestellten Untersuchungsführer zum Ermittlungsführer nach diesem Gesetz bestellen.

(6) Statthaftigkeit, Form und Frist eines Rechtsbehelfs oder Rechtsmittels gegen eine Entscheidung, die vor dem In-Kraft-Treten dieses Gesetzes ergangen ist, bestimmen sich nach bisherigem Recht. Im weiteren Verfahren gelten ebenfalls die Bestimmungen des bisherigen Rechts.

(7) Die bei In-Kraft-Treten dieses Gesetzes anhängigen gerichtlichen Disziplinarverfahren werden nach den Bestimmungen des bisherigen Rechts fortgeführt.

(8) Für die Wiederaufnahme von Disziplinarverfahren, die vor dem In-Kraft-Treten dieses Gesetzes rechtskräftig abgeschlossen worden sind, gelten die Bestimmungen dieses Gesetzes.

(9) Die nach bisherigem Recht in einem Disziplinarverfahren ergangenen Entscheidungen sind nach bisherigem Recht zu vollstrecken, wenn sie unanfechtbar geworden sind.

(10) Hat das Verwaltungsgericht vor dem In-Kraft-Treten dieses Gesetzes über die Bewilligung eines Unterhaltsbeitrags entschieden, bleiben im Rechtsmittelverfahren nach diesem Gesetz die für die Bewilligung des Unterhaltsbeitrags geltenden Bestimmungen des bisherigen Rechts anwendbar.

(11) Die Frist für das Verwertungsverbot und ihre Berechnung für die Disziplinarmaßnahmen, die vor dem In-Kraft-Treten dieses Gesetzes verhängt worden sind, bestimmen sich nach diesem Gesetz. Dies gilt nicht, wenn die Frist und ihre Berechnung nach bisherigem Recht für den Beamten günstiger ist.

(12) Gebühren nach § 79 Absatz 1 Satz 1 werden nur für die nach dem 31. Dezember 2011 anhängig werdenden Verfahren erhoben. Dies gilt nicht im Verfahren über ein Rechtsmittel, das nach dem 31. Dezember 2011 eingelegt worden ist.

## § 93

### Verwaltungsvorschriften

Die zur Durchführung dieses Gesetzes erforderlichen Verwaltungsvorschriften erlässt der Minister des Innern; die Verwaltungsvorschriften sind zu veröffentlichen.

# Landesdisziplinargesetz (LDG)

**vom 18. Dezember 2001 (GVBl. I/01 Nr. 19, S. 254), zuletzt geändert durch Art. 11 des Gesetzes vom 15. Oktober 2018 (GVBl. I/18 Nr. 22, S. 28)**

## – Kommentar –

TEIL 1

### ALLGEMEINE BESTIMMUNGEN

### § 1

### Persönlicher Geltungsbereich

**(1) Dieses Gesetz gilt für Beamte und Ruhestandsbeamte im Sinne des Landesbeamtengesetzes. Abgewählte kommunale Wahlbeamte auf Zeit im Sinne des § 123 Absatz 2 des Landesbeamtengesetzes gelten als Ruhestandsbeamte; § 87 Absatz 3 bleibt unberührt. Frühere Beamte, die Unterhaltsbeiträge nach den Bestimmungen des Brandenburgischen Beamtenversorgungsgesetzes oder entsprechender früherer Regelungen beziehen, gelten bis zum Ende dieses Bezuges als Ruhestandsbeamte, ihre Bezüge als Ruhegehalt.**

**(2) Für Ehrenbeamte gilt dieses Gesetz nur, sofern dies in besonderen, für die einzelnen Gruppen von Ehrenbeamten geltenden Gesetzen geregelt ist.**

**(3) Die in diesem Gesetz verwendeten Amts- und Funktionsbezeichnungen sowie die sonstigen personenbezogenen Bezeichnungen gelten für Frauen und Männer in gleicher Weise.**

**Erläuterungen**

Übersicht

1. Beamte
2. Ruhestandsbeamte und abgewählte kommunale Wahlbeamte
3. Ehrenbeamte

### 1. Beamte

Das LDG gilt aufgrund der Bezugnahme in Abs. 1 Satz 1 für die im aktiven Dienst stehenden Beamten des Landes, der Gemeinden und Gemeindeverbände und der sonstigen der Aufsicht des Landes unterstehenden Körperschaften, Anstalten und Stiftungen des öffentlichen Rechts (§ 1 Abs. 1 LBG). Für kommunale Wahlbeamte folgt aus dem speziellen kommunalverfassungsrechtlichen Instrument des Abwahlverfahrens keine Beschränkung für das Ergreifen von disziplinarrechtlichen Maßnahmen (vgl. BVerfG, Beschl. vom 23.8.2017 – 2 BvR 1745/17 –, juris Rn. 24). Das LDG gilt hingegen nicht für die Beamten der öffentlich-rechtlichen Religionsgesellschaften und ihrer Verbände (§ 1 Abs. 2 LBG).

### 2. Ruhestandsbeamte und abgewählte kommunale Wahlbeamte

Ruhestandsbeamte sind die aus dem aktiven Dienst in den Ruhestand getretenen, unter Erl. 1. angesprochenen Beamten. Außerdem gelten nach Abs. 1 Satz 2 abgewählte kommunale Wahlbeamte auf Zeit als Ruhestandsbeamte. Die Bezugnahme des Gesetzes auf § 123 Abs. 2 LBG (statt auf § 123 Abs. 5 LBG) beruht ersichtlich auf einer bisher redaktionell versäumten Anpassung an die geänderte Fassung des Landesbeamtengesetzes (siehe *Weiß* in Koch/Weiß M § 1 BDG, Rn. 178). Hintergrund für die (brandenburgische Sonder-)Regelung ist, dass die abgewählten Wahlbeamten bis zum Ablauf ihrer regulären Amtszeit (bzw. bis zu einem vorherigen regulären Eintritt in den Ruhestand) versorgungsrechtlich schon mit bestimmten Maßgaben wie Ruhestandsbeamte behandelt werden (vgl. § 27 Abs. 7 BbgBeamtVG, § 123 Abs. 5 Satz 2 LBG). Auch in diesem Stadium begangene Dienstvergehen der früheren kommunalen Wahlbeamten werden nach dem LDG geahndet (siehe § 2 Abs. 1 Nr. 2 b. LDG). Außerdem stellt Abs. 1 Satz 3 frühere Beamte, die Unterhaltsbeiträge nach dem BbgBeamtVG beziehen, den Ruhestandsbeamten gleich. Dies betrifft solche (etwa wegen Dienstunfähigkeit) entlassenen Beamte, die nach § 28 BbgBeamtVG Unterhaltsbeitrag erhalten.

### 3. Ehrenbeamte

Die Regelung in Abs. 2 hat primär einen klarstellenden Charakter (vgl. zu Maßgaben zur Anwendung von Vorschriften des LBG auf Ehrenbeamte § 119 LBG). Für Ehrenbeamte der Feuerwehr, nämlich konkret für nicht hauptamtlich tätige, zu Ehrenbeamten auf Zeit ernannte Wehrführer und ihre Stellvertreter, bestimmt § 28 Abs. 4 Satz 3 BbgBKG, dass das LDG Anwendung findet. Als Disziplinarmaßnahmen sind dann nur Verweis, Geldbuße und Entfernung aus dem Beamtenverhältnis zulässig (§ 5 Abs. 3 Satz 1 LDG). Für eine Zurückstufung oder Kürzung von Dienstbezügen besteht bei Ehrenbeamten, die keiner Laufbahn angehören und keine Dienstbezüge erhalten, ohnedies kein Raum (vgl. *Herrmann* in Herrmann/Sandkuhl, § 4 Rn. 65). Spezielle Regelungen zu „Disziplinarmaßnahmen" gegenüber Angehörigen der Freiwilligen Feuerwehr treffen die §§ 7, 8 TVFF.

## § 2
## Sachlicher Geltungsbereich

**(1) Dieses Gesetz gilt für die**

1. **von Beamten während ihres Beamtenverhältnisses begangenen Dienstvergehen (§ 47 Abs. 1 des Beamtenstatusgesetzes) und**
2. **von Ruhestandsbeamten**
   a) **während ihres Beamtenverhältnisses begangenen Dienstvergehen (§ 47 Abs. 1 des Beamtenstatusgesetzes) und**
   b) **nach Eintritt in den Ruhestand begangenen als Dienstvergehen geltenden Handlungen (§ 47 Abs. 2 des Beamtenstatusgesetzes und § 55 des Landesbeamtengesetzes).**

**(2) Bei Beamten und Ruhestandsbeamten, die früher in einem anderen Dienstverhältnis als Beamte, Richter, Berufssoldaten oder Soldaten auf Zeit gestanden haben, gilt dieses Gesetz auch wegen solcher Dienstvergehen, die sie in dem früheren Dienstverhältnis oder als Versorgungsberechtigte aus einem solchen Dienstverhältnis begangen haben; auch bei den aus einem solchen Dienstverhältnis Ausgeschiedenen und Entlassenen gelten Handlungen, die in § 47 Abs. 2 des Beamtenstatusgesetzes und § 55 des Landesbeamtengesetzes bezeichnet sind, als Dienstvergehen. Ein Wechsel des Dienstherrn steht der Anwendung dieses Gesetzes nicht entgegen.**

**(3) Für Beamte, die Wehrdienst im Rahmen einer Wehrübung (§ 6 des Wehrpflichtgesetzes) oder einer besonderen Auslandsverwendung (§ 6a des Wehrpflichtgesetzes) leisten, gilt dieses Gesetz auch wegen solcher Dienstvergehen, die während des Wehrdienstes begangen wurden, wenn das Verhalten sowohl soldatenrechtlich als auch beamtenrechtlich ein Dienstvergehen ist.**

### Erläuterungen

Übersicht

1. Dienstvergehen
2. Vordienstliches Fehlverhalten
3. Außerdienstliches Verhalten
4. Dienstvergehen in einem früheren Dienstverhältnis
5. Einheit des Dienstvergehens

6. Ruhestandsbeamte
7. Wehrdienst

### 1. Dienstvergehen

Der sachliche Geltungsbereich des LDG erstreckt sich auf die von (Ruhestands-) Beamten begangenen Dienstvergehen im Sinne von § 47 Abs. 1 und 2 BeamtStG. Diese Norm lautet wie folgt:

*§ 47*

***Nichterfüllung von Pflichten***

*(1) Beamtinnen und Beamte begehen ein Dienstvergehen, wenn sie schuldhaft die ihnen obliegenden Pflichten verletzen. Ein Verhalten außerhalb des Dienstes ist nur dann ein Dienstvergehen, wenn es nach den Umständen des Einzelfalls in besonderem Maße geeignet ist, das Vertrauen in einer für ihr Amt bedeutsamen Weise zu beeinträchtigen.*

*(2) Bei Ruhestandsbeamtinnen und Ruhestandsbeamten oder früheren Beamtinnen mit Versorgungsbezügen und früheren Beamten mit Versorgungsbezügen gilt es als Dienstvergehen, wenn sie sich gegen die freiheitliche demokratische Grundordnung im Sinne des Grundgesetzes betätigen oder an Bestrebungen teilnehmen, die darauf abzielen, den Bestand oder die Sicherheit der Bundesrepublik Deutschland zu beeinträchtigen, oder wenn sie schuldhaft gegen die in den §§ 37, 41 und 42 bestimmten Pflichten verstoßen. Bei sonstigen früheren Beamtinnen und früheren Beamten gilt es als Dienstvergehen, wenn sie schuldhaft gegen die in den §§ 37, 41 und 42 bestimmten Pflichten verstoßen. Für Beamtinnen und Beamte nach den Sätzen 1 und 2 können durch Landesrecht weitere Handlungen festgelegt werden, die als Dienstvergehen gelten.*

*(3) Das Nähere über die Verfolgung von Dienstvergehen regeln die Disziplinargesetze.*

Zentrale Dienstpflichten der Beamten sind in den §§ 33 bis 37, 42 BeamtStG (etwa: Verfassungstreue, unparteiische Amtsführung, politische Mäßigung und Zurückhaltung, Hingabe, uneigennützige Amtsführung, achtungs- und vertrauenswürdiges Verhalten, Beratungs- und Folgepflicht, Remonstration, Verschwiegenheit) und ferner – teils überschneidend – in den §§ 52, 53, 61, 84 bis 89 LBG festgelegt. Von einer näheren Darstellung und Systematisierung der von § 47 BeamtStG umfassten Dienstpflichten muss im Rahmen dieser Kommentierung abgesehen werden. Verwiesen werden kann dazu auf *Herrmann* in Herrmann/Sandkuhl, § 10 Rn. 915 bis 1064, sowie auf *Koch/Weiß* J 505 bis J 975.

## 2. Vordienstliches Fehlverhalten

Erfasst werden vom sachlichen Geltungsbereich nach § 2 LDG nur während eines Beamtenverhältnisses oder nach dessen Beendigung begangene Verfehlungen. Vordienstliches Fehlverhalten (etwa solches im Angestelltenverhältnis vor der Ernennung zum Beamten auf Probe) kann daher nicht zum Gegenstand eines Disziplinarverfahrens gemacht werden. Es kann aber mittelbar, nämlich bei der Würdigung des Persönlichkeitsbildes des (späteren) Beamten für die Bemessung der Disziplinarmaßnahme (§ 13 Abs. 1 Satz 3 LDG), relevant sein (*Wittkowski* in Urban/Wittkowski, § 2 BDG Rn. 3; a. A. *Gansen*, § 2 BDG, Rn. 64).

## 3. Außerdienstliches Verhalten

Ein außerdienstliches Verhalten des Beamten ist nach § 47 Abs. 1 Satz 2 BeamtStG nur dann ein Dienstvergehen, wenn es nach den Umständen des Einzelfalls in besonderem Maße geeignet ist, das Vertrauen in einer für sein Amt bedeutsamen Weise zu beeinträchtigen. Nach § 34 Abs. 1 Satz 2 BeamtStG trifft Beamte (auch) insoweit die Pflicht, der Achtung und dem Vertrauen gerecht werden zu müssen, die ihr Beruf erfordern. Für den danach vorausgesetzten Amtsbezug kommt es nicht auf die von dem Beamten (zuletzt) konkret wahrgenommenen Aufgaben (Dienstposten) an, sondern auf das Statusamt (BVerwG, Urt. vom 18.6.2015 – 2 C 9.14 –, juris Rn. 16 ff.). Er ist daher z. B. für Polizeibeamte stets gegeben, wenn sie erhebliche Vorsatzstraftaten begehen (vgl. BVerwG, Urt. vom 10.12.2015 – 2 C 50.13 –, Rn. 36), denn auf deren Verhütung ist ihr Statusamt angelegt.

## 4. Dienstvergehen in einem früheren Dienstverhältnis

Abs. 2 erstreckt den Geltungsbereich des LDG auch auf in einem früheren, anderen Dienstverhältnis begangene Dienstvergehen, unabhängig davon, ob das frühere Beamtenverhältnis nach § 15 Abs. 3 BeamtStG infolge einer Versetzung mit einem der in § 1 Abs. 1 LDG genannten Dienstherrn fortgesetzt wird oder unabhängig davon neu begründet wurde. Der Beamte kann sich also nicht durch den in § 2 Abs. 2 Satz 2 LDG ausdrücklich angesprochenen Wechsel seines Dienstherrn der disziplinarrechtlichen Ahndung von Dienstvergehen entziehen (vgl. *Gansen*, § 2 BDG Rn. 65). Gleichwohl kann ein solcher Wechsel die Ahndung erschweren (z. B. bei einer Versetzung in ein anderes Bundesland oder in den Bundesdienst während eines laufenden Klageverfahrens gegen eine auf die Kürzung von Dienstbezügen lautende Disziplinarverfügung, § 8 Abs. 5 LDG).

## 5. Einheit des Dienstvergehens

Aus dem von § 2 LDG in Bezug genommenen § 47 Abs. 1 BeamtStG lässt sich ferner der Grundsatz der Einheit des Dienstvergehens ableiten: Das durch mehrere Verfehlungen zutage getretene Fehlverhalten ist grundsätzlich einheitlich (und nicht etwa je durch einzelne Disziplinarmaßnahmen) zu würdigen bzw. zu ahnden (vgl. auch § 20 Abs. 1 LDG). Unter bestimmten Voraussetzungen können jedoch einzelne Handlungen, d. h. einzelne Teile des Dienstvergehens, aus dem Disziplinarverfahren ausgeschieden (vgl. §§ 20 Abs. 2, 57 Abs. 1 LDG) bzw. nicht in dieses einbezogen werden (§ 54 Abs. 2 LDG).

### 6. Ruhestandsbeamte

Der Geltungsbereich des Gesetzes ist nicht nur auf von Ruhestandsbeamten zur Zeit ihres aktiven Dienstes begangene Dienstvergehen (Abs. 1 Nr. 2 Buchst. a), sondern auch auf nach Eintritt in den Ruhestand begangene und als Dienstvergehen geltende Handlungen (§ 47 Abs. 2 BeamtStG und § 55 LBG). Mit § 55 LBG hat der Landesgesetzgeber von der durch § 47 Abs. 2 Satz 3 BeamtStG eröffneten Möglichkeit Gebrauch gemacht und die schuldhafte Verletzung von bestimmten Pflichten in Bezug auf ihre Reaktivierung als Dienstvergehen erfasst.

### 7. Wehrdienst

Dienstvergehen, die der Beamte während des Wehrdienstes im Rahmen einer Wehrübung (§ 6 WPflG) oder einer besonderen Auslandsverwendung (§ 8a WPflG) begeht, fallen nach Abs. 3 unter den Anwendungsbereich des LDG, wenn das Verhalten sowohl soldatenrechtlich als auch beamtenrechtlich ein Dienstvergehen ist. Nicht erfasst sind damit die Hilfeleistung im Innern und im Ausland (§§ 6c, 6d WPflG). Praktische Relevanz hat diese Regelung jenseits des Spannungs- und Verteidigungsfalls (§ 2 WPflG) aufgrund der Aussetzung der Wehrpflicht aktuell nicht mehr.

## § 3
## Ergänzende Anwendung anderer Gesetze

**Zur Ergänzung dieses Gesetzes sind insbesondere die Bestimmungen des Verwaltungsverfahrensgesetzes, des Verwaltungszustellungsgesetzes, des Gebührengesetzes sowie des Verwaltungsvollstreckungsgesetzes für das Land Brandenburg und der Verwaltungsgerichtsordnung entsprechend anzuwenden, soweit sie nicht zu den Bestimmungen dieses Gesetzes in Widerspruch stehen oder soweit nicht in diesem Gesetz etwas Anderes bestimmt ist.**

### Erläuterungen

Die Norm beugt durch die nicht abschließende („insbesondere") Aufzählung der Bestimmungen der im Gesetzestext bezeichneten Gesetze etwaigen Regelungslücken vor. Auf Bestimmungen der StPO wird noch in einigen speziellen Vorschriften zurückgegriffen (§§ 26 Abs. 1 und 2, 28 Abs. 1 Satz 3, 29, 59 Abs. 2 LDG). Vorrang gegenüber einer ergänzenden Anwendung anderer Gesetze haben (selbstverständlich) die im LDG getroffenen (speziellen) Regelungen. Nennenswerte praktische Schwierigkeiten bereitet die vom Gesetzgeber vorgenommene pauschale Verweisungstechnik nicht, wie die wenige einschlägige Rechtsprechung (vgl. etwa BVerwG, Beschl. vom 23.2.2021 – 2 C 11.19 –, juris: Zurechnung von Anwaltsverschulden auch im Disziplinarverfahren) belegt. Von einer Auflistung der für eine Anwendung in Betracht kommenden Bestimmungen soll daher an dieser Stelle abgesehen werden (siehe zum VwVfG und zur VwGO etwa *Gansen*, § 3 Rn. 7 f.).

## § 4
## Gebot der Beschleunigung

**Disziplinarverfahren sind beschleunigt durchzuführen. Beschäftigte, die mit Ermittlungen beauftragt werden, sollen für die Dauer ihrer Tätigkeit von ihrem Hauptamt so weitgehend entlastet werden, dass der Abschluss der Ermittlungen durch ihre hauptamtliche Tätigkeit nicht verzögert wird.**

**Erläuterungen**

Übersicht



### 1. Allgemeines

*„Die Vorschrift stellt den Beschleunigungsgrundsatz als einen das gesamte Disziplinarverfahren beherrschenden Grundsatz heraus, der neben den zahlreichen, der Beschleunigung dienenden Einzelnormen in jeder Phase des Verfahrens als objektives Disziplinarrecht beachtet werden muss."* (LT-Drucks. 3/3364, Begründung zu Art. 1 § 4 des Gesetzentwurfs). Das Gebot der Beschleunigung gilt sowohl für das behördliche als auch das gerichtliche Verfahren. Es dient nicht nur den Interessen des durch das Verfahren belasteten Beamten und der ihm von Dienstherrn geschuldeten Fürsorge, sondern auch der Gewährleistung der Funktionsfähigkeit der öffentlichen Verwaltung (*Gansen*, § 4 BDG Rn. 4). Alle am Verfahren Beteiligten sind gehalten, das Disziplinarverfahren ohne vermeidbare Verzögerungen zu fördern und auf sei-

nen zügigen Abschluss hinzuwirken (vgl. *Werres* in Schütz/Schmiemann, § 4 Rn. 3).

## 2. Verstoß gegen das Beschleunigungsgebot und seine Folgen

Da der Verstoß gegen das Gebot nicht mit normativ bestimmten Rechtsfolgen geahndet wird, hat § 4 Satz 1 LDG einen stark appellativen Charakter. Welche Zeitdauer noch als angemessen anzusehen ist, lässt sich auch nur nach den jeweiligen Umständen des Einzelfalls (insbesondere: Bedeutung, Umfang und Schwierigkeit) bemessen. Jedenfalls unterhalb einer Dauer von sechs Monaten kommt ein Verstoß gegen das Beschleunigungsgebot grundsätzlich nicht in Betracht. Denn gemäß § 63 Abs. 1 LDG kann der Beamte erst dann einen Antrag auf gerichtliche Fristsetzung stellen, wenn ein behördliches Disziplinarverfahren nicht innerhalb von sechs Monaten seit der Einleitung abgeschlossen wurde.

Durch das Fristsetzungsverfahren nach § 63 LDG kann der Beamte einer Verletzung des Beschleunigungsgebots im behördlichen Disziplinarverfahren entgegenwirken bzw. ihr vorbeugen. Im gerichtlichen Disziplinarverfahren kann der Beamte die unangemessene Dauer des Verfahrens nach § 198 Abs. 3 GVG rügen und Entschädigung in Höhe von immerhin 100 Euro für jeden Monat der Verzögerung beanspruchen. Da die Dauer der Verzögerung sich erst nach dem rechtskräftigen Abschluss des Klageverfahrens bemessen lässt, weil etwa eine unangemessene Dauer des erstinstanzlichen Verfahrens durch ein zügig abgeschlossenes Berufungsverfahren teilweise kompensiert werden kann (vgl. BVerwG, Beschl. vom 4.7.2017 – 5 B 11.17 D –, juris Rn. 5), ist es sinnvoll, die Entschädigungsklage nach § 198 Abs. 5 GVG erst nach dem rechtkräftigen Abschluss des Verfahrens zu erheben. Andererseits kann es auch den Interessen des Beamten entsprechen, die unangemessene Dauer des gerichtlichen Disziplinarverfahrens (zunächst) hinzunehmen, da diese bei der Bestimmung der Disziplinarmaßnahme mildernd zu berücksichtigen ist, sofern nicht auf eine Entfernung aus dem Dienst oder die Aberkennung des Ruhegehalts erkannt wird (vgl. BVerwG, Urt. vom 28.2.2013 – 2 C 3.12 –, juris Rn. 54; OVG Bln-Bbg, Urt. vom 26.4.2016 – 81 D 4.14 –, juris Rn. 49).

Dem Dienstherrn bleibt im gerichtlichen Verfahren praktisch nur die Möglichkeit, durch Sachstandsanfragen auf einen zügigeren Abschluss hinzuwirken.

## 3. Entlastung für die Dauer der Ermittlungstätigkeit

Die Regelung in § 4 Satz 2 LDG hat primär Appellfunktion. Aus ihr ergibt sich aber zum einen immerhin, dass die Belastung der mit dem Disziplinarverfahren beauftragten Beschäftigten durch die Wahrnehmung ihrer regulären (sonstigen) dienstlichen Aufgaben keinen Grund darstellt, der eine überlange Dauer des vorrangig zu betreibenden Disziplinarverfahrens rechtfertigen könnte. Zum anderen lässt sich aus der Regelung, die auf „Beschäftigte" abstellt, ableiten, dass nicht nur Beamte mit Ermittlungen im Disziplinarverfahren beauftragt werden können.

# TEIL 2
# DISZIPLINARMAẞNAHMEN

## § 5
## Arten der Disziplinarmaßnahmen

**(1) Disziplinarmaßnahmen bei Beamten sind:**

1. **Verweis (§ 6),**
2. **Geldbuße (§ 7),**
3. **Kürzung der Dienstbezüge (§ 8),**
4. **Zurückstufung (§ 9) und**
5. **Entfernung aus dem Beamtenverhältnis (§ 10).**

**(2) Disziplinarmaßnahmen bei Ruhestandsbeamten sind:**

1. **Kürzung des Ruhegehalts (§ 11) und**
2. **Aberkennung des Ruhegehalts (§ 12).**

**(3) Bei Ehrenbeamten sind nur Verweis, Geldbuße und Entfernung aus dem Beamtenverhältnis zulässig. Für Beamte auf Probe und Beamte auf Widerruf gelten die besonderen Bestimmungen der §§ 84 und 85.**

**(4) Missbilligende Äußerungen (Zurechtweisungen, Ermahnungen, Rügen und dergleichen), die nicht ausdrücklich als Verweis bezeichnet werden, sind keine Disziplinarmaßnahmen.**

### Erläuterungen

In dieser Vorschrift werden die in den folgenden §§ 6 bis 12 LDG näher geregelten einzelnen Disziplinarmaßnahmen für Beamte (Abs. 1) und Ruhestandsbeamte (Abs. 2) in gestufter Reihenfolge (siehe näher *Weiß* in Weiß/Koch, M § 5 BDG Rn. 4) abschließend benannt. Für Beamte auf Zeit gilt § 5 Abs. 1 LDG entsprechend, § 6 BeamtStG. Die Regelung, dass bei Ehrenbeamten nur Verweis, Geldbuße und Entfernung aus dem Beamtenverhältnis zulässig sind (Abs. 3 Satz 1), hat klarstellenden Charakter, da Ehrenbeamte keine Bezüge erhalten, die gekürzt werden könnten, und keiner Laufbahn angehören, innerhalb derer sie zurückgestuft werden könnten. Die Aussage, dass für Beamte auf Probe und auf Widerruf die besonderen Bestimmungen in §§ 84 und 85 LDG gelten, ist (jenseits ihres Hinweischarakters) überflüssig, denn die Geltung jener Bestimmungen ergibt sich aus ihnen selbst. § 5 Abs. 4

LDG grenzt die rein beamtenrechtliche Maßnahme der Missbilligung – *„missbilligende Äußerungen (Zurechtweisungen, Ermahnungen, Rügen und dergleichen)"* – von der Disziplinarmaßnahme des Verweises (§ 6 LDG) ab. Dies entspricht der vom Bundesgesetzgeber in § 6 Satz 2 BDG getroffenen Regelung. Zwischen Missbilligung und Verweis besteht, da die Missbilligung keine Disziplinarmaßnahme ist, kein Stufenverhältnis, auf eine Missbilligung kann also bei einem nächsten zu ahndenden Vorkommnis durchaus auch mit einer weiteren Missbilligung reagiert werden (*Weiß* in Koch/Weiß, M § 5 Rn. 4 unter Hinweis auf VG Wiesbaden, Urt. vom 30.6.2014 – 28 K 484/12.WI.D –, juris Rn. 37).

## § 6
## Verweis

**Der Verweis ist der schriftliche Tadel eines bestimmten Verhaltens des Beamten. Der Verweis gilt mit dem Eintritt der Unanfechtbarkeit der Entscheidung als vollstreckt.**

### Erläuterungen

Übersicht



### 1. Allgemeines

Der Verweis ist die mildeste Disziplinarmaßnahme. Er setzt die Durchführung eines Disziplinarverfahrens (§ 18 ff. LDG) voraus, das mit dem Verweis durch Disziplinarverfügung abgeschlossen wird, wenn diese Maßnahme zur Ahndung des festgestellten Dienstvergehens „angezeigt" ist, § 34 Abs. 1 LDG. In Betracht kommt es folglich bei der Feststellung von zwar erheblichen und daher eine Ahndung erfordernden Dienstvergehen, die aber weniger schwer wiegen und das Vertrauen nur weniger stark beeinträchtigt haben. Getadelt werden muss ein bestimmtes und daher in der Disziplinarverfügung konkret zu benennendes dienstpflichtwidriges Verhalten des Beamten.

### 2. Abgrenzung

Missbilligende Äußerungen, die nicht als Verweis bezeichnet werden, sind auch dann keine Disziplinarmaßnahme, wenn sie dem Beamten ein Dienstvergehen vorwerfen (sog. qualifizierte Missbilligung), s. § 5 Abs. 4 LDG. Über die zu treffende Maßnahme entscheidet der Dienstherr nach pflichtgemäßem Ermessen, das sich sowohl auf das „Ob" einer Ahndung als auch auf die Ahndung selbst (Verweis oder nichtdisziplinarrechtliche Reaktion, vgl. auch bereits Erl. zu § 5 LDG) erstreckt. Die Ermessensausübung ist in dem Bescheid darzulegen (vgl. *Gansen*, § 6 BDG, Rn. 9g). Eine Abstufung dahin, dass ein (erstes) weniger schwerwiegendes Dienstvergehen noch nicht mit einem Verweis geahndet werden dürfte, sieht das Gesetz nicht vor (siehe auch Erl. zu § 5 LDG).

### 3. Wirksamkeit und Folgen

Aus § 6 Satz 2 LDG ergibt sich, dass der Verweis erst mit seiner Unanfechtbarkeit rechtliche Wirkungen entfalten kann. Die eigentliche Zweckbestimmung des schriftlichen Tadels, den Beamten zu künftig dienstpflichtgemäßem Verhalten anzuhalten, dürfte allerdings vielfach unabhängig davon erreicht werden. Rechtliche Bedeutung hat der Verweis vor allem in den selteneren Fällen, in denen der Getadelte sich davon unbeeindruckt zeigt und weitere Dienstpflichtverletzungen begeht: Bei der Bemessung der (nächsten) Disziplinarmaßnahme für ein nachfolgend begangenes Dienstpflichtvergehen ist der unanfechtbar gewordene Verweis für den Beamten – bis zum Eintritt des Verwertungsverbots nach § 16 LDG – nämlich nachteilig zu berücksichtigen. Der Verweis stellt hingegen für sich genommen kein Hindernis für eine Beförderung dar (Umkehrschluss aus §§ 8 Abs. 4, 9 Abs. 3 LDG, siehe auch LT-Drucks. 3/3364, Begründung zu Art. 1 § 6 des Gesetzentwurfs). Ob gleichwohl aus einem Verweis, der nicht nur ein punktuelleinmaliges Versagen zum Gegenstand hat, auf eine geringere oder im Einzelfall sogar auf die fehlende Eignung für ein Beförderungsamt geschlossen werden kann, ist keine Frage des Disziplinarrechts und daher hier nicht näher zu betrachten (vgl. weiterführend *Urban* in Urban/Wittkowski, § 6 BDG Rn. 6).

## § 7
## Geldbuße

**(1) Die Geldbuße kann bis zur Höhe der monatlichen Dienst- oder Anwärterbezüge des Beamten auferlegt werden. Hat der Beamte keine Dienst- oder Anwärterbezüge, darf die Geldbuße bis zu dem Betrag von 500 Euro auferlegt werden.**

**(2) Die Geldbuße kann nach Eintritt der Unanfechtbarkeit der Entscheidung von den Dienst-, Anwärter- oder Versorgungsbezügen, vom Unterhaltsbeitrag oder von den nach § 41 nachzuzahlenden Bezügen abgezogen werden. Sie fließt dem Dienstherrn zu.**

## Erläuterungen

Übersicht

1. Höchstbeträge
2. Bemessung, Form und Verfahren
3. Aufrechnung und Folgen

### 1. Höchstbeträge

Erscheint die Erteilung eines Verweises als nicht ausreichend, bedarf es aber keiner *„über einen längeren Zeitraum währenden Pflichtenmahnung"* (OVG Bln-Bbg, Urt. vom 21.2.2013 – 31 D 2.10 –, juris Rn. 112), steht als zweitmildeste Disziplinarmaßnahme eine Geldbuße zur Verfügung.

Anknüpfungspunkt für den Höchstbetrag sind in der Regel die monatlichen Dienst- oder Anwärterbezüge. Welche Besoldungsbestandteile die Dienstbezüge umfassen, ist § 1 Abs. 3 BbgBesG zu entnehmen. Die Anwärterbezüge sind sonstige Bezüge, § 1 Abs. 4 Nr. 2 BbgBesG, weshalb § 7 Abs. 1 LDG sie besonders erwähnt. Diese umfassen den Anwärtergrundbetrag, die Anwärtersonderzuschläge und den Familienzuschlag (siehe §§ 53 Abs. 2, 55, 56 BbgBesG); auszuklammern sind die in § 53 Abs. 2 BbgBesG noch genannten vermögenswirksame Leistungen, denn diese sind auch für die übrigen Beamten nicht zu berücksichtigen, da es sich nicht zu den Dienstbezügen handelt, sondern um (weitere) sonstige Bezüge (§ 1 Abs. 4 Nr. 3 BbgBesG). Maßgeblich sind die konkret dem mit dem Disziplinarverfahren belasteten Beamten zustehenden Bezüge, weshalb etwa Kürzungen bei Teilzeitbeschäftigung (§ 6 BbgBesG) zu berücksichtigen sind (vgl. *Gansen*, § 7 BDG Rn. 8). Für Beamte ohne Dienst- bzw. Anwärterbezüge (etwa: Ehrenbeamte, ohne Dienstbezüge beurlaubte Beamte) legt § 7 Abs. 1 Satz 2 LDG als Höchstbetrag 500 Euro fest. Abzustellen ist auf den Monat, in dem die Geldbuße verhängt wird (*Urban* in Urban/Wittkowski, § 7 BDG Rn. 6).

### 2. Bemessung, Form und Verfahren

In dem durch den Höchstbetrag abgesteckten Rahmen ist die konkrete Höhe nach Maßgabe der Zumessungskriterien des § 13 Abs. 1 LDG nach pflichtgemäßem Ermessen festzulegen. Da bei Wiederholungstätern eine Geldbuße nur ausnahmsweise in Betracht kommt (vgl. *Baunack* in Köhler/Baunack, § 7 BDG Rn. 3 zum Aspekt von Zugriffsdelikten in Bezug auf Bagatellsummen), rechtfertigt der Umstand der bisherigen Unbescholtenheit des Beamten für sich genommen keinen besonderen Abschlag auf den Höchstbetrag. Die Festlegung und Verhängung erfolgt in der Regel durch Disziplinarverfügung, welche schriftlich abzufassen, zu begründen und dem Beamten zuzustellen ist (§ 34 Abs. 6 LDG). Vom Gericht wird auf eine Geldbuße erkannt, wenn es die in einer von dem Beamten angefochtenen Disziplinarverfügung ausgesprochene Kürzung der Dienstbezüge als zu schwere Maßnahme ansieht (Beispiel: OVG Bln-Bbg, Urt. vom 21.2.2013 – 31 D 2.10 –, juris Rn. 110 ff.) oder aber zu einem durch Disziplinarklage unterbreiteten Dienstvergehen zu dem Ergebnis kommt, eine bloße Geldbuße sei hinreichend.

### 3. Aufrechnung und Folgen

§ 7 Abs. 2 Satz 1 LDG stellt die Möglichkeit klar, die bestands- bzw. rechtskräftige Geldbuße im Wege der Aufrechnung beizutreiben. Dies gilt auch für eine durch das Gericht verhängte Geldbuße. In jedem Fall fließt die Geldbuße dem Dienstherrn zu, § 7 Abs. 2 Satz 2 LDG. Die Geldbuße bewirkt kein Beförderungsverbot; insoweit gelten die Ausführungen bei Erl. 3 zu § 6 LDG entsprechend.

## § 8
## Kürzung der Dienstbezüge

**(1) Die Kürzung der Dienstbezüge ist die bruchteilmäßige Verminderung der monatlichen Dienstbezüge des Beamten um höchstens ein Fünftel und auf längstens drei Jahre. Sie erstreckt sich auf alle Ämter, die der Beamte bei Eintritt der Unanfechtbarkeit der Entscheidung bei einem brandenburgischen Dienstherrn inne hat. Hat der Beamte aus einem früheren öffentlich-rechtlichen Dienstverhältnis einen Versorgungsanspruch erworben, so bleibt dieser von der Kürzung der Dienstbezüge unberührt.**

**(2) Die Kürzung der Dienstbezüge beginnt mit dem Kalendermonat, der auf den Eintritt der Unanfechtbarkeit der Entscheidung folgt. Tritt der Beamte vor Eintritt der Unanfechtbarkeit der Entscheidung in den Ruhestand, gilt eine entsprechende Kürzung des Ruhegehalts (§ 11) als festgesetzt. Tritt der Beamte während der Dauer der Kürzung der Dienstbezüge in den Ruhestand, wird sein Ruhegehalt in demselben Verhältnis wie die Dienstbezüge und für denselben Zeitraum gekürzt; ein Ausgleich nach § 67 des Brandenburgischen Beamtenversorgungsgesetzes wird entsprechend gekürzt. Sterbegeld sowie Witwen- und Waisengeld werden nicht gekürzt.**

**(3) Die Kürzung der Dienstbezüge wird gehemmt, solange der Beamte ohne Dienstbezüge beurlaubt ist. Er kann jedoch für die Dauer seiner Beurlaubung den Kürzungsbetrag monatlich vorab an den Dienstherrn entrichten; die Dauer der Kürzung der Dienstbezüge nach der Beendigung der Beurlaubung verringert sich entsprechend.**

**(4) Solange seine Dienstbezüge gekürzt werden, darf der Beamte nicht befördert werden. Der Zeitraum kann in der Entscheidung abge-**

**kürzt werden, sofern dies im Hinblick auf die Dauer des Disziplinarverfahrens angezeigt ist.**

**(5) Die Rechtsfolgen der Kürzung der Dienstbezüge erstrecken sich auch auf ein neues Beamtenverhältnis zu demselben oder zu einem anderen brandenburgischen Dienstherrn. Hierbei steht bei Anwendung des Absatzes 4 die Einstellung in einem höheren als dem bisherigen Amt der Beförderung gleich; dies gilt nicht bei der Ernennung zum Wahlbeamten auf Zeit.**

## Erläuterungen

Übersicht

1. Allgemeines
2. Höchstmaß, -dauer und Bemessung der Kürzung
3. Umgehungsverbot

### 1. Allgemeines

Die Kürzung der Dienstbezüge ist als mittlere der in § 5 Abs. 1 LDG vorgesehenen fünf Disziplinarmaßnahmen für mittelschwere Dienstvergehen vorgesehen (vgl. aber LT-Drucks. 3/3364, Begründung zu Art. 1 § 8 des Gesetzentwurfs: Dienstvergehen *„mittlerer bis schwerer Art"*). Ihr wesensprägender Zweck ist es, in einem monatlichen Rhythmus wiederkehrend erzieherisch auf den Beamten einzuwirken, indem ihm jeweils bei der Überweisung seiner um die Kürzung verminderten Dienstbezüge das begangene Dienstvergehen vor Augen geführt wird, um zu erreichen, dass er sich künftig pflichtgemäß verhält (OVG Bln-Bbg, Urt. vom 18.2.2014 – 81 D 1.11 –, juris Rn. 84 m. w. N.).

### 2. Höchstmaß, -dauer und Bemessung der Kürzung

§ 8 Abs. 1 Satz 1 LDG legt das Höchstmaß der Kürzung auf ein Fünftel und die Höchstdauer auf drei Jahre fest. Die Kürzung erstreckt sich nach Satz 2 auf alle im Zeitpunkt der Unanfechtbarkeit der Entscheidung, also der Disziplinarverfügung oder des Urteils, innegehabten Ämter bei einem brandenburgischen Dienstherrn, nicht hingegen auf Versorgungsansprüche aus einem früheren Dienstverhältnis (Satz 3). Das Höchstmaß und die Höchstdauer gewährleisten die Abstufung zu der nächstschärferen, dem Ausspruch durch das Gericht vorbehaltenen Maßnahme der Zurückstufung.

Für den im Einzelfall zu bestimmenden Kürzungsbruchteil bietet die einschlägige Rechtsprechung (BVerwG, Urt. vom 21.3.2001 – 1 D 29.00 –, juris Rn. 19, 20) zu Regelkürzungssätzen Orientierung: Der auf die pauschale Berücksichtigung der wirtschaftlichen Verhältnisse **Regel-**

**kürzungssatz** beträgt danach für Beamte des einfachen Dienstes vier Prozent (1/25), des mittleren Dienstes fünf Prozent (1/20) und des gehobenen sowie des höheren Dienstes (bis A 16, danach kein Regelsatz) zehn Prozent (1/10); befindet sich der Beamte in erkennbar schlechten oder (etwa aus Einkünften für Nebentätigkeiten) besseren wirtschaftlichen Verhältnissen, ist eine abweichende Festsetzung des Satzes geboten (*Gansen*, § 8 BDG Rn. 8, 9). Bei Verzahnungsämtern liegt die Orientierung an dem Regelkürzungssatz für die höhere Laufbahn nahe (vgl. *Gansen*, § 8 BDG Rn. 51; *Weiß* in Weiß/Koch, M 8 Rn. 75a: Festlegung des Regelkürzungssatzes *„Sache der individuellen Maßnahmebemessung"* unter Berücksichtigung der wirtschaftlichen Verhältnisse des Beamten).

Die Dauer der Kürzung ist insbesondere nach dem Gewicht des Dienstvergehens und nach dem Erziehungsbedürfnis zu bemessen (OVG Bln-Bbg, Urt. vom 18.2.2014 - 81 D 1.11 -, juris Rn. 85). Zum Begriff der Dienstbezüge siehe die Erl. 1 zu § 7 LDG, zu Form und Verfahren Erl. 2 zu § 7 LDG.

### 3. Umgehungsverbot

Das Gesetz stellt sicher, dass die (erzieherische) Wirksamkeit der Maßnahme nicht einfach unterlaufen werden kann: Im Falle seines Ruhestandseintritts, erstreckt sich die Kürzung entsprechend auf das Ruhegehalt des Beamten (§ 8 Abs. 2 Satz 2 und 3 LDG). Lässt der Beamte sich ohne Dienstbezüge beurlauben, wird die Kürzung gehemmt, wobei der Beamte die Möglichkeit hat, gleichwohl den Kürzungsbetrag monatlich vorab an den Dienstherrn zu entrichten (§ 8 Abs. 3 LDG). Auch das in § 8 Abs. 4 LDG geregelte Beförderungsverbot bewirkt (im Falle seiner Beachtung), dass die Wirksamkeit der Kürzung nicht relativiert wird. Das Verbot gilt grundsätzlich für die Dauer der Kürzung (Abs. 4 Satz 1), es sei denn, im Wege der Ermessensentscheidung ist in der Disziplinarverfügung bzw. mit dem Urteil im Hinblick auf die Dauer des Disziplinarverfahrens ein kürzeres Beförderungsverbot bestimmt worden (Abs. 4 Satz 2). Nach § 8 Abs. 5 erstrecken sich die Rechtsfolgen der Kürzung auch auf ein neues Beamtenverhältnis zu einem brandenburgischen Dienstherrn, wobei für die Einstellung in ein höheres Amt einer Beförderung gleichsteht (und entsprechend verboten ist). Denkbar bleiben danach die „Flucht" des Beamten in ein Wahlbeamtenverhältnis auf Zeit (§ 8 Abs. 5 Satz 2, zweiter Halbsatz LDG) oder in die Begründung eines Beamtenverhältnisses mit einem Dienstherrn außerhalb des Landes Brandenburg.

## § 9

## Zurückstufung

**(1) Die Zurückstufung ist die Versetzung des Beamten in ein Amt derselben Laufbahn mit geringerem Endgrundgehalt. Der Beamte ver-**

**liert alle Rechte aus seinem bisherigen Amt einschließlich der damit verbundenen Dienstbezüge und der Befugnis, die bisherige Amtsbezeichnung zu führen. Soweit in der Entscheidung nichts Anderes bestimmt ist, enden mit der Zurückstufung auch die Ehrenämter und die Nebentätigkeiten, die der Beamte im Zusammenhang mit dem bisherigen Amt oder auf Verlangen, Vorschlag oder Veranlassung seines Dienstvorgesetzten übernommen hat.**

**(2) Die Dienstbezüge aus dem neuen Amt werden von dem Kalendermonat an gezahlt, der dem Eintritt der Unanfechtbarkeit der Entscheidung folgt. Tritt der Beamte vor Eintritt der Unanfechtbarkeit der Entscheidung in den Ruhestand, erhält er mit der Unanfechtbarkeit der Entscheidung Versorgungsbezüge nach der in der Entscheidung bestimmten Besoldungsgruppe.**

**(3) Der Beamte darf frühestens fünf Jahre nach Eintritt der Unanfechtbarkeit der Entscheidung befördert werden. Der Zeitraum kann in der Entscheidung verkürzt werden, sofern dies im Hinblick auf die Dauer des Disziplinarverfahrens angezeigt ist.**

**(4) Die Rechtsfolgen der Zurückstufung erstrecken sich auch auf ein neues Beamtenverhältnis zu demselben oder zu einem anderen brandenburgischen Dienstherrn. Hierbei steht im Hinblick auf Absatz 3 die Einstellung in einem höheren Amt als dem, in welches der Beamte zurückgestuft wurde, der Beförderung gleich; dies gilt nicht bei der Ernennung zum Wahlbeamten auf Zeit.**

## Erläuterungen

Übersicht



### 1. Umfang der möglichen Zurückstufung

Die durch Disziplinarklage (§ 35 Abs. 1 LDG) zu bewirkende Zurückstufung (Degradierung) setzt als zweitschwerste Disziplinarmaßnahme ein schweres Dienstvergehen im mittleren Bereich voraus, welches mit einer Kürzung der Dienstbezüge nicht mehr angemessen geahndet werden kann, bei dem aber der für eine Entfernung aus dem Beamtenverhältnis vorausgesetzte vollständige Vertrauensverlust (§ 13 Abs. 2 Satz 1 LDG) nicht eingetreten ist.

Die bei Beamen auf Lebenszeit (§ 5 Abs. 1 LDG) mögliche Zurückstufung ist nur in ein Statusamt mit niedrigerem Endgrundgehalt der Laufbahn möglich, welcher der Beamte angehört. Da Amtszulagen gemäß § 41 Abs. 2 Satz 1 BbgBesG Bestandteil des (End-)Grundgehalts sind, stellt die „Degradierung um eine Amtszulage" für Inhaber von Ämtern mit Amtszulage die mindestmögliche Zurückstufung dar. Der durch die eigene Laufbahn abgesteckte Rahmen hat gewisse Unstimmigkeiten hinsichtlich des zur Verfügung stehenden Rahmens zur Konsequenz: So kann ein Beamter des mittleren Dienstes (A 6 bis A 11 – § 9 Abs. 2 Satz 3 Nr. 1 LBG) – theoretisch (anstelle der dann praktisch allerdings in der Regel veranlassten Entfernung) – von A 10 bis A 6 zurückgestuft werden, ein im gehobenen Dienst (A 9 bis A 14 – § 9 Abs. 2 Satz 3 Nr. 2 LBG) stehender Beamter der Besoldungsgruppe A 10 jedoch nur nach A 9.

Hat der Beamte das Eingangsamt seiner Laufbahn inne, scheidet eine Zurückstufung ganz aus; festgesetzt werden kann dann für Dienstvergehen der eingangs genannten Art nur die (an sich zu schwache) Maßnahme einer dreijährigen Kürzung der Dienstbezüge (vgl. *Gansen*, § 9 BDG Rn. 7). In den zuletzt genannten Fällen kommt daher die Erhebung einer auf die Zurückstufung zielenden Disziplinarklage nicht in Betracht, vielmehr ist eine Disziplinarverfügung zu erlassen.

## 2. Rechtsfolgen der Zurückstufung

Mit dem Eintritt der Unanfechtbarkeit der Zurückstufung verliert der betroffene Beamte alle Rechte aus seinem bisherigen Amt (§ 9 Abs. 1 Satz 2, Abs. 2 Satz 1 LDG). Tritt er vor Eintritt der Unanfechtbarkeit der Entscheidung in den Ruhestand, erhält er nach § 9 Abs. 2 Satz 2 LDG mit der Unanfechtbarkeit der Entscheidung Versorgungsbezüge nach der in der Entscheidung bestimmten Besoldungsgruppe. Entsprechendes muss ungeachtet der Regelung in § 13 Abs. 5 BbgBeamtVG gelten, wenn der Beamte nach der Unanfechtbarkeit der Zurückstufung in den Ruhestand tritt. Ehrenämter und Nebentätigkeiten, die der Beamte im Zusammenhang mit dem bisherigen Amt oder auf Initiative seines Dienstvorgesetzten übernommen hat, enden nach § 9 Abs. 1 Satz 3 LDG grundsätzlich mit der Zurückstufung. Die dazu normierte Ausnahmemöglichkeit zielt auf die Verhinderung einer nicht gerechtfertigten Bevorzugung des Beamten, soweit es um – unter Umständen gegen seinen Willen auf Verlangen des Dienstherrn übernommene – Nebentätigkeiten geht (LT-Drucks. 3/3364, Begründung zu Art. 1 § 9 des Gesetzentwurfs). Die hier auf fünf Jahre festgelegte Beförderungssperre kann – wie bei der Kürzung der Dienstbezüge – im Hinblick auf die Dauer des Disziplinarverfahrens nach § 9 Abs. 3 LDG mit der Zurückstufungsentscheidung verkürzt werden. § 9 Abs. 4 LDG entspricht § 8 Abs. 5 LDG und zielt gleichfalls darauf zu verhindern, dass die Zurückstufung umgangen wird (siehe Erl. 2 zu § 8).

## § 10
## Entfernung aus dem Beamtenverhältnis

**(1) Mit der Entfernung aus dem Beamtenverhältnis endet das Dienstverhältnis. Der Beamte verliert den Anspruch auf Dienstbezüge und Versorgung sowie die Befugnis, die Amtsbezeichnung und die im Zusammenhang mit dem Amt verliehenen Titel zu führen und die Dienstkleidung zu tragen.**

**(2) Die Zahlung der Dienstbezüge wird mit dem Ende des Kalendermonats eingestellt, in dem die Entscheidung unanfechtbar wird. Tritt der Beamte in den Ruhestand, bevor die Entscheidung über die Entfernung aus dem Beamtenverhältnis unanfechtbar wird, gilt die Entscheidung als Aberkennung des Ruhegehalts.**

**(3) Der aus dem Beamtenverhältnis entfernte Beamte erhält für die Dauer von sechs Monaten einen Unterhaltsbeitrag in Höhe von 50 Prozent der Dienstbezüge, die ihm bei Eintritt der Unanfechtbarkeit der Entscheidung zustehen; eine Einbehaltung von Dienstbezügen nach § 39 Abs. 2 bleibt unberücksichtigt. Die Gewährung des Unterhaltsbeitrags kann in der Entscheidung ganz oder teilweise ausgeschlossen werden, soweit der Beamte ihrer nicht würdig oder den erkennbaren Umständen nach nicht bedürftig ist. Sie kann in der Entscheidung über sechs Monate hinaus verlängert werden, soweit dies notwendig ist, um eine unbillige Härte zu vermeiden; der Beamte hat die Umstände glaubhaft zu machen. Für die Zahlung des Unterhaltsbeitrags gelten die besonderen Regelungen des § 80.**

**(4) Die Entfernung aus dem Beamtenverhältnis und ihre Rechtsfolgen erstrecken sich auf alle Ämter, die der Beamte bei Eintritt der Unanfechtbarkeit der Entscheidung bei einem brandenburgischen Dienstherrn inne hat. Ist eines von mehreren Ämtern ein Ehrenamt und wird diese Disziplinarmaßnahme nur wegen eines in dem Ehrenamt oder im Zusammenhang mit diesem begangenen Dienstvergehens verhängt, kann die Entfernung aus dem Beamtenverhältnis auf das Ehrenamt und die in Verbindung mit ihm übernommenen Nebentätigkeiten beschränkt werden. Hinsichtlich der dem Beamten verbleibenden Ämter kann eine weitere Disziplinarmaßnahme verhängt werden.**

**(5) Wird ein Beamter, der früher bei einem brandenburgischen Dienstherrn in einem anderen Dienstverhältnis als Beamter oder Richter gestanden hat, aus dem Beamtenverhältnis entfernt, verliert er auch die Ansprüche aus dem früheren Dienstverhältnis, wenn diese Disziplinarmaßnahme wegen eines Dienstvergehens ausgesprochen wird, das in dem früheren Dienstverhältnis begangen wurde.**

**(6) Ist ein Beamter aus dem Beamtenverhältnis entfernt worden, darf er bei einem brandenburgischen Dienstherrn nicht wieder zum Beamten ernannt werden; die oberste Dienstbehörde, bei Beamten der**

**Gemeinden und Gemeindeverbände die oberste Rechtsaufsichtsbehörde sowie bei Beamten der der Aufsicht des Landes unterstehenden Körperschaften, Anstalten und Stiftungen des öffentlichen Rechts die Aufsichtsbehörde kann Ausnahmen zulassen. Es soll auch kein anderes Beschäftigungsverhältnis begründet werden.**

## Erläuterungen

Übersicht

1. Statusbezogene Rechtsfolgen
2. Unterhaltsbeitrag
3. Umgehungsverbot

### 1. Statusbezogene Rechtsfolgen

Hat der Beamte auf Lebenszeit durch ein schweres Dienstvergehen das Vertrauen des Dienstherrn oder der Allgemeinheit vollständig verloren, ist er im Wege der Disziplinarklage (§ 35 Abs. 1 LDG) aus dem Beamtenverhältnis zu entfernen (§ 13 Abs. 2 Satz 1 LDG).

Die Entfernung beendet das Dienstverhältnis, zugleich verliert der (frühere) Beamte den Anspruch auf Dienstbezüge und Versorgung sowie die Befugnis, die Amtsbezeichnung und die mit dem Amt verliehenen Titel zu führen und die Dienstkleidung zu tragen, § 10 Abs. 1 LDG. Die Zahlung der Dienstbezüge wird nach § 10 Abs. 2 Satz 1 LDG mit dem Ende des Kalendermonats eingestellt, in dem die Entscheidung unanfechtbar wird. Tritt der Beamte in den Ruhestand, bevor die Entscheidung über die Entfernung unanfechtbar wird (Rechtskraft des Urteils), gilt die Entscheidung gemäß § 10 Abs. 2 Satz 2 LDG als Aberkennung des Ruhegehalts (siehe dazu § 12 LDG). Hat der Beamte mehrere Ämter bei brandenburgischen Dienstherren inne, erstrecken sich die Entfernung und ihre Rechtsfolgen auf alle Ämter (§ 10 Abs. 4 Satz 1 LDG); ist jedoch in so einem Fall eines der Ämter ein Ehrenamt und wird die Entfernung wegen eines in dem Ehrenamt oder im Zusammenhang mit diesem begangenen Dienstvergehens verhängt, kann die Entfernung auf das Ehrenamt und die in Verbindung mit ihm übernommenen Nebentätigkeiten beschränkt und hinsichtlich des oder der verbleibenden Ämter eine weitere Disziplinarmaßnahme verhängt werden (§ 10 Abs. 4 Satz 2 LDG). Wird der Beamte wegen eines in einem früheren Dienstverhältnis als Beamter oder Richter bei einem brandenburgischen Dienstherrn begangenen Dienstvergehens aus dem Beamtenverhältnis entfernt, verliert er nach § 10 Abs. 5 LDG auch die Ansprüche aus dem früheren Dienstverhältnis.

## 2. Unterhaltsbeitrag

Weitere unmittelbare Rechtsfolge der Entfernung ist der dem Beamten nach § 10 Abs. 3 LDG für die Dauer von sechs Monaten zu zahlende Unterhaltsbeitrag in Höhe von 50 Prozent der Dienstbezüge, die ihm bei Eintritt der Rechtskraft der Entscheidung zustehen, wobei eine etwaige Einbehaltung von Dienstbezügen (§ 39 Abs. 2 LDG) unberücksichtigt bleibt. Das Gesetz sieht dazu zwei – eng auszulegende und jeweils in der Entscheidung (d. h. im Urteil) auszusprechende – Ausnahmen vor: Einerseits kann die Gewährung des Unterhaltsbeitrags ganz oder teilweise ausgeschlossen werden, soweit der Beamte ihrer nicht würdig oder den erkennbaren Umständen nach nicht bedürftig ist (§ 10 Abs. 3 Satz 2 LDG). Andererseits kann die Gewährung in der Entscheidung über sechs Monate hinaus verlängert werden, soweit dies notwendig ist, um eine unbillige Härte zu vermeiden, wofür der Beamte die Umstände glaubhaft zu machen hat (§ 10 Abs. 3 Satz 3 LDG). Die Verlängerungsmöglichkeit besteht, um eine vorübergehende unbillige Härte zu vermeiden, woran es u. a. dann fehlt, wenn der Beamte – etwa aufgrund seiner gesundheitlichen Konstitution – voraussichtlich auf Dauer nicht in der Lage sein wird, seinen Lebensunterhalt zu bestreiten (vgl. *Urban* in Urban/Wittkowski, § 10 BDG Rn. 22). Er muss sich dann für die Zeit nach Ablauf des über sechs Monate zu gewährenden Unterhaltsbeitrags auf die gegebenenfalls nötige Inanspruchnahme allgemeiner Sozialleistungen verweisen lassen (BayVGH, Urt. vom 24.9.2014 – 16a D 13.118 –, juris Rn. 113). Dieses enge Verständnis ist auch vor dem Hintergrund unbedenklich, dass der Landesgesetzgeber von der Gewährung eines Unterhaltsbeitrags (etwa nach dem Vorbild Baden-Württembergs, vgl. kritisch dazu wegen der damit aufgegebenen Subsidiarität von Sozialleistungen *Weiß* in Weiß/Koch, M § 10 BDG Rn. 139) auch vollständig hätte absehen können, denn er schuldet dem früheren Beamten keine Fürsorge (*Gansen*, § 10 BDG Rn. 9, 21 f.). Unbedenklich ist deshalb auch, dass das Gesetz keine nachträgliche Verlängerungsmöglichkeit vorsieht für Fälle, bei denen erst nach dem Ergehen des Urteils Umstände entstehen (oder glaubhaft gemacht werden), welche an sich zur Vermeidung einer unbilligen Härte einen über sechs Monate hinausgehenden Bezug des Unterhaltsbeitrags notwendig machen würden. Zum Unterhaltsbeitrag sind in § 80 LDG ergänzende Regelungen zu Zahlungsmodalitäten getroffen.

## 3. Umgehungsverbot

Eine erneute Ernennung eines aus dem Beamtenverhältnis entfernten Beamten wäre wegen des eingetretenen endgültigen (!) Vertrauensverlusts widersinnig und würde eine Umgehung der vom Gesetz zwingend angeordneten Entlassung darstellen. § 10 Abs. 6 Satz 1, erster Halbsatz LDG schließt daher eine erneute Ernennung bei einem brandenburgischen Dienstherrn aus. Die nach § 10 Abs. 6 Satz 1, zweiter Halbsatz LDG vorgesehenen Ausnahmen durch Ermessensentscheidung der obersten Dienst- bzw. Rechtsaufsichtsbehörde sind daher im Ansatz verfehlt. Angeführt wurde in der Entwurfsbegründung der Fall eines in jungen Jahren aus dem Dienst entfernten Beamten, „bei dem nach einer langen Zeit eine Läuterung deutlich geworden ist, die es unbillig erscheinen lässt, ihm z. B. den Zugang zu einem kommunalen Wahlamt zu verwehren" (LT-Drucks. 3/3364, Begründung zu Art. 1 § 10 des Gesetzentwurfs). Abgesehen davon, dass sich das Ausmaß einer Läuterung kaum zuverlässig feststellen lassen wird, hätte die Ausnahmemöglichkeit besser explizit auf die Begründung von Wahlämtern beschränkt werden sollen, bei denen man den für endgültig gehaltenen früheren Vertrauensverlust bei einem transparenten Umgang damit als mit dem Wahlakt ausgeräumt betrachten kann. Auch eine (teilweise) Umgehung der Entfernungsentscheidung durch die Begründung eines Beschäftigungsverhältnisses, die nach § 10 Abs. 6 Satz 2 LDG nicht erfolgen „soll", kommt allenfalls „unter außergewöhnlichen Umständen in Betracht" (LT-Drucks. 3/3364, Begründung zu Art. 1 § 10 des Gesetzentwurfs).

## § 11
## Kürzung des Ruhegehalts

**(1) Die Kürzung des Ruhegehalts ist die bruchteilmäßige Verminderung des monatlichen Ruhegehalts des Ruhestandsbeamten um höchstens ein Fünftel und auf längstens drei Jahre. § 8 Abs. 1 Satz 2 und 3 sowie Abs. 2 Satz 1 und 4 gilt entsprechend.**

**(2) Ein noch nicht gezahlter Ausgleich nach § 67 des Brandenburgischen Beamtenversorgungsgesetzes ist entsprechend zu kürzen.**

### Erläuterungen

Hinsichtlich dieser mildesten der beiden für Ruhestandsbeamte vorgesehenen Disziplinarmaßnahmen kann auf die Erl. zu § 8 LDG verwiesen werden. Wäre das festgestellte Dienstvergehen bei einem Lebenszeitbeamten durch einen Verweis oder eine Geldbuße zu ahnden, ist das behördliche Disziplinarverfahren einzustellen (§ 33 Abs. 1 Nr. 4 LDG). Die Disziplinarmaßnahme der Kürzung des Ruhegehalts ist hingegen zur Anwendung zu bringen, wenn das Dienstvergehen bei einem Lebenszeitbeamten mit einer Zurückstufung zu ahnden wäre (*Gansen*, § 11 BDG Rn. 3). Die Regelkürzungssätze für aktive Beamte sind auch für Ruhestandsbeamte in Ansatz zu bringen (vgl. BVerwG, Urt. vom 20.9.2006 – 1 D 8.05 –, juris Rn. 89). Hinsichtlich der Dauer der Kürzung ist dem Umstand Rechnung zu tragen, dass Disziplinarmaßnahmen gegen Ruhestandsbeamte nicht selten geringer ausfallen können, da ihnen gegenüber (insbesondere in Bezug auf noch vor dem Ruhestandseintritt begangene Dienstvergehen) ein vermindertes

Bedürfnis zur Pflichtenmahnung besteht (vgl. BVerwG, a. a. O. Rn. 88 m. w. N.).

## § 12
## Aberkennung des Ruhegehalts

**(1) Mit der Aberkennung des Ruhegehalts verliert der Ruhestandsbeamte den Anspruch auf Versorgung einschließlich der Hinterbliebenenversorgung und die Befugnis, die Amtsbezeichnung und die Titel zu führen, die im Zusammenhang mit dem früheren Amt verliehen wurden.**

**(2) Nach der Aberkennung des Ruhegehalts erhält der Ruhestandsbeamte bis zur Gewährung einer Rente aufgrund einer Nachversicherung, längstens jedoch für die Dauer von sechs Monaten, einen Unterhaltsbeitrag in Höhe von 70 Prozent des Ruhegehalts, das ihm bei Eintritt der Unanfechtbarkeit der Entscheidung zusteht; eine Kürzung des Ruhegehalts nach § 39 Abs. 3 bleibt unberücksichtigt. § 10 Abs. 3 Satz 2 bis 4 gilt entsprechend.**

**(3) Die Aberkennung des Ruhegehalts und ihre Rechtsfolgen erstrecken sich auf alle Ämter, die der Ruhestandsbeamte bei Eintritt in den Ruhestand bei einem brandenburgischen Dienstherrn inne gehabt hat.**

**(4) § 10 Abs. 2 Satz 1 sowie Abs. 5 und 6 gilt entsprechend.**

### Erläuterungen

Übersicht



### 1. Allgemeines

Die im Wege der Disziplinarklage gegenüber Ruhestandsbeamten durchzusetzende Aberkennung des Ruhegehalts entspricht als schwerste Sanktion der Entfernung aus dem Dienst (§ 13 Abs. 2 Satz 1 LDG). Auf die Erl. zu § 10 LDG kann daher verwiesen werden.

### 2. Voraussetzungen und primäre Rechtsfolgen

Das Ruhegehalt ist abzuerkennen, wenn der Ruhestandsbeamte als noch im Dienst befindlicher Beamter aus dem Beamtenverhältnis hätte entfernt werden müssen. Er muss also durch ein schweres Dienstvergehen das Vertrauen des Dienstherrn oder der Allgemeinheit endgültig verloren haben (§ 13 Abs. 2 LDG). Gegebenenfalls ist das Ruhegehalt ohne Rücksicht auf die (sozialen und insbesondere wirtschaftlichen) Folgen für den Ruhestandsbeamten abzuerkennen. Primäre Folge ist nach § 12 Abs. 1 LDG der Verlust des Anspruchs auf Versorgung einschließlich der Hinterbliebenenversorgung. Der Ruhestandsbeamte wird gemäß § 8 Abs. 2 Satz 1 Nr. 2 SGB VI in der gesetzlichen Rentenversicherung nachversichert, erleidet also in aller Regel massive Einkommensverluste (aktuell beträgt die theoretisch mögliche Höchstrente 3.141,82 Euro brutto – sie setzt voraus, 45 Jahre lang durchgehend ein Gehalt in Höhe der Beitragsbemessungsgrenze, diese entspricht für Brandenburg aktuell in etwa A 15, verdient zu haben); eine Aufteilung in Arbeitnehmer- und Arbeitgeberanteile findet dabei nicht statt, der (frühere) Dienstherr trägt die Nachversicherung also in voller Höhe (*Weiß* in Weiß/Koch, M § 79 BDG Rn. 28). Ferner verliert der Ruhestandsbeamte die Befugnis, die Amtsbezeichnung zu führen; da keine „Titel" mehr verliehen werden, geht § 12 Abs. 1 LDG insoweit ins Leere. Die genannten Rechtsfolgen erstrecken sich nach § 12 Abs. 3 LDG auf alle Ämter, die der Ruhestandsbeamte bei Eintritt in den Ruhestand bei einem brandenburgischen Dienstherrn innegehabt hat; dies umfasst folglich auch, da keine Differenzierung wie in § 10 Abs. 4 LDG vorgenommen wird, sämtliche Ehrenämter. In Bezug auf Versorgungsansprüche aus einem anderen früheren Dienstverhältnis gilt der Anspruchsverlust nur, wenn das maßgebliche Dienstvergehen schon in jenem früheren Dienstverhältnis begangen worden war (§ 12 Abs. 4 i. V. m. § 10 Abs. 5 LDG) Eine Umgehung durch eine erneute Ernennung oder die Begründung eines anderen Beschäftigungsverhältnisses ist weitestgehend ausgeschlossen (§ 12 Abs. 4 i. V. m. § 10 Abs. 6 LDG).

### 3. Unterhaltsbeitrag

Für die Zeit bis zur Gewährung einer Rente aufgrund der Nachversicherung erhält der frühere Ruhestandsbeamte nach § 12 Abs. 2 LDG einen Unterhaltsbeitrag in Höhe von 70 Prozent des Ruhegehalts, das ihm zuletzt einschließlich des gegebenenfalls nach § 39 Abs. 3 LDG einbehaltenen Teils zustand. Zu den Zahlungsmodalitäten siehe § 80 LDG. Die insoweit für aktive Beamte geltenden Regelungen über einen ausnahmsweisen Ausschluss oder eine ausnahmsweise Verlängerung der Bezugsdauer des Übergangsbeitrags zur Vermeidung einer unbilligen Härte gelten entsprechend (§ 12 Abs. 2 Satz 2 i. V. m. § 10 Abs. 3 Satz 2 bis 4 LDG), weshalb dazu auf die Kommentierung zu § 10 LDG (dort Erl. 2) Bezug genommen werden kann.

## § 13
## Bemessung der Disziplinarmaßnahme

**(1) Die Entscheidung über eine Disziplinarmaßnahme ergeht nach pflichtgemäßem Ermessen. Die Disziplinarmaßnahme ist nach der Schwere des Dienstvergehens zu bemessen. Das Persönlichkeitsbild des Beamten ist angemessen zu berücksichtigen. Ferner soll berücksichtigt werden, in welchem Umfang der Beamte das Vertrauen des Dienstherrn oder der Allgemeinheit beeinträchtigt hat.**

**(2) Ein Beamter, der durch ein schweres Dienstvergehen das Vertrauen des Dienstherrn oder der Allgemeinheit endgültig verloren hat, ist aus dem Beamtenverhältnis zu entfernen. Dem Ruhestandsbeamten wird das Ruhegehalt aberkannt, wenn er als noch im Dienst befindlicher Beamter aus dem Beamtenverhältnis hätte entfernt werden müssen.**

**(3) Mehrere Disziplinarmaßnahmen können nicht nebeneinander verhängt werden. § 10 Abs. 4 bleibt unberührt.**

### Erläuterungen

Übersicht



### 1. Ermessensentscheidung (Opportunitätsprinzip)

In § 13 Abs. 1 Satz 1 LDG findet das sog. Opportunitätsprinzip Ausdruck: Die Entscheidung, ob und ggf. welche Disziplinarmaßnahme ausgesprochen wird, ist nach pflichtgemäßem Ermessen zu treffen. Dieses erstreckt sich demgegenüber nicht auf die (nach § 18 Abs. 1 Satz 1 LDG zwingend vorgegebene) Entscheidung darüber, bei Vorliegen des Verdachts eines Dienstvergehens ein Disziplinarverfahren einzuleiten (Legalitätsprinzip). Hinsichtlich der im behördlichen Disziplinarverfahren über die Disziplinarmaßnahme getroffenen Ermessensentscheidung gilt in Abweichung zu § 114 Satz 1 VwGO die Besonderheit, dass diese vom Gericht umfassend – also auch unter reinen Zweckmäßigkeitsgesichtspunkten (§ 61 Abs. 3 LDG) – überprüft wird. Der Sache nach trifft das Gericht daher, wenn eine Disziplinarverfügung angefochten wird, nicht anders als bei der Entscheidung über eine Disziplinarklage (§ 61 Abs. 2 Satz 2 LDG), eine eigene Ermessensentscheidung über die Disziplinarmaßnahme (vgl. *Gansen*, § 13 BDG Rn. 8).

## 2. Schwere des Dienstvergehens

Mit § 13 Abs. 1 Satz 2 LDG gibt der Gesetzgeber für die zu treffende Ermessensentscheidung vor, dass die Disziplinarmaßnahme nach der Schwere des Dienstvergehens zu bemessen ist. Es ist die der Schwere des Dienstvergehens entsprechende Disziplinarmaßnahme anzusetzen und hiervon ausgehend zu prüfen, ob es bei diesem Ansatz unter Berücksichtigung des Persönlichkeitsbildes des Beamten (dazu Nr. 3) und des Umfangs der Vertrauensbeeinträchtigung (dazu Nr. 3) bleibt. Maßgeblich für die Beurteilung der Schwere sind in **objektiver Hinsicht**:

- die Eigenart und Bedeutung der verletzten Dienstpflicht (Kern- oder Nebenpflicht, innerdienstliche oder außerdienstliche Pflichtverletzung),
- die Umstände der Tatbegehung (z. B.: Missbrauch einer Vertrauensstellung, objektiver Tatbeitrag des Beamten, verspätetes Einschreiten oder inkonsequentes Handeln des Dienstherrn) und
- die Häufigkeit und die Dauer der Pflichtverletzungen.

Ist mit dem innerdienstlichen Dienstvergehen zugleich eine Straftat begangen worden, gibt der im Strafgesetzbuch normierte **Strafrahmen** Orientierung zur Bemessung der Schwere des Dienstvergehens und zugleich für die Bemessung der Disziplinarmaßnahme: Mit der gesetzlichen Strafandrohung hat der Gesetzgeber nämlich seine Einschätzung zum Unwert eines Verhaltens verbindlich zum Ausdruck gebracht. Diese gesetzliche Wertung ist Maßstab für die Beurteilung, in welchem Maß der Beamte durch sein strafbares Verhalten eine disziplinarrechtlich bedeutsame Schädigung des Ansehens des öffentlichen Dienstes herbeigeführt hat (BVerwG, Beschl. vom 30.3.2022 – 2 B 46.21 –, juris Rn. 11 m. w. N.). Sieht der Strafrahmen bis zu drei Jahren Freiheitsstrafe (oder mehr) vor, reicht der Orientierungsrahmen für innerdienstlich unter Ausnutzung der Dienststellung begangene Verfehlungen bis zur Entfernung aus dem Dienst (BVerwG, a. a. O., Rn. 11). Hingegen kommt der konkret ausgesprochenen Strafe wegen der unterschiedlichen Zwecke des Straf- und des Disziplinarrechts (auch bei außerdienstlichen Dienstvergehen) keine besondere Bedeutung für die Zumessung der Disziplinarmaßnahme (mehr) zu (BVerwG, Urt. vom 24.10.2019 – 2 C 3.18 –, juris Rn. 34 ff.; siehe dazu näher *Gansen*, § 13 BDG Rn. 25 ff.).

In **subjektiver Hinsicht** sind für die Schwere maßgeblich:

- Form und Gewicht des Verschuldens (Vorsatz oder einfache bzw. grobe Fahrlässigkeit; erheblich verminderte Schuldfähigkeit; ver-

meidbarer Verbotsirrtum, s. dagegen aber BVerwG, Urt. vom 15.12.2021 – 2 C 9.21 –, juris Rn. 55 ff.),
- die Beweggründe des Beamten für das pflichtwidrige Verhalten.

Zugunsten des Beamten schlagen gegebenenfalls vorliegende (klassischen) **Milderungsgründe** zu Buche; zu nennen sind (siehe näher und mit Rechtsprechungsnachweisen *Weiß* in Koch/Weiß, J 267 Rn. 3 ff.; siehe ferner unten Erl. 3): ein einmaliges persönlichkeitsfremdes Handeln im Zuge einer plötzlich entstandenen besonderen Versuchungssituation, das Handeln in einer unverschuldeten, ausweglosen und inzwischen überwundenen wirtschaftlichen Notlage, das Handeln in einer psychischen Ausnahmesituation, die freiwillige Wiedergutmachung des Schadens vor der Tatentdeckung und die freiwillige Offenbarung der Tat vor ihrer Entdeckung.

Schließlich sind auch die **Folgen des Dienstvergehens** für den Dienstbetrieb und für Dritte (Beeinträchtigung des Dienstbetriebs; Achtungs- und Ansehensverlust; Höhe des materiellen Schadens, wobei die Grenze zur Geringwertigkeit bei höchstens etwa 50 Euro zu ziehen ist, BVerwG, Beschl. vom 29.7.2021 – 2 B 7.21 –, juris Rn. 20) zu berücksichtigen.

### 3. Persönlichkeitsbild des Beamten

Das für die Maßnahmebemessung (ausgehend von dem sich aus der Schwere des Dienstvergehens ergebenden Ansatz) angemessen zu berücksichtigende Persönlichkeitsbild des Beamten umfasst dessen persönliche Verhältnisse und sein sonstiges dienstliches Verhalten vor, bei und nach der Tatbegehung. Zu prüfen ist, ob das festgestellte Dienstvergehen mit dem bisher gezeigten Persönlichkeitsbild des Beamten übereinstimmt oder etwa als persönlichkeitsfremdes Verhalten in einer (inzwischen überwundenen) Notlage oder psychischen Ausnahmesituation davon abweicht (BVerwG, Beschl. vom 9.6.2021 – 2 B 22.20 –, juris Rn. 12). Für die Bewertung ist auch eine strafrechtliche oder disziplinarrechtliche Vorbelastung des Beamten, soweit noch verwertbar (siehe § 16 LDG), (negativ) relevant, da daraus ggf. das Erfordernis einer schärferen (erneuten) Sanktion abzuleiten ist (vgl. BVerwG, Urt. vom 15.12.2021 – 2 C 9.21 –, juris Rn. 50). Andererseits fällt eine auch langjährig beanstandungsfreie Dienstleistung, die etwa auch in überdurchschnittlichen Beurteilungen attestiert worden ist, jedenfalls bei gravierenden Pflichtverletzungen neben der Schwere des Dienstvergehens in aller Regel nicht mildernd ins Gewicht: „Denn jeder Beamte ist verpflichtet, dauerhaft bestmögliche Leistungen bei vollem Einsatz der Arbeitskraft zu erbringen und sich innerhalb und außerhalb des Dienstes achtungs- und vertrauenswürdig zu verhalten" (BVerwG, a. a. O., juris Rn. 15). Zugunsten des Beamten relevant ist hingegen, wenn er das Dienstvergehen vor der Entdeckung freiwillig gegenüber seinem Dienstherrn (oder auch den zuständigen Strafverfolgungsbehörden) offenbart (vgl. BVerwG, Beschl. vom 30.3.2022 – 2 B 46.21 –, juris Rn. 22) oder wenn er den Schaden wiedergutgemacht hat (BVerwG, Beschl. vom 25.2.2021 – 2 B 69.20 –, juris Rn. 23).

### 4. Umfang der Vertrauensbeeinträchtigung

Maßgeblich für die Frage, ob von der nach der Schwere des Dienstvergehens in Ansatz zu bringenden Maßnahme (nach oben oder unten) abzuweichen ist, ist, in welchem Umfang der Dienstherr dem Beamten noch Vertrauen in eine zukünftig pflichtgemäße Amtsausübung entgegenbringen kann. Entsprechendes gilt für das Vertrauen der Allgemeinheit, wobei auf die zu besorgende Beeinträchtigung abzustellen ist, wenn das Dienstvergehen einschließlich der belastenden und entlastenden Umstände bekannt würde (vgl. BVerwG, Beschl. vom 20.4.2017 – 2 B 69.16 –, juris Rn. 23). Im Vordergrund stehen nicht das Ansehen einer konkreten Behörde in der Öffentlichkeit, sondern der Schutz der Integrität des Beamtentums insgesamt sowie die Aufrechterhaltung der Funktionsfähigkeit des öffentlichen Dienstes (*Gansen*, § 13 BDG, Rn. 59 m. w. N.). Maßgeblicher Bezugspunkt ist dabei nicht die Beeinträchtigung des Vertrauens in Bezug auf die Wahrnehmung der Aufgaben des dem Beamten aktuell übertragenen Dienstpostens, sondern auf sein Amt im statusrechtlichen Sinne, also auf „sein Amt als Ganzes" (BVerwG, Urt. vom 22.5.1996 – 1 D 72.95 –, juris Rn. 19).

### 5. Voraussetzungen für Höchstmaßnahmen (Abs. 2)

Ergibt die nach Abs. 1 für die Maßnahmebemessung anzustellende Prüfung, dass der Beamte durch ein schweres Dienstvergehen das Vertrauen des Dienstherrn oder der Allgemeinheit endgültig verloren hat, ist er aus dem Dienstverhältnis zu entfernen (gebundene Entscheidung nach Abs. 2 Satz 1); dem Ruhestandsbeamten ist dann das Ruhegehalt abzuerkennen (Abs. 2 Satz 2). Der endgültige Vertrauensverlust ist gegeben, wenn der Beamte untragbar geworden ist, weil entweder die Prognose begründet ist, er werde auch künftig weitere erhebliche Dienstpflichtverletzungen begehen, oder weil das festgestellte schwere Dienstvergehen zu einer Ansehensschädigung geführt hat, die bei seinem Verbleib im Beamtenverhältnis nicht wiedergutzumachen ist (*Gansen*, § 13 BDG, Rn. 79 m. w. N.). Ungeachtet der gebotenen Würdigung aller Umstände des Einzelfalls ist davon regelmäßig z. B. auszugehen, wenn der Beamte etwa eine nationalsozialistische Grundeinstellung kundgetan hat, als sog. Reichsbürger in Erscheinung getreten ist, als Finanzbeamter Steuern hinterzogen hat, als Lehrer ein Liebesverhältnis mit Schülerinnen eingegangen ist oder kinderpornografische Schriften besessen hat (aktuell folgt hier der Verlust der Beamtenrechte allerdings bei strafrechtlicher Verurteilung unmittelbar aus § 24 Abs. 1 Satz 1 Nr. 1 BeamtStG i. V. m. § 184b Abs. 3 StGB), über Monate unerlaubt dem Dienst fernbleibt oder sich der Vorteilsannahme bzw. Bestechlichkeit schuldig gemacht hat (vgl. zu Regelvermutungen mit

Rechtsprechungsnachweisen *Baunack* in Köhler/Baunack, § 13 BDG Rn. 8).

**6. Einheitliche Disziplinarmaßnahme (Abs. 3)**

Die (klarstellende) Regelung in Absatz 3 folgt aus dem Grundsatz der Einheit des Dienstvergehens: Wegen eines Dienstvergehens können nicht mehrere Disziplinarmaßnahmen nebeneinander verhängt werden. Auszugehen für die Maßnahmebemessung für ein Dienstvergehen, dem mehrere Dienstpflichtverletzungen zugrunde liegen, ist von dem am schwersten wiegenden Teil des Dienstvergehens.

## § 14
## Zulässigkeit von Disziplinarmaßnahmen nach Straf- oder Bußgeldverfahren

**(1) Ist gegen einen Beamten im Straf- oder Bußgeldverfahren unanfechtbar eine Strafe, Geldbuße oder Ordnungsmaßnahme verhängt worden oder kann eine Tat nach § 153a Abs. 1 Satz 5 oder Abs. 2 Satz 2 der Strafprozessordnung nach der Erfüllung von Auflagen und Weisungen nicht mehr als Vergehen verfolgt werden, darf wegen desselben Sachverhalts**

1. **ein Verweis, eine Geldbuße oder eine Kürzung des Ruhegehalts nicht ausgesprochen werden,**
2. **eine Kürzung der Dienstbezüge nur ausgesprochen werden, wenn dies zusätzlich erforderlich ist, um den Beamten zur Pflichterfüllung anzuhalten.**

**(2) Ist der Beamte im Straf- oder Bußgeldverfahren rechtskräftig freigesprochen worden, darf wegen des Sachverhalts, der Gegenstand der gerichtlichen Entscheidung gewesen ist, eine Disziplinarmaßnahme nur ausgesprochen werden, wenn dieser Sachverhalt ein Dienstvergehen darstellt, ohne den Tatbestand einer Straf- oder Bußgeldvorschrift zu erfüllen.**

### Erläuterungen

Übersicht

1. Sperrwirkung straf- bzw. bußgeldrechtlicher Sanktionen
2. Disziplinarmaßnahmeverbot bei Freispruch

## 1. Sperrwirkung straf- bzw. bußgeldrechtlicher Sanktionen

Der mit der Verhängung einer Disziplinarmaßnahme verfolgte Zweck kann bereits durch die strafrechtliche oder behördliche Ahndung erreicht sein (LT-Drucks. 3/3364, Begründung zu Art. 1 § 14 des Gesetzentwurfs). Der Gesetzgeber gibt dies für den Bereich der weniger schwerwiegenden Dienstvergehen vor: Neben einer unanfechtbaren Strafe, Ordnungsmaßnahme oder bestandskräftigen Geldbuße darf wegen desselben Sachverhalts ein Verweis, eine Geldbuße oder eine Kürzung des Ruhegehalts nicht ausgesprochen werden (§ 14 Abs. 1 Nr. 1 LDG). Das gilt ebenso, wenn eine Tat, bei der vorläufig von der Anklageerhebung abgesehen wurde, gemäß § 153a Abs. 1 Satz 5 oder Abs. 2 Satz 2 der Strafprozessordnung nach der Erfüllung von Auflagen und Weisungen nicht mehr als Vergehen verfolgt werden kann. Die Sperrwirkung greift nur bei Sachverhaltsidentität („wegen desselben Sachverhalts"), es muss also um denselben historischen Geschehensablauf gehen (Doppelahndungsverbot); umfasst das Dienstvergehen hingegen mehrere, in keinem Zusammenhang stehende Verfehlungen, greift die Sperrwirkung auch bei partieller Sachverhaltsidentität, erstreckt sich dann aber nur auf den bereits anderweitig sanktionierten Teil des Dienstvergehens (vgl. *Urban*, § 14 BDG Rn. 14 ff.: Durchbrechung der Einheit des Dienstvergehens).

## 2. Disziplinarmaßnahmeverbot bei Freispruch

Ein rechtskräftiger („echter") Freispruch hat für das Disziplinarrecht nach § 14 Abs. 2 LDG ein Verfahrenshindernis zur Folge. Der Freispruch muss dafür aus materiell-rechtlichen Gründen erfolgt sein, weil also die Tat als nicht erwiesen angesehen worden ist oder etwa ein Rechtsfertigungs- oder Schuldausschließungsgrund vorliegt (vgl. zu § 17 Abs. 5 BDO BVerwG Urt. vom 16.3.2004 – 1 D 15.03 –, juris Rn. 14). Erfüllt ein bestimmtes Verhalten zwar keinen Straf- oder Ordnungswidrigkeitentatbestand, wohl aber den Tatbestand eines Dienstvergehens, besteht ein sog. disziplinarer Überhang und insoweit ungeachtet des Freispruchs kein Disziplinarmaßnahmeverbot (BVerwG, Beschl. vom 5.5.2015 – 2 B 32.14 –, juris Rn. 7). Beispiel: Der Beamte hat unerlaubt, also dienstpflichtwidrig, eine Nebentätigkeit ausgeübt und ist wegen einer in diesem Rahmen verübten Handlung vom Vorwurf des Betrugs freigesprochen worden (vgl. *Gansen*, § 14 BDG Rn. 20).

# § 15

# Disziplinarmaßnahmeverbot wegen Zeitablaufs

**(1) Sind seit der Vollendung eines Dienstvergehens mehr als zwei Jahre vergangen, darf ein Verweis nicht mehr erteilt und eine Geldbuße nicht mehr ausgesprochen werden.**

**(2) Sind seit der Vollendung eines Dienstvergehens mehr als drei Jahre vergangen, darf eine Kürzung der Dienstbezüge oder eine Kürzung des Ruhegehalts nicht mehr ausgesprochen werden.**

**(3) Sind seit der Vollendung eines Dienstvergehens mehr als sieben Jahre vergangen, darf auf Zurückstufung nicht mehr erkannt werden.**

**(4) Die Fristen der Absätze 1 bis 3 werden durch die Einleitung oder Ausdehnung des Disziplinarverfahrens, die Erhebung der Disziplinarklage, die Erhebung der Nachtragsdisziplinarklage oder die Anordnung oder Ausdehnung von Ermittlungen gegen Beamte auf Probe und Beamte auf Widerruf nach § 85 unterbrochen.**

**(5) Die Fristen der Absätze 1 bis 3 sind für die Dauer des Widerspruchsverfahrens, des gerichtlichen Disziplinarverfahrens, für die Dauer einer Aussetzung des Disziplinarverfahrens nach § 23 oder für die Dauer der Mitwirkung des Personalrats gehemmt. Ist vor Ablauf der Frist wegen desselben Sachverhalts ein Straf- oder Bußgeldverfahren eingeleitet oder eine Klage aus dem Beamtenverhältnis erhoben worden, ist die Frist für die Dauer dieses Verfahrens gehemmt.**

## Erläuterungen

Übersicht



### 1. Allgemeines

Die Norm regelt abgestufte Disziplinarmaßnahmeverbote infolge des Zeitablaufs seit dem Zeitpunkt der Vollendung eines Dienstvergehens. Sie treten für den Verweis und die Geldbuße nach zwei Jahren (Abs. 1), für die Kürzung der Dienstbezüge oder des Ruhegehalts nach drei Jahren (Abs. 2) und für die Zurückstufung nach sieben Jahren (Abs. 3) ein. Vergleichbar mit dem Verjährungsrecht, sind die jeweiligen Fristen in bestimmten Fällen gehemmt (Abs. 4) bzw. unterbrochen (Abs. 5). Keine Maßnahmeverbote infolge des Zeitablaufs gelten für die Höchstmaßnahmen der Entfernung aus dem Beamtenverhältnis und der Aberkennung des Ruhegehalts.

### 2. Fristbeginn

Geht es um eine Dienstpflichtverletzung durch eine einmalige Handlung bzw. ein einmaliges Unterlassen, beginnt die Frist mit der Vollendung der Handlung bzw. mit dem Zeitpunkt, zudem die gebotene

Handlung hätte vorgenommen werden müssen. Besteht die Dienstpflichtverletzung aus mehreren Handlungen, beginnt die Frist nach dem Grundsatz der Einheit des Dienstvergehens hingegen grundsätzlich erst mit dem Abschluss der letzten Handlung. Dies ist jedoch problematisch, wenn im Zeitpunkt der letzten Handlung für eine vorangegangene Handlung - isoliert betrachtet - bereits die für die insoweit einschlägige Sanktion geltende Frist verstrichen ist. In solchen Fällen erscheint mit Blick auf den Zweck der Regelung wie auch des Grundsatzes der Einheit des Dienstvergehens die Differenzierung danach sachgerecht, ob die (Teil-)Handlungen in einem näheren Zusammenhang stehen, also eine gemeinsame „innere Wurzel" (z. B. Suchtverhalten, sexuelle Neigungen) haben, welche sie schlicht verklammert. Fehlt es daran, ist für den Fristbeginn auf die Vollendung der jeweiligen Einzelhandlung abzustellen, handelt es sich hingegen um miteinander verklammerte Teilhandlungen, kommt es auf die Vollendung der letzten Handlung an (ebenso *Gansen*, § 15 BDG, Rn. 6 ff.; *Urban*, § 15 BDG, Rn. 8.

### 3. Fristberechnung, Unterbrechung und Hemmung der Fristen

Die Regelungen in § 15 Abs. 4 und 5 LDG knüpfen, wie auch die Fristberechnung selbst, der Sache nach an die Bestimmungen des BGB an (§ 3 LDG i. V. m. §§ 1 Abs. 1 VwVfGBbg, 31 Abs. 1 VwVfG und 187 bis 193 BGB). Die Unterbrechung der Fristen in den nach § 15 Abs. 4 LDG bestimmten Fällen bewirkt, dass mit ihr die volle Frist erneut zu laufen beginnt. Für die Wirkung der Hemmung nach § 15 Abs. 5 LDG gilt dasselbe wie für Verjährungsfristen nach § 209 BGB: Der von der Hemmung umfasste Zeitraum wird in die Fristen nach § 15 Abs. 1 bis 3 LDG nicht eingerechnet. Im gerichtlichen Disziplinarverfahren kann daher ein Maßnahmeverbot durch Fristablauf wegen der Hemmung nach § 15 Abs. 5 LDG nicht eintreten.

## § 16
## Verwertungsverbot, Entfernung aus der Personalakte

**(1) Ein Verweis darf nach zwei Jahren, eine Geldbuße, eine Kürzung der Dienstbezüge und eine Kürzung des Ruhegehalts dürfen nach drei Jahren und eine Zurückstufung darf nach sieben Jahren bei weiteren Disziplinarmaßnahmen und bei sonstigen Personalmaßnahmen nicht mehr berücksichtigt werden (Verwertungsverbot). Der Beamte gilt nach dem Eintritt des Verwertungsverbots als von der Disziplinarmaßnahme nicht betroffen.**

**(2) Die Frist für das Verwertungsverbot beginnt, sobald die Entscheidung über die Disziplinarmaßnahme unanfechtbar ist. Sie endet nicht, solange ein gegen den Beamten eingeleitetes Straf- oder Disziplinarverfahren nicht unanfechtbar abgeschlossen ist, eine andere Disziplinarmaßnahme berücksichtigt werden darf, eine Entscheidung über**

**die Kürzung der Dienstbezüge noch nicht vollstreckt ist oder ein gerichtliches Verfahren über die Beendigung des Beamtenverhältnisses oder über die Geltendmachung von Schadensersatz gegen den Beamten anhängig ist.**

**(3) Eintragungen in der Personalakte über die Disziplinarmaßnahme sind nach Eintritt des Verwertungsverbots von Amts wegen zu entfernen und zu vernichten. Das Rubrum und die Entscheidungsformel einer abschließenden gerichtlichen Entscheidung, mit der auf eine Zurückstufung erkannt wurde, verbleiben in der Personalakte. Dabei sind die Bezeichnung weiterer Beteiligter und der Bevollmächtigten, die Namen der Richter sowie die Kostenentscheidung unkenntlich zu machen. Auf Antrag des Beamten unterbleibt die Entfernung oder erfolgt eine gesonderte Aufbewahrung. Der Antrag ist innerhalb eines Monats zu stellen, nachdem dem Beamten die bevorstehende Entfernung mitgeteilt und er auf sein Antragsrecht und die Antragsfrist hingewiesen worden ist. Wird der Antrag gestellt oder verbleiben Rubrum und Entscheidungsformel einer abschließenden gerichtlichen Entscheidung nach Satz 2 in der Personalakte, ist das Verwertungsverbot bei den Eintragungen zu vermerken.**

**(4) Die Absätze 1 bis 3 gelten entsprechend für Disziplinarvorgänge, die nicht zu einer Disziplinarmaßnahme geführt haben. Die Frist für das Verwertungsverbot beträgt, wenn das Disziplinarverfahren nach § 33 Abs. 1 Nr. 1 eingestellt wird, drei Monate und im Übrigen zwei Jahre. Die Frist beginnt mit dem Eintritt der Unanfechtbarkeit der Entscheidung, die das Disziplinarverfahren abschließt, im Übrigen mit dem Tag, an dem der Dienstvorgesetzte, der für die Einleitung des Disziplinarverfahrens zuständig ist, zureichende tatsächliche Anhaltspunkte erhält, die den Verdacht eines Dienstvergehens rechtfertigen.**

**(5) Auf die Entfernung und Vernichtung von Disziplinarvorgängen, die zu einer missbilligenden Äußerung geführt haben, findet § 99 Abs. 1 Satz 1 Nr. 2, Satz 2 und 3 des Landesbeamtengesetzes Anwendung.**

## Erläuterungen

Übersicht

1. Verwertungsverbot nach Verhängung von Disziplinarmaßnahmen
2. Bereinigung der Personalakten
3. Ohne Disziplinarmaßnahme abgeschlossene Disziplinarvorgänge

### 1. Verwertungsverbot nach Verhängung von Disziplinarmaßnahmen

§ 16 LDG sieht eine Rehabilitation des von einem Disziplinarverfahren betroffenen Beamten durch eine unbescholtene weitere Amtsführung über bestimmte Zeiträume vor.

Nach zwei (Verweis), drei (Geldbuße, Kürzung der Dienstbezüge/des Ruhegehalts) bzw. sieben Jahren (Zurückstufung) dürfen die jeweiligen Disziplinarmaßnahmen bei weiteren Disziplinarmaßnahmen und bei sonstigen Personalmaßnahmen nicht mehr berücksichtigt werden. Der Beamte gilt dann als von der Disziplinarmaßnahme nicht betroffen (Abs. 1). Das Verwertungsverbot erstreckt sich daher nicht nur auf die jeweilige Disziplinarmaßnahme selbst, sondern auf alle damit im Zusammenhang stehenden Vorgänge bzw. Erkenntnisse. Der Beamte ist dann (wieder) als „nicht disziplinarrechtlich in Erscheinung getreten" anzusehen (*Schmiemann* in Schütz/Schmiemann, § 16 BDG Rn. 10). Die Frist für das jeweilige Verwertungsverbot beginnt mit der Unanfechtbarkeit der Entscheidung über die Disziplinarmaßnahme. Sie endet nicht vor dem unanfechtbaren Abschluss eines vor dem Fristablauf eingeleiteten anderen Straf- oder Disziplinarverfahrens, solange eine andere Disziplinarmaßnahme noch berücksichtigt werden darf, eine Entscheidung über die Kürzung der Dienstbezüge noch nicht (vollständig) vollstreckt ist oder ein gerichtliches Verfahren über die Beendigung des Beamtenverhältnisses (auch etwa durch Zurruhesetzung) oder über die Geltendmachung von Schadensersatz gegen den Beamten (vgl. § 48 BeamtStG) anhängig ist (Abs. 2).

### 2. Bereinigung der Personalakten

Mit (bzw. kurz vor) dem (erwarteten) Eintritt des Verwertungsverbots ist dem Beamten mitzuteilen, dass die Entfernung aller Eintragungen in der Personalakte über die Disziplinarmaßnahme und die Vernichtung der betroffenen Unterlagen erfolgt, sofern der Beamte nicht innerhalb eines Monats nach der Mitteilung beantragt, dass die Entfernung unterbleiben oder eine gesonderte Aufbewahrung der Unterlagen erfolgen soll. Ausgenommen sind nur das Rubrum und die Entscheidungsformel einer abschließenden, d. h. der rechtskräftig gewordenen, gerichtlichen Entscheidung, mit der auf eine Zurückstufung erkannt wurde, welche mit in § 16 Abs. 3 Satz 3 LDG näher bezeichneten Schwärzungen stets in der Personalakte verbleiben. Im Übrigen kann der Beamte auch nicht beanspruchen, dass nur einzelne Teile des einschlägigen Akteninhalts (gesondert) aufbewahrt werden, vielmehr gilt das Prinzip „alles oder nichts". Sofern nach dem Eintritt des Verwertungsverbots die einschlägigen Unterlagen in der Personalakte verbleiben, ist das Verwertungsverbot bei den Eintragungen in der Personalakte zu vermerken.

### 3. Ohne Disziplinarmaßnahme abgeschlossene Disziplinarvorgänge

Auch für Disziplinarvorgänge, die zu keiner Disziplinarmaßnahme geführt haben, tritt nach bestimmten Fristen ein Verwertungsverbot ein. Die Absätze 1 bis 3 des § 16 LDG gelten hierfür entsprechend. Wird das Disziplinarverfahren mit der Feststellung abgeschlossen, dass ein Dienstvergehen nicht erwiesen ist, tritt das Verwertungsverbot bereits nach drei Monaten ein; abgesehen von dem in § 16 Abs. 4 Satz 2 ausdrücklich nur erwähnten Fall der Einstellung nach § 33 Abs. 1 Nr. 1 LDG gilt dies entsprechend auch für andere Entscheidungen, die darauf gestützt sind, dass ein Dienstvergehen nicht erwiesen ist (z. B. gerichtliche Entscheidungen, vgl. *Gansen*, § 16 BDG Rn. 20). In allen übrigen ohne Disziplinarmaßnahme abgeschlossenen Fällen tritt das Verwertungsverbot nach zwei Jahren ein. Die Fristen beginnen mit dem Eintritt der Unanfechtbarkeit der Abschlussentscheidung; ist eine solche nicht ergangen, beginnen sie mit der Kenntnisnahme der Anhaltspunkte für den Verdacht eines Dienstvergehens durch den für die Einleitung des Disziplinarverfahrens zuständigen Dienstvorgesetzten.

Zu Disziplinarvorgängen, die zu einer missbilligenden Äußerung (vgl. § 5 Abs. 4 LDG) geführt haben, verweist § 16 Abs. 5 LDG klarstellend auf die Anwendung von § 99 Abs. 1 Satz 1 Nr. 2, Satz 2 und 3 LDG. Danach gilt für die Entfernung eine Frist von zwei Jahren, wobei der Beamte die Entfernung der für ihn ungünstigen Unterlagen beantragen muss.

# TEIL 3
# BEHÖRDLICHES DISZIPLINARVERFAHREN

## Kapitel 1
## Einleitung, Ausdehnung und Beschränkung

### § 17
### Disziplinarbefugnisse

**(1) Die Disziplinarbefugnisse werden im Rahmen des behördlichen Disziplinarverfahrens von den zuständigen Dienstvorgesetzten, Behörden und Einrichtungen ausgeübt.**

**(2) Bei Ruhestandsbeamten werden die Disziplinarbefugnisse durch die zum Zeitpunkt des Eintritts in den Ruhestand zuständige oberste Dienstbehörde ausgeübt. Diese kann ihre Befugnisse durch Rechtsverordnung ganz oder teilweise auf nachgeordnete Dienstvorgesetzte und Einrichtungen übertragen. Besteht die zuständige oberste Dienstbehörde nicht mehr, bestimmt das Ministerium des Innern, welche Behörde oder Einrichtung zuständig ist. § 86 Abs. 3 bleibt unberührt.**

**(3) Ist ein höherer Dienstvorgesetzter nicht vorhanden, werden die nach diesem Gesetz dem höheren Dienstvorgesetzten zustehenden Befugnisse durch die oberste Dienstbehörde ausgeübt.**

**Erläuterungen**

§ 17 Abs. 1 LDG bestimmt, wer hinsichtlich des behördlichen Disziplinarverfahrens in Bezug auf aktive Beamte die Disziplinarbefugnisse ausübt, nämlich die zuständigen Dienstvorgesetzten, Behörden und Einrichtungen. Dienstvorgesetzter ist nach § 2 Abs. 2 Satz 1 LBG, wer für beamtenrechtliche Entscheidungen der ihm nachgeordneten Beamten zuständig ist. Letzteres ist den einschlägigen (gesetzlichen bzw. verordnungsrechtlichen) Bestimmungen zu entnehmen (siehe z. B. § 132 Abs. 1 BbgSchulG). In Kapitel 3 sind besonderen Regelungen getroffen, siehe insbesondere § 83 LDG (Polizeivollzugsbeamte), § 86 LDG (Kommunalbeamte) und § 91 (Beamte von Körperschaften, Anstalten und Stiftungen des öffentlichen Rechts. Für Ruhestandsbeamte übt nach § 17 Abs. 2 LDG die zum Zeitpunkt des Ruhestandseintritts zuständige oberste Dienstbehörde die Disziplinarbefugnisse aus, sofern und soweit sie ihre Befugnisse nicht durch Rechtsverordnung auf nachgeordnete Dienstvorgesetzte und Einrichtungen übertragen hat; für kommunale Ruhestandsbeamte gilt die Sonderregelung nach § 86 Abs. 3 LDG.

## § 18
## Einleitung von Amts wegen

**(1) Liegen zureichende tatsächliche Anhaltspunkte vor, die den Verdacht eines Dienstvergehens rechtfertigen, hat der Dienstvorgesetzte die Dienstpflicht, ein Disziplinarverfahren einzuleiten. Der höhere Dienstvorgesetzte und die oberste Dienstbehörde stellen im Rahmen ihrer Aufsicht die Erfüllung dieser Pflicht sicher; sie können das Disziplinarverfahren jederzeit an sich ziehen; § 89 Abs. 1 bleibt unberührt. Die Einleitung ist aktenkundig zu machen.**

**(2) Ist zu erwarten, dass nach den §§ 14 und 15 eine Disziplinarmaßnahme nicht in Betracht kommt, wird ein Disziplinarverfahren nicht eingeleitet. Die Gründe sind aktenkundig zu machen und dem Beamten bekannt zu geben.**

**(3) Hat ein Beamter zwei oder mehrere Ämter inne, die nicht im Verhältnis von Haupt- zu Nebenamt stehen, und beabsichtigt der Dienstvorgesetzte, zu dessen Geschäftsbereich eines dieser Ämter gehört, ein Disziplinarverfahren gegen ihn einzuleiten, teilt er dies den Dienstvorgesetzten mit, die für die anderen Ämter zuständig sind. Ein weiteres Disziplinarverfahren kann gegen den Beamten wegen desselben Sachverhalts nicht eingeleitet werden. Hat ein Beamter zwei oder mehrere Ämter inne, die im Verhältnis von Haupt- zu Nebenamt**

**stehen, kann nur der Dienstvorgesetzte ein Disziplinarverfahren gegen ihn einleiten, der für das Hauptamt zuständig ist.**

**(4) Die Zuständigkeiten nach den Absätzen 1 bis 3 werden durch eine Beurlaubung, eine Abordnung oder eine Zuweisung nicht berührt. Bei einer Abordnung geht die aus Absatz 1 sich ergebende Pflicht hinsichtlich der während der Abordnung begangenen Dienstvergehen auf den neuen Dienstvorgesetzten über, soweit dieser nicht ihre Ausübung den anderen Dienstvorgesetzten überlässt.**

## Erläuterungen

Übersicht



### 1. Legalitätsprinzip

Besteht ein hinreichend konkreter Verdacht eines Dienstvergehens, hat der Dienstvorgesetzte nach § 18 Abs. 1 Satz 1 LDG die Dienstpflicht, ein Disziplinarverfahren einzuleiten. Der höhere Dienstvorgesetzte und die (bei dem in der Regel zweistufigen Verwaltungsaufbau dessen Befugnisse ohnehin ausübende) oberste Dienstbehörde können das Disziplinarverfahren jederzeit an sich ziehen (Satz 2). Hieraus ergibt sich die (weitere) Verpflichtung des Dienstvorgesetzten, den höheren Dienstvorgesetzten bzw. die oberste Dienstbehörde über das Disziplinarverfahren zu informieren.

Die Einleitung des Disziplinarverfahrens ist durch einen entsprechenden Vermerk aktenkundig zu machen. Der Aktenvermerk muss inhaltlich so bestimmt sein, dass die Konturen des dem Beamten zur Last gelegten Dienstvergehens, differenziert nach den einzelnen mutmaßlich begangenen Dienstpflichtverletzungen, klar erkennbar sind. Notwendig sind (gerade auch zur Wahrung der Rechte des Beamten) möglichst präzise Angaben zu sämtlichen verfahrensgegenständlichen mutmaßlichen Dienstpflichtverletzungen und ihrer konkreten Begehungsweise (*Gansen*, § 17 BDG Rn. 22a). Lassen sich die Angaben noch nicht näher präzisieren, besteht gleichwohl jedoch bereits ein hinreichender Verdacht eines Dienstvergehens, verbietet es sich aufgrund der Regelung in § 18 Abs. 1 Satz 1 LDG, erst noch vorgelagerte Ermittlungen durchzuführen, um den Einleitungsvermerk präziser abfassen zu können. Das Ausmaß der gebotenen Konkretisierung der mutmaßlichen Dienstpflichtverletzung hängt daher auch von dem Kenntnisstand des Dienstvorgesetzten zu dem fraglichen Zeitpunkt ab. Für die Wirksamkeit der Einleitung ist es nicht von Bedeutung, ob die Unterrichtung des Beamten darüber den Anforderungen des § 21 LDG genügt (OVG NRW, Urt. vom 30.11.2022 – 31 A 691/21.O –, juris Rn. 36 ff.).

### 2. Keine Einleitung bei nicht in Betracht kommender Disziplinarmaßnahme

Ist zu erwarten, dass wegen der Sperrwirkung straf- bzw. bußgeldrechtlicher Sanktionen (§ 14 LDG) oder wegen Zeitablaufs (Disziplinarmaßnahmeverbot nach § 15 LDG) keine Disziplinarmaßnahme (mehr) in Betracht kommt, ist nach § 18 Abs. 2 Satz 1 LDG kein Disziplinarverfahren einzuleiten; das Legalitätsprinzip wird insoweit also durchbrochen. Die Gründe sind aktenkundig zu machen und dem Beamten bekannt zu geben (Abs. 2 Satz 2). Zweckmäßig ist es, dazu dem Beamten eine Kopie des Aktenvermerks auszuhändigen.

### 3. Weitere Regelungen

In § 18 Abs. 3 LDG ist die Zuständigkeit zur Einleitung des Disziplinarverfahrens bei Beamten mit mehreren Ämtern geregelt. Eine Beurlaubung, Abordnung oder Zuweisung hat grundsätzlich keinen Einfluss auf die gebotene Einleitung des Disziplinarverfahrens durch den Dienstvorgesetzten. Allerdings geht bei einer Abordnung die Pflicht zur Einleitung hinsichtlich während der Abordnung begangener Dienstvergehen auf den neuen Dienstvorgesetzten über, soweit dieser ihre Ausübung nicht den anderen (Stamm-)Dienstvorgesetzten überlässt.

### 4. Beteiligungspflichten

Da das Gesetz dem Dienstvorgesetzten für die nach § 18 Abs 1 und 2 LDG zu treffenden Entscheidungen keinen Entscheidungsspielraum lässt, würde eine Beteiligung von Personalvertretungen kaum Sinn ergeben. Nach § 68 Abs. 1 Nr. 7 PersVG wirkt der Personalrat denn auch nur bei der Entscheidung „in" einem (schon ohne seine Beteiligung eingeleiteten) Disziplinarverfahren über die Kürzung der Dienstbezüge oder über die Erhebung der Disziplinarklage mit.

Die bloße Einleitung eines Disziplinarverfahrens stellt auch noch keine personelle Angelegenheit i. S. v. § 22 Abs. 1 Satz 2 LGG dar. Dasselbe gilt für die Entscheidung, ein Disziplinarverfahren nach § 18 Abs. 2 LDG nicht einzuleiten. Das brandenburgische Landesrecht enthält keine § 27 Abs. 1 Nr. 1d BGleiG entsprechende Regelung, wonach die Gleichstellungsbeauftragte frühzeitig bei der Vorbereitung und Entscheidung über „die Einleitung und den Abschluss eines Disziplinarverfahrens einschließlich der vorläufigen Dienstenthebung" zu beteiligen ist.

Nach § 178 Abs. 2 Satz 1 SGB IX hat der Arbeitgeber „die Schwerbehindertenvertretung in allen Angelegenheiten, die einen einzelnen […] schwerbehinderten Menschen … berühren, unverzüglich und umfassend zu unterrichten und vor einer Entscheidung anzuhören; er hat ihr die getroffene Entscheidung unverzüglich mitzuteilen." Da die Einleitung eines Disziplinarverfahrens nur eine Entscheidung i. S. v. § 178 Abs. 2 Satz 1 SGB IX vorbereitet, ist dazu keine Anhörung der Schwerbehindertenvertretung nötig, sondern lediglich deren Unterrichtung (*Gansen*, § 17 BDG Rn. 27). Dies gilt allerdings auch nur, wenn sich das Disziplinarverfahren auf einen aktiven Beamten bezieht, denn für einen Ruhestandsbeamten greift der mit der Beteiligung der Schwerbehindertenvertretung verfolgte Zweck (Förderung der Eingliederung in den Betrieb bzw. die Dienststelle) nicht mehr (NdsOVG, Urt. vom 25.4.2022 – 6 LD 2/18 –, juris Rn. 16 f. m. w. N.).

## § 19

## Einleitung auf Antrag des Beamten

**(1) Der Beamte kann bei dem Dienstvorgesetzten oder dem höheren Dienstvorgesetzten die Einleitung eines Disziplinarverfahrens gegen sich selbst beantragen, um sich von dem Verdacht eines Dienstvergehens zu entlasten.**

**(2) Der Antrag darf nur abgelehnt werden, wenn keine zureichenden tatsächlichen Anhaltspunkte vorliegen, die den Verdacht eines Dienstvergehens rechtfertigen. Die Entscheidung ist dem Beamten mitzuteilen.**

**(3) § 18 Abs. 1 Satz 2 zweiter Halbsatz und Satz 3 sowie Abs. 3 und 4 gilt entsprechend.**

### Erläuterungen

Das sog. Selbstreinigungsverfahren dient dazu, dem Rehabilitierungsinteresse des Beamten Rechnung zu tragen, der sich dem Verdacht ausgesetzt sieht, ein Dienstvergehen begangen zu haben. Voraussetzung für die Zulässigkeit des Antrags auf Einleitung eines Disziplinarverfahrens gegen sich selbst ist, dass überhaupt der Verdacht eines Dienstvergehens im Raum steht. Liegen keine zureichenden tatsächlichen Anhaltspunkte für ein solches vor, ist der Antrag nach § 19 Abs. 2 LDG abzulehnen. Letzteres ist ungeachtet des Gesetzeswortlauts („darf") zwingend (vgl. LT-Drucks. 3/3364, Begründung zu Art. 1 § 19 des Gesetzentwurfs: *„Ablehnung erfolgt dann, wenn…"*). Mit der Ablehnung der Einleitung eines Disziplinarverfahrens ist zudem die (ohne Anlass) beantragte und also an sich unnötige Entlastung unmittelbar erreicht. Dem Beamten fehlt daher ein Rechtsschutzbedürfnis dafür, gegen die ablehnende Entscheidung im Widerspruchs- oder Klagewege zulässig vorgehen zu können. Bis zu Entscheidung des Dienstvorgesetzten über den Antrag kann der Beamte den Antrag zurücknehmen. Letzteres hindert dann allerdings nur eine Entscheidung über den Antrag, nicht hingegen eine nach § 18 Abs. 1 LDG gebotene Einleitung eines Disziplinarverfahrens etwa aufgrund von durch die Antragstellung gewonnenen tatsächlichen Erkenntnissen, die den Verdacht eines Dienstvergehens begründen. Ein Beamter auf Probe kann nach § 85 Abs. 2 LDG lediglich die *„Durchführung von Ermittlungen"* beantragen, um sich vom Verdacht eines Dienstvergehens zu entlasten.

## § 20
## Ausdehnung und Beschränkung

**(1) Das Disziplinarverfahren kann bis zum Erlass einer Entscheidung nach den §§ 33 bis 35 auf neue Handlungen ausgedehnt werden, die den Verdacht eines Dienstvergehens rechtfertigen. Die Ausdehnung ist aktenkundig zu machen.**

**(2) Das Disziplinarverfahren kann bis zum Erlass einer Entscheidung nach den §§ 33 bis 35 oder eines Widerspruchsbescheids nach § 42 beschränkt werden, indem solche Handlungen ausgeschieden werden, die für die Art und Höhe der zu erwartenden Disziplinarmaßnahme voraussichtlich nicht ins Gewicht fallen. Die Beschränkung ist aktenkundig zu machen. Die ausgeschiedenen Handlungen können nicht wieder in das Disziplinarverfahren einbezogen werden, es sei denn, die Voraussetzungen für die Beschränkung entfallen nachträglich. Werden die ausgeschiedenen Handlungen nicht wieder einbezogen, können sie nach dem unanfechtbaren Abschluss des Disziplinarverfahrens nicht Gegenstand eines neuen Disziplinarverfahrens sein.**

### Erläuterungen

Übersicht



### 1. Ausdehnung

Nach § 20 Abs. 1 LDG kann das (laufende) Disziplinarverfahren auf neue Handlungen ausgedehnt werden. Neu sind Handlungen, wenn sie von der nach § 18 Abs. 1 LDG erfolgten Einleitung nicht umfasst und daher noch nicht Gegenstand des Disziplinarverfahrens sind. Anders als nach § 18 Abs. 1 LDG für die Einleitung vorgegeben, ist der Dienstvorgesetzte zur Ausdehnung des Disziplinarverfahrens nicht verpflichtet. Er kann sich folglich aus prozessökonomischen Gründen, namentlich im Interesse eines beschleunigten Abschlusses und einer

Konzentration auf besonders gewichtig erscheinende Dienstpflichtverletzungen, dafür entscheiden, es bei dem Gegenstand des laufenden Disziplinarverfahrens zu belassen und neue Handlungen, obgleich sie den Verdacht eines (weiteren Teils des schon in Rede stehenden) Dienstvergehens begründen, disziplinarrechtlich nicht (mit) zu ahnden. Die Ausdehnung auf neue Vorwürfe ist zeitlich bis zum Erlass einer das behördliche Disziplinarverfahren abschließenden Entscheidung nach § 33 bis 35 LDG möglich. Die Die Ausdehnung ist mit einer der Einleitungsverfügung entsprechenden Bestimmtheit (siehe dazu Erl. 1 zu § 18 LDG) aktenkundig zu machen. Nach Erhebung der Disziplinarklage ist der Sache nach eine Ausdehnung nur noch im Wege der Nachtragsdisziplinarklage (§ 54 LDG) möglich.

## 2. Beschränkung

Die nach § 20 Abs. 2 LDG bestehende Möglichkeit zur Konzentration auf die Dienstpflichtverletzungen, denen für die zu erwartende Disziplinarmaßnahme voraussichtlich das wesentliche Gewicht zukommt, dient dem Interesse an einer Beschleunigung des Verfahrens. Die Beschränkung ist z. B. sachgerecht, wenn voraussichtlich bereits einer von mehreren Vorwürfen zur Entfernung aus dem Beamtenverhältnis führen wird oder wenn die Berücksichtigung eines weiteren Vorwurfs eine schärfere Disziplinarmaßnahme nicht zu rechtfertigen vermag (LT-Drucks. 3/3364, Begründung zu Art. 1 § 20 des Gesetzentwurfs). Die Beschränkung ist aktenkundig zu machen. Der Beamte kann, solange die Voraussetzungen für die Beschränkung gegeben sind, darauf vertrauen, dass es dabei sein Bewenden hat, er also nicht mehr mit dem von der Beschränkung umfassten Vorwurf von Dienstpflichtverletzungen konfrontiert wird (§ 20 Abs. 2 Satz 3 und 4 LDG). Die Beschränkung kann bis zur (und auch erst in der) Abschlussentscheidung bzw. im Widerspruchsverfahren oder -bescheid nach § 42 LDG verfügt werden.

Unbedenklich ist es auch, wenn die Beschränkung erst durch eine nachträgliche (etwa durch eine im gerichtlichen Verfahren zu Protokoll erklärte) Änderung des Widerspruchsbescheides bzw. der Abschlussentscheidung vorgenommen wird. Dies kann auch auf einer dazu im gerichtlichen Verfahren getroffenen Verständigung („Deal") beruhen (a. A. BVerwG, Beschl. vom 6.3.2013 – 2 B 50.12 –, juris Rn. 13 zu § 56 BDG, *Gansen*, § 19 LDG Rn. 17a), denn es steht dem Dienstvorgesetzten frei, von den ihm gesetzlich eingeräumten Befugnissen unter Berücksichtigung der von dem betroffenen Beamten geltend gemachten Interessen Gebrauch zu machen. Ausgeschlossen ist allerdings nach § 61 Abs. 1 Satz 2 LDG der Abschluss eines förmlichen Vergleichs nach § 106 VwGO.

# Kapitel 2
# Durchführung

## § 21
## Unterrichtung, Belehrung und Anhörung des Beamten

**(1) Der Beamte ist über die Einleitung des Disziplinarverfahrens unverzüglich zu unterrichten, sobald dies ohne Gefährdung der Aufklärung des Sachverhalts möglich ist. Hierbei ist ihm zu eröffnen, welches Dienstvergehen ihm zur Last gelegt wird. Er ist gleichzeitig darauf hinzuweisen, dass es ihm freisteht, sich mündlich oder schriftlich zu äußern oder nicht zur Sache auszusagen und sich jederzeit eines Bevollmächtigten oder Beistands zu bedienen.**

**(2) Für die Abgabe einer schriftlichen Äußerung wird dem Beamten eine Frist von einem Monat und für die Abgabe der Erklärung, sich mündlich äußern zu wollen, eine Frist von zwei Wochen gesetzt. Hat der Beamte rechtzeitig erklärt, sich mündlich äußern zu wollen, ist die Anhörung innerhalb von drei Wochen nach Eingang der Erklärung durchzuführen. Ist der Beamte aus zwingenden Gründen gehindert, eine Frist nach Satz 1 einzuhalten oder einer Ladung zur mündlichen Verhandlung Folge zu leisten, und hat er dies unverzüglich mitgeteilt, ist die maßgebliche Frist zu verlängern oder er erneut zu laden. Die Fristsetzungen und Ladungen sind dem Beamten zuzustellen.**

**(3) Ist die nach Absatz 1 Satz 2 und 3 vorgeschriebene Belehrung unterblieben oder unrichtig erfolgt, darf die Aussage des Beamten nicht zu seinem Nachteil verwertet werden.**

### Erläuterungen

Übersicht



### 1. Unterrichtung und Belehrung

Die Vorschrift sichert ein faires Verfahren und insbesondere die Anhörung des Beamten in Bezug auf das ihm zur Last gelegte Dienstvergehen.

Sobald es ohne Gefährdung der Aufklärung des Sachverhalts möglich ist, muss der Beamte nach § 21 Abs. 1 Satz 1 LDG „unverzüglich" über die Einleitung des Disziplinarverfahrens unterrichtet werden. Ihm ist dabei zu eröffnen, welches Dienstvergehen ihm konkret zur Last gelegt wird (Satz 2). Eine rechtliche Einschätzung dazu, welche Disziplinarmaßnahme der Beamte zu erwarten hat, ist nicht geboten und in diesem frühen Stadium des Verfahrens nicht zu empfehlen (vgl. *Gansen*, § 20 BDG, Rn. 8a, *Weiß* in Weiß/Koch, M § 20 Rn. 32; a. A. *Wittkowski* in Urban/Wittkowski, § 20 BDG Rn. 3). Regelmäßig folgt aus § 21 Abs. 1 Satz 1 und 2 LDG die Pflicht zur Unterrichtung des Beamten in einem Zuge mit der Einleitung des Disziplinarverfahrens. Nur wenn aufgrund konkreter Anhaltspunkte zu besorgen ist, dass der Beamte etwa Beweise beiseiteschaffen oder Zeugen in seinem Sinne zu beeinflussen suchen würde, kann die Unterrichtung zurückgestellt werden (vgl. z. B. *Wittkowski* in Urban/Wittkowski, § 20 BDG Rn. 2). Die Unterrichtung sollte, wenn sie nicht schriftlich erfolgt, in einem Aktenvermerk detailliert dokumentiert werden.

Gleichzeitig mit der Unterrichtung ist der Beamte nach § 21 Abs. 1 Satz 3 LDG zu belehren, d. h. darauf hinzuweisen, dass es ihm freisteht, sich mündlich oder schriftlich zu äußern oder nicht zur Sache auszusagen und sich jederzeit eines Bevollmächtigten oder Beistands zu bedienen. Dies sollte schon zur Dokumentation schriftlich geschehen. Der Beamte wird dadurch davor geschützt, sich durch unüberlegte Einlassungen nach der Eröffnung selbst zu belasten (vgl. *Baunack* in Köhler/Baunack § 20 BDG Rn. 6).

## 2. Fristen

Die in § 21 Abs. 2 LDG getroffenen Fristregelungen dienen der Wahrung des Beschleunigungsgebots (§ 4 LDG). Die dem Beamten zu setzenden Fristen von einem Monat für die schriftliche Äußerung und zwei Wochen für die Erklärung, sich mündlich äußern zu wollen, sind Ausschlussfristen (siehe auch LT-Drucks. 3/3364, Begründung zu Art. 1 § 21 des Gesetzentwurfs). Hauptanwendungsfälle für Fristverlängerungen aus „zwingenden" Gründen nach § 21 Abs. 2 Satz 3 LDG sind Verhinderungen der bevollmächtigten Rechtsanwälte.

Verspätete Äußerungen müssen nicht berücksichtigt werden, jedoch bleibt dem Beamten die Möglichkeit zur Stellungnahme im Rahmen der abschließenden Anhörung nach § 31 LDG (vgl. *Wittkowski* in Urban/Wittkowski, § 20 BDG Rn. 9). Da zu erwarten ist, dass der Beamte sein verspätetes Vorbringen im Rahmen der abschließenden Anhörung wiederholt, wird es in aller Regel sachgerecht sein, auch verspätetes Vorbringen sofort zur Kenntnis zu nehmen und zu berücksichtigen; dies gewährleistet nämlich am ehesten eine effiziente Gestaltung des behördlichen Disziplinarverfahrens (vgl. *Gansen*, § 20 BDG, Rn. 23). Versäumt es die Behörde, die mündliche Anhörung innerhalb der vorgegebenen Frist von drei Wochen nach Eingang der diesbezüglichen Erklärung des Beamten durchzuführen, hat dies keine unmittelbaren Konsequenzen.

### 3. Verwertungsverbot bei nicht ordnungsgemäßer Belehrung

§ 20 Abs. 3 LDG normiert für den Fall, dass der Beamte nicht (ordnungsgemäß) belehrt bzw. über den Gegenstand des Disziplinarverfahrens unterrichtet wird, ein Verwertungsverbot: Die von dem Beamten gemachten Angaben dürfen dann nicht zu seinem Nachteil berücksichtigt werden. Die Regelung hindert jedoch nicht, Angaben zu berücksichtigen, die der Beamte macht, nachdem die Belehrung bzw. Unterrichtung nachgeholt worden ist. Außerdem wird dem auf die „Aussage" des Beamten beschränkten Verwertungsverbot keine Fernwirkung in dem Sinne beigemessen, dass die Behörde gehindert wäre, andere Beweismittel heranzuziehen, von deren Vorhandensein sie erst durch nicht verwertbare Angaben des Beamten Kenntnis erlangt hat (BVerwG, Urt. vom 14.12.2017 – 2 C 12.17 –, juris Rn. 24).

## § 22
## Pflicht zur Durchführung von Ermittlungen, Ausnahmen

**(1) Zur Aufklärung des Sachverhalts sind die erforderlichen Ermittlungen durchzuführen. Dabei sind die belastenden, die entlastenden und die Umstände zu ermitteln, die für die Bemessung einer Disziplinarmaßnahme bedeutsam sind. Der höhere Dienstvorgesetzte und die oberste Dienstbehörde können die Ermittlungen an sich ziehen.**

**(2) Von Ermittlungen ist abzusehen, soweit der Sachverhalt aufgrund der tatsächlichen Feststellungen eines rechtskräftigen Urteils im Straf- oder Bußgeldverfahren oder im verwaltungsgerichtlichen Verfahren, durch das nach § 9 des Brandenburgischen Besoldungsgesetzes über den Verlust der Besoldung bei schuldhaftem Fernbleiben vom Dienst entschieden worden ist, feststeht. Von Ermittlungen kann auch abgesehen werden, soweit der Sachverhalt auf sonstige Weise aufgeklärt ist, insbesondere nach der Durchführung eines anderen gesetzlich geordneten Verfahrens.**

### Erläuterungen

Übersicht

### 1. Ermittlungspflicht

Zur Gewährleistung eines fairen Verfahrens gibt § 22 Abs. 1 LDG vor, alle „erforderlichen Ermittlungen durchzuführen", sowohl auf die belastenden als auch auf die entastenden Umstände bezogen. Die Regelung greift damit die in § 160 Abs. 2 StPO für staatsanwaltschaftliche Ermittlungen getroffene Regelung auf. Soweit keine speziellen Regelungen getroffen sind (§ 25 ff. LDG), erfolgt die Durchführung der Ermittlungen nach allgemeinem Verwaltungsverfahrensrecht. Der Dienstvorgesetzte kann z. B. (unter Beachtung von §§ 20, 21 VwVfG) flexibel darüber entscheiden, ob er einen (oder auch mehrere) Ermittlungsführer bestellt und wen er gegebenenfalls dafür als geeignete Person(en) auswählt (vgl. LT-Drucks. 3/3364, Begründung zu Art. 1 § 22 des Gesetzentwurfs). Werden eigene Beschäftigte mit Ermittlungen beauftragt, haben diese sich vorrangig mit den Ermittlungen zu befassen und daher ihre (sonstigen) hauptamtlichen Aufgaben, soweit möglich, hintanzustellen (vgl. zur Entlastung § 4 Satz 2 LDG). Auch die Beauftragung eines Privaten, etwa eines Rechtsanwalts, mit der Sachverhaltsermittlung ist zulässig, sofern dessen Weisungsabhängigkeit sichergestellt ist (zur Unzulässigkeit weisungsunabhängiger „Sonderermittler„ siehe *Gansen*, § 21 BDG, Rn. 9 ff.).

### 2. Selbsteintrittsrecht

Nach § 22 Abs. 1 Satz 2 LDG können der höhere Dienstvorgesetzte und die oberste Dienstbehörde die Ermittlungen an sich ziehen. Diese Entscheidung ist nicht an besondere Voraussetzungen geknüpft und daher nicht weiter begründungsbedürftig; sie führt für sich genommen nicht zu einem Übergang der Disziplinarbefugnisse auf den höheren Dienstvorgesetzten bzw. die oberste Dienstbehörde. Wird ein solcher Übergang angestrebt, muss nach § 18 Abs. 1 Satz 2 LDG vorgegangen werden.

### 3. Absehen von (doppelten) Ermittlungen

Soweit der Sachverhalt aufgrund eines rechtskräftigen Urteils im Straf- oder Bußgeldverfahren oder in einem verwaltungsgerichtlichen Verfahren zum Verlust der Besoldung bei schuldhaftem Fernbleiben vom Dienst feststeht, ist nach § 22 Abs. 2 Satz 1 LDG zwingend von Ermittlungen abzusehen. Dies korrespondiert mit der nach § 24 Abs. 1 LDG vorgeschriebenen Bindung an die tatsächlichen Feststellungen der einschlägigen Urteile. Es schließt jedoch nicht Ermittlungen etwa zu (nicht bereits feststehenden) Umständen aus, die für die Bemessung der Disziplinarmaßnahme relevant sind (*Gansen*, § 21 BDG, Rn. 19). Nach § 22 Abs. 2 Satz 2 LDG kann von Ermittlungen auch abgesehen werden, soweit der Sachverhalt auf sonstige Weise geklärt ist, insbesondere nach der Durchführung eines anderen gesetzlich geordneten Verfahrens. Diese Regelung korrespondiert mit § 24 Abs. 2 LDG. Beispiele für andere geordnete Verfahren sind etwa Strafbefehlsverfahren,

Amtshaftungsverfahren, förmliche Verwaltungs- oder auch Widerspruchsverfahren (*Wittkowski* in Urban/Wittkowski, § 21 BDG Rn. 10).

## § 23
## Zusammentreffen von Disziplinarverfahren mit Strafverfahren oder anderen Verfahren, Aussetzung

**(1) Ist gegen den Beamten wegen des Sachverhalts, der dem Disziplinarverfahren zugrunde liegt, im Strafverfahren die öffentliche Klage erhoben worden, wird das Disziplinarverfahren ausgesetzt. Die Aussetzung soll unterbleiben, wenn keine begründeten Zweifel am Sachverhalt bestehen oder wenn im Strafverfahren aus Gründen nicht verhandelt werden kann, die in der Person des Beamten liegen.**

**(2) Das nach Absatz 1 Satz 1 ausgesetzte Disziplinarverfahren soll unverzüglich, spätestens mit dem rechtskräftigen Abschluss des Strafverfahrens, fortgesetzt werden, wenn die Voraussetzungen des Absatzes 1 Satz 2 nachträglich eintreten.**

**(3) Das Disziplinarverfahren kann auch ausgesetzt werden, wenn in einem anderen gesetzlich geordneten Verfahren über eine Frage zu entscheiden ist, deren Beurteilung für die Entscheidung im Disziplinarverfahren von wesentlicher Bedeutung ist. Absatz 1 Satz 2 und Absatz 2 gelten entsprechend.**

### Erläuterungen

Übersicht



### 1. Zwingende Aussetzung des Disziplinarverfahrens (Abs. 1)

Wird im sachgleichen Strafverfahren gegen den Beamten Anklage erhoben (§ 170 Abs. 1 StPO), ist das Disziplinarverfahren nach § 23 Abs. 1 Satz 1 LDG zwingend auszusetzen. Nur wenn keine begründeten Zweifel am Sachverhalt bestehen oder wenn im Strafverfahren aus in der Person des Beamten liegenden Gründen (z. B. wegen Flucht oder Verhandlungsunfähigkeit) nicht verhandelt werden kann, „soll" (siehe demgegenüber die strikte Regelung in § 22 Abs. 1 Satz 2 BDG) die Aussetzung unterbleiben, § 23 Abs. 1 Satz 2 LDG.

Die Erhebung einer öffentlichen Klage im Strafverfahren im Sinne von § 23 Abs. 1 Satz 1 LDG liegt auch vor, wenn die Wiederaufnahme eines durch rechtskräftiges Urteil abgeschlossenen Verfahrens zuungunsten des Beamten nach § 370 Abs. 2 StPO beschlossen, das Hauptverfahren im Privatklageverfahren eröffnet (§ 383 Abs. 1 StPO), im Strafbefehlsverfahren Hauptverhandlung anberaumt (§ 408 Abs. 3 Satz 1 StPO), eine Entscheidung im beschleunigten Verfahren beantragt (§ 417 StPO) wird (allgemeine Auffassung, siehe nur *Baunack* in Köhler/Baunack, § 22 BDG Rn. 5). Hingegen stellt der bloße Antrag auf Erlass eines Strafbefehls, auch wenn dieser nach § 407 Abs. 1 StPO der Erhebung der öffentlichen Klage gleichgestellt ist, keine Anklageerhebung im Sinne von § 23 Abs. 1 Satz 1 LDG dar. Eine gegenteilige Auslegung verbietet sich jedenfalls wegen der Regelung in § 50 LDG. Danach wird ein Beamtenbeisitzer u. a. dann nicht herangezogen, wenn gegen diesen „wegen einer vorsätzlich begangenen Straftat die öffentliche Klage erhoben oder der Erlass eines Strafbefehls beantragt" worden ist. Der Gesetzgeber lässt also § 407 Abs. 1 StPO explizit nicht dafür genügen, landesdisziplinarrechtlich die Anklageerhebung und den Strafbefehlsantrag gleichzustellen (gleichsinnig *Wittkowski* in Urban/Wittkowski, § 22 BDG Rn. 3).

### 2. Fakultative Aussetzung des Disziplinarverfahrens (Abs. 3)

Wenn in einem anderen gesetzlich geordneten Verfahren über eine Frage zu entscheiden ist, deren Beurteilung für die Entscheidung im Disziplinarverfahren von wesentlicher Bedeutung ist, kann das Disziplinarverfahren vorbehaltlich der Regelung in § 23 Abs. 1 Satz 2 LDG nach § 23 Abs. 3 Satz 1 LDG ausgesetzt werden. Zu treffen ist insoweit eine Ermessensentscheidung, für die besonders auch das Beschleunigungsgebot (§ 4 LDG) zu berücksichtigen ist. Die Entscheidung ist, nicht anders als diejenige nach § 23 Abs. 1 Satz 1 LDG, nach § 44a VwGO nicht selbständig gerichtlich angreifbar (LT-Drucks. 3/3364, Begründung zu Art. 1 § 23 des Gesetzentwurfs). Andere (sachgleiche) gesetzlich geordnete Verfahren sind das staatsanwaltschaftliche Ermittlungsverfahren, gerichtliche Bußgeldverfahren und verwaltungsgerichtliche Verfahren, in denen über den Verlust der Besoldung bei schuldhaftem Fernbleiben vom Dienst entschieden wird (vgl. § 22 Abs. 2 LDG sowie LT-Drucks. 3/3364, Begründung zu Art. 1 § 23 des Gesetzentwurfs). Wesentliche Bedeutung haben diese Verfahren, wenn sie für das Disziplinarverfahren in dem vom Gesetz näher umschriebenen Sinne vorgreiflich sind. In der Regel wird es sachgerecht sein, von der im Ermessen stehenden Aussetzungsmöglichkeit Gebrauch zu machen, wenn im Strafverfahren eine Anklageerhebung zu erwarten ist, das Ermittlungsverfahren aber noch läuft.

### 3. Fortsetzung des ausgesetzten Disziplinarverfahrens (Abs. 2)

Das Disziplinarverfahren soll nach § 23 Abs. 2 LDG (vgl. demgegenüber § 22 Abs. 2 BDG: „ist") unverzüglich fortgesetzt werden, wenn nachträglich die Voraussetzungen des § 23 Abs. 1 Satz 2 LDG eintreten (z. B. infolge eines Geständnisses oder des Eintritts von dauerhafter

Verhandlungsunfähigkeit). Ungeachtet des missverständlichen Gesetzeswortlauts ist das Verfahren zwingend mit dem rechtskräftigen Abschluss des Strafverfahrens fortzusetzen, denn dies gebietet § 4 LDG.

## § 24
## Bindung an tatsächliche Feststellungen aus Strafverfahren oder anderen Verfahren

**(1) Die tatsächlichen Feststellungen eines rechtskräftigen Urteils im Straf- oder Bußgeldverfahren oder im verwaltungsgerichtlichen Verfahren, durch das nach § 9 des Brandenburgischen Besoldungsgesetzes über den Verlust der Besoldung bei schuldhaftem Fernbleiben vom Dienst entschieden worden ist, sind im Disziplinarverfahren, das denselben Sachverhalt zum Gegenstand hat, bindend.**

**(2) Die in einem anderen gesetzlich geordneten Verfahren getroffenen tatsächlichen Feststellungen sind nicht bindend, können aber der Entscheidung im Disziplinarverfahren ohne nochmalige Prüfung zugrunde gelegt werden.**

### Erläuterungen

Die Aussetzung des Disziplinarverfahrens nach § 23 LDG hat ihre sachliche Berechtigung vor dem Hintergrund der gebotenen Beschleunigung (§ 4 LDG) nicht zuletzt deshalb, weil die tatsächlichen Feststellungen eines rechtskräftigen Urteils im Straf- oder Bußgeldverfahren wie auch in den näher bezeichneten verwaltungsgerichtlichen Verfahren bindend sind. Die Bindungswirkung selbst dient einerseits der Rechtssicherheit und dem Vertrauensschutz, denn sie gewährleistet, dass zu demselben Sachverhalt keine divergierenden tatsächlichen Feststellungen getroffen werden. Andererseits dient sie letztlich auch dem Beschleunigungsgrundsatz, da keine doppelten Ermittlungen nötig sind, wobei dies, insbesondere bei langer Dauer des mit Bindungswirkung abgeschlossenen Verfahrens, nicht immer zum Tragen kommt.

Die Regelung in § 24 LDG ist, abgesehen von einer für das behördliche Disziplinarverfahren im Gegensatz zu § 58 Abs. 1 Satz 2 LDG nicht gegebenen Lösungsmöglichkeit (Durchbrechung der Bindungswirkung), identisch mit derjenigen in § 58 LDG. Zur Vermeidung von Dopplungen kann daher an dieser Stelle auf die Erläuterungen zu jener Vorschrift verwiesen werden.

## § 25
## Beweiserhebung

**(1) Die erforderlichen Beweise sind zu erheben. Hierbei können insbesondere**

**1. schriftliche dienstliche Auskünfte eingeholt werden,**

**2. Zeugen und Sachverständige vernommen oder ihre schriftliche Äußerung eingeholt werden,**

**3. Urkunden und Akten beigezogen sowie**

**4. der Augenschein eingenommen werden.**

**(2) Niederschriften über Aussagen von Personen, die schon in einem anderen gesetzlich geordneten Verfahren vernommen worden sind, sowie Niederschriften über einen richterlichen Augenschein können ohne erneute Beweiserhebung verwertet werden.**

**(3) Über einen Beweisantrag des Beamten ist nach pflichtgemäßem Ermessen zu entscheiden. Dem Beweisantrag ist stattzugeben, soweit er für die Tat- oder Schuldfrage oder für die Bemessung der Art und Höhe einer Disziplinarmaßnahme von Bedeutung sein kann.**

**(4) Dem Beamten ist Gelegenheit zu geben, an der Vernehmung von Zeugen und Sachverständigen sowie an der Einnahme des Augenscheins teilzunehmen und hierbei sachdienliche Fragen zu stellen. Er kann von der Teilnahme ausgeschlossen werden, soweit dies aus wichtigen Gründen, insbesondere mit Rücksicht auf den Zweck der Ermittlungen oder zum Schutz der Rechte Dritter, erforderlich ist. Ein schriftliches Gutachten ist ihm zugänglich zu machen, soweit nicht zwingende Gründe dem entgegenstehen.**

**(5) Der Bevollmächtigte oder Beistand ist zu allen Beweiserhebungen, mit Ausnahme von Beschlagnahmen und Durchsuchungen, zu laden. Ihm steht das Recht zur Einsichtnahme in die Akten zu.**

### Erläuterungen

Übersicht

### 1. Beweismittel (Abs. 1)

Die Aufklärung des Sachverhalts und die Feststellung der Umstände, die für die Bemessung der Disziplinarmaßnahme von Bedeutung sind, erfolgt in dem dafür nötigen Umfang im Wege der Beweisaufnahme.

§ 25 Abs. 1 LDG listet die wichtigsten Beweismittel auf, legt diese aber nicht abschließend („insbesondere") fest.

Die schriftlichen dienstlichen Auskünfte (Abs. 1 Nr. 1) sind hinsichtlich ihres Gegenstandes von Erkenntnissen abzugrenzen, die Amtspersonen (etwa Kollegen des Beamten) durch eigene Wahrnehmung insbesondere zum Hergang des Dienstvergehens gewonnen haben. Letztere sind durch Zeugenbeweis zu ermitteln. Auskünfte zielen hingegen etwa auf den Inhalt von Dienstzeugnissen, den Dienstbetrieb, den Werdegang von Personen u. Ä. (vgl. *Baunack* in Köhler/Baunack, § 24 BDG Rn. 6).

Von Zeugen und Sachverständigen kann zwar alternativ zu ihrer Vernehmung auch lediglich eine schriftliche Äußerung eingeholt werden (Abs. 1 Nr. 2). Jedoch sollte von dieser Durchbrechung der Unmittelbarkeit der Beweisaufnahme jedenfalls in Bezug auf Zeugen nur bei Vorliegen besonderer Umstände Gebrauch gemacht werden. Die Vernehmung hat nämlich, gerade auch durch die Möglichkeit zu spontanen Nachfragen, wesentliche Vorteile. Außerdem bildet eine rein schriftliche Zeugenaussage keine hinreichende Grundlage für eine fehlerfreie Beweiswürdigung, wenn die Glaubwürdigkeit eines Zeugen oder die Glaubhaftigkeit seiner Aussagen in Zweifel stehen (BVerwG, Urt. vom 28.9.2023 – 2 A 17.211 –, juris Rn. 45).

Urkunden (Abs. 1 Nr. 3) haben einen hohen Beweiswert (siehe §§ 415 ff. ZPO i. V. m. § 3 LDG, § 98 VwGO) und sind daher beizuziehen. Aufschlussreich sind ferner regelmäßig die beizuziehenden einschlägigen Strafakten.

Gegenstand der Augenscheinnahme können z. B. beschlagnahmte Bilddateien oder auch Filmaufzeichnungen sein; siehe zum Beweis durch Augenschein näher §§ 371 ff. ZPO i. V. m. § 3 LDG, § 98 VwGO.

### 2. Verwertung von Niederschriften (Abs. 2)

Im behördlichen Disziplinarverfahren können nach § 25 Abs. 2 LDG Niederschriften über in einem anderen gesetzlich geordneten Verfahren erfolgte Vernehmungen ohne erneute Beweisaufnahme verwertet werden; dasselbe gilt für Niederschriften über einen richterlichen Augenschein. Eine solche Durchbrechung des Grundsatzes der Unmittelbarkeit der Beweisaufnahme, die einem beschleunigten Abschluss des Verfahrens dient, ist für das erstinstanzliche gerichtliche Disziplinarverfahren (§ 59 Abs. 1 LDG) nicht vorgesehen (siehe dagegen für das Berufungsverfahren § 66 Abs. 4 LDG). Drängen sich Zweifel an der Aussagekraft der Niederschriften auf oder kommt es auf die Glaubwürdigkeit von Zeugen an, entspricht es pflichtgemäßem Ermessen des Dienstherrn, eine eigene Beweiserhebung durchzuführen.

### 3. Beweisanträge des Beamten (Abs. 3)

§ 25 Abs. 3 LDG regelt eine rechtsstaatliche Selbstverständlichkeit. Eine Ablehnung von Beweisanträgen des Beamten – etwa wegen Unerreichbarkeit des Beweismittels/Verschleppungsabsicht oder wegen Erwiesenheit oder Bedeutungslosigkeit der unter Beweis gestellten Tatsache – kann ebenso wie die Antragstellung formlos erfolgen. Isoliert angreifbar sind Entscheidungen über Beweisanträge nicht (§ 3 LDG i. V. m. § 44a VwGO).

### 4. Teilnahmerechte des Beamten (Abs. 4)

Der Beamte darf den in § 25 Abs. 4 Satz 1 LDG aufgezählten Beweiserhebungen regelmäßig beiwohnen und sich mit eigenen Fragen einbringen. Hauptanwendungsfall für seinen Ausschluss aus wichtigen Gründen (§ 25 Abs. 4 Satz 2 LDG) dürfte die Vernehmung von Minderjährigen (etwa über eine sexuelle Beziehung mit dem Beamten) sein. Der Ausschluss erstreckt sich dann nur auf den Beamten persönlich, nicht auf seinen Bevollmächtigten oder Beistand (§ 25 Abs. 5 LDG).

### 5. Verfahrensrechte der Bevollmächtigten und Beistände (Abs. 5)

Die Bevollmächtigten und Beistände haben bei der Vernehmung von Zeugen und Sachverständigen sowie bei der Augenscheinnahme ein Teilnahmerecht und sind deshalb zu laden. Beschlagnahmen und Durchsuchungen, die in der Regel ohne vorherige Ankündigung durchgeführt müssen, um einer Beweisvereitelung entgegenzuwirken, sind ausgenommen (vgl. LT-Drucks. 3/3364, Begründung zu Art. 1 § 25 des Gesetzentwurfs). Im Übrigen ergeben sich die Verfahrensrechte der Bevollmächtigten und Beistände aus dem allgemeinen Verfahrensrecht (§ 14 VwVfG i. V. m. § 3 LDG). § 25 Abs. 5 Satz 2 LDG (Akteneinsicht) trifft daher eine an sich überflüssige, lediglich klarstellende Regelung.

### 6. Fehlerfolgen

Verstöße gegen § 25 LDG führen, wenn sie nicht von geringem Gewicht sind (vgl. § 46 VwVfG), grundsätzlich zu einem Verwertungsverbot des erhobenen Beweises. Fehler lassen sich jedoch durch eine Wiederholung der Beweisaufnahme, sofern noch tatsächlich möglich, heilen (vgl. z. B. BVerwG, Urt. vom 28.9.2022 – 2 A 17.21 –, juris Rn. 46).

## § 26
## Zeugen und Sachverständige

**(1) Zeugen sind zur Aussage und Sachverständige zur Erstattung von Gutachten verpflichtet. Die Bestimmungen der Strafprozessordnung über die Pflicht, als Zeuge auszusagen oder als Sachverständiger ein Gutachten zu erstatten, über die Ablehnung von Sachverständigen sowie über die Vernehmung von Angehörigen des öffentlichen Dienstes als Zeugen oder Sachverständige gelten entsprechend.**

**(2) Verweigern Zeugen oder Sachverständige ohne Vorliegen eines der in den §§ 52 bis 55 und § 76 der Strafprozessordnung bezeichneten Gründe die Aussage oder die Erstattung des Gutachtens, kann das Gericht um die Vernehmung ersucht werden. In dem Ersuchen sind der Gegenstand der Vernehmung darzulegen sowie die Namen und Anschriften der Beteiligten anzugeben. Das Gericht entscheidet über die Rechtmäßigkeit der Verweigerung der Aussage oder der Erstattung des Gutachtens.**

**(3) Ein Ersuchen nach Absatz 2 darf nur von dem Dienstvorgesetzten, seinem allgemeinen Vertreter oder einem beauftragten Beschäftigten gestellt werden, der die Befähigung zum Richteramt hat.**

### Erläuterungen

Wie im förmlichen Verwaltungsverfahren nach § 65 VwVfG sind nach § 26 Abs. 1 Satz 1 Zeugen zur Aussage und Sachverständige zur Erstattung von Gutachten verpflichtet. Dadurch wird ermöglicht, dass der Sachverhalt bereits im behördlichen Disziplinarverfahren umfassend aufgeklärt wird (LT-Drucks. 3/3364, Begründung zu Art. 1 § 26 des Gesetzentwurfs). Abweichend vom förmlichen Verwaltungsverfahren wird für die Beweisaufnahme durch Zeugen und Sachverständige jedoch nicht auf Vorschriften der Zivilprozessordnung, sondern auf die einschlägigen Bestimmungen der Strafprozessordnung verwiesen. Maßgeblich sind folglich die im Sechsten Abschnitt des Ersten Buchs der Strafprozessordnung (§§ 48 StPO) enthaltenen Bestimmungen über die Pflicht, als Zeuge auszusagen, sowie die im Siebten Abschnitt des Ersten Buchs der Strafprozessordnung (§§ 72 ff. StPO) enthaltenen Bestimmungen über die Pflicht, als Sachverständiger ein Gutachten zu erstatten.

Hervorzuheben sind hier nur die folgenden drei Gesichtspunkte:

Zwar wird der Beamte im Disziplinarverfahren nicht durch einen „Verteidiger" vertreten, sondern durch einen Verfahrens- bzw. Prozessbevollmächtigten. Gleichwohl ist das für „Verteidiger des Beschuldigten" normierte Zeugnisverweigerungsrecht nach § 2 Abs. 1 Nr. 1 StPO auch auf die Verfahrens- bzw. Prozessbevollmächtigten zu erstrecken (siehe näher *Gansen*, § 25 BDG, Rn. 9); für den praktischen Regelfall einer Vertretung durch einen vom Beamten beauftragten Rechtsanwalt gilt ohnehin dessen Zeugnisverweigerungsrecht nach § 53 Abs. 1 Nr. 3 StPO.

Personalratsmitglieder dürfen die Aussage nicht aufgrund ihrer in § 10 Abs. 1 PersVG normierten Verpflichtung verweigern, über die ihnen im Zuge der Personalratstätigkeit bekanntgewordenen Angelegenheiten und Tatsachen Stillschweigen zu bewahren (vgl. für das Bundesrecht *Gansen*, § 25 BDG, Rn. 10). Von ihrer Vernehmung kann auch nicht etwa der Dienstherr zur Wahrung der vertrauensvollen Zusammenarbeit (§ 2 Abs. 1 PersVG) absehen (vgl. BVerwG, Beschl. vom 25.5.2016 – 5 PB 22.15 –, juris Rn. 11).

Wer als Zeuge Gefahr läuft, sich durch die Beantwortung von Fragen selbst einer Verfolgung wegen eines Dienstvergehens auszusetzen, kann sich auf das Aussageverweigerungsrecht gemäß § 55 StPO berufen. In der genannten Bestimmung wird zwar nur auf die Verfolgung „wegen einer Straftat oder einer Ordnungswidrigkeit" abgestellt, jedoch kommt die Verfolgung wegen eines Dienstvergehens (bzw. bei Tarifbeschäftigten wegen einer entsprechenden Verletzung des Arbeitsverhältnisses) dem aufgrund des durch § 26 Abs. 1 LDG hergestellten Regelungszusammenhangs gleich (vgl. *Gansen*, § 25 BDG, Rn. 11, unter Hinweis u. a. auf OVG Saarland, Beschl. vom 20.11.2017 – 7 B 782/17 –, juris Rn. 7).

## § 27
## Herausgabe von Unterlagen

**(1) Der Beamte hat Schriftstücke, Zeichnungen, bildliche Darstellungen und Aufzeichnungen einschließlich technischer Aufzeichnungen, die einen dienstlichen Bezug aufweisen, auf Verlangen für das Disziplinarverfahren zur Verfügung zu stellen. Das Gericht kann die Herausgabe auf Antrag durch Beschluss anordnen und sie durch die Festsetzung von Zwangsgeld erzwingen; für den Antrag gilt § 26 Abs. 3 entsprechend. Der Beschluss ist unanfechtbar.**

**(2) Das Zwangsgeld kann von den Dienst-, Anwärter- oder Versorgungsbezügen, vom Unterhaltsbeitrag oder von den nach § 41 Abs. 2 nachzuzahlenden Bezügen abgezogen werden. Es fließt dem Dienstherrn zu.**

### Erläuterungen

Nicht nur amtliche Unterlagen, sondern sämtliche Unterlagen, die einen dienstlichen Bezug haben und als Beweismittel in Betracht kommen, muss der Beamte nach § 27 Abs. 1 LDG auf Verlangen für das Disziplinarverfahren zur Verfügung stellen. Durch das Abstellen auf einen bloßen „dienstlichen Bezug" sollen ohnedies zu besorgenden Streitfragen dazu, ob auch private Unterlagen Dritter herauszugeben sind, ausgeräumt werden (vgl. LT-Drucks. 3/3364, Begründung zu

Art. 1 § 27 des Gesetzentwurfs). Nicht in den Anwendungsbereich der Norm fällt Schriftverkehr, den der Beamten im Zusammenhang mit dem gegen ihn gerichteten Verdacht eines Dienstvergehens mit seinem Beistand oder Bevollmächtigten führt (LT-Drucks. 3/3364, Begründung zu Art. 1 § 27 des Gesetzentwurfs).

Die Herausgabe kann auf Antrag durch das Gericht angeordnet und von diesem durch Zwangsgeld, für welches § 27 Abs. 2 LDG eine Aufrechnungsmöglichkeit in Anlehnung an § 7 Abs. 2 LDG vorsieht, erzwungen werden. Praktische Relevanz hat die Möglichkeit zu einer solchen gerichtlichen Anordnung in Brandenburg ersichtlich bisher nicht erlangt; die Regelung steht ohnehin im Schatten der Durchsuchungen und Beschlagnahmen nach § 28 LDG.

## § 28
## Beschlagnahmen und Durchsuchungen

**(1) Das Gericht kann auf Antrag durch Beschluss Beschlagnahmen und Durchsuchungen anordnen; § 26 Abs. 3 gilt entsprechend. Die Anordnung darf nur getroffen werden, wenn der Beamte des ihm zur Last gelegten Dienstvergehens dringend verdächtig ist und die Maßnahme zu der Bedeutung der Sache und der zu erwartenden Disziplinarmaßnahme nicht außer Verhältnis steht. Die Bestimmungen der Strafprozessordnung über Beschlagnahmen und Durchsuchungen gelten entsprechend, soweit nicht in diesem Gesetz etwas Anderes bestimmt ist.**

**(2) Die Maßnahmen nach Absatz 1 dürfen nur durch die nach der Strafprozessordnung dazu berufenen Behörden durchgeführt werden.**

**(3) Durch Absatz 1 wird das Grundrecht der Unverletzlichkeit der Wohnung (Artikel 13 Abs. 1 des Grundgesetzes und Artikel 15 Abs. 1 der Verfassung des Landes Brandenburg) eingeschränkt.**

### Erläuterungen

Übersicht

## 1. Richtervorbehalt und Verhältnismäßigkeit

Da Beweismittel aus dem dienstlichen in den privaten Bereich verlagert werden können und die Tätigkeit im sog. Homeoffice zugenommen hat, muss die Möglichkeit des Zugriffs auf die privaten Wohnräume des Beamten zwecks Beweissicherung bestehen (siehe LT-Drucks. 3/3364, Begründung zu Art. 1 § 28 des Gesetzentwurfs mit zusätzlichem Hinweis auf den Aspekt der Korruptionsbekämpfung).

Beschlagnahmen und Durchsuchungen stehen nach § 28 Abs. 1 Satz 1 LDG unter einem strikten Richtervorbehalt, d. h. sie bedürfen ausnahmslos einer Anordnung des Verwaltungsgerichts (§ 45 LDG) durch Beschluss. Die Anordnung ergeht auf Antrag des Dienstvorgesetzten, seinem allgemeinen Vertreter oder einem für das Disziplinarverfahren beauftragten Beschäftigten, der die Befähigung zum Richteramt hat (§ 28 Abs. 1 Satz 1, 2. Halbsatz LDG i. V. m. § 26 Abs. 3 LDG).

Zur Wahrung des Grundsatzes der Verhältnismäßigkeit setzt die richterliche Anordnung voraus, dass der Beamte des ihm zur Last gelegten Dienstvergehens dringend verdächtig ist. Für den dringenden Verdacht genügen nicht schon zureichende tatsächliche Anhaltspunkte nach § 18 Abs. 1 Satz 1 LDG, vielmehr muss ein auf Tatsachen gestützter höherer Grad an Wahrscheinlichkeit dafür gegeben (und mit der Antragsschrift dargelegt) sein, dass der Beamte das Dienstvergehen rechtswidrig und schuldhaft begangen hat (vgl. *Gansen*, § 27 BDG, Rn. 27). Außerdem dürfen die Durchsuchung und die Beschlagnahme zu der Bedeutung der Sache und der zu erwartenden Disziplinarmaßnahme nicht außer Verhältnis stehen (§ 28 Abs. 1 Satz 2 LDG). Unverhältnismäßig sind sie, wenn voraussichtlich lediglich die Verhängung eines Verweises oder einer Geldbuße angezeigt ist (LT-Drucks. 3/3364, Begründung zu Art. 1 § 28 des Gesetzentwurfs); die Antragsschrift sollte sich daher auch dazu verhalten, welche Disziplinarmaßnahme zu erwarten steht. Dargelegt werden muss zur Wahrung des Bestimmtheitsgrundsatzes ferner, welche Gegenstände wo gesucht und beschlagnahmt werden sollen (*Gansen*, § 27 BDG, Rn. 24, 35 f.). In der Regel werden sich die Maßnahmen gegen den mit dem Disziplinarverfahren belasteten Beamten richten, § 28 BDG ist jedoch nicht auf diesen als Adressaten beschränkt. Wenn Räume Dritter durchsucht werden sollen, bedarf es besonderer Darlegungen im Antrag dazu, weshalb zu vermuten ist, dass sich relevante Beweismittel im Gewahrsam des Dritten befinden (*Schmiemann* in Schütz/Schiemann, § 27 BDG Rn. 5).

Gemäß § 28 Abs. 1 Satz 3 LDG gelten die Bestimmungen der Strafprozessordnung über Beschlagnahmen (siehe §§ 94 bis 98, 107 bis 109 StPO) und Durchsuchungen (siehe §§ 102 bis 107, 110 StPO) entsprechend.

### 2. Durchführung der Maßnahmen

Zur Durchführung berufen sind allein die nach der Strafprozessordnung dafür zuständigen Behörden, also die Polizeibehörden als Hilfsorgane der Staatsanwaltschaft, wobei Durchsuchungen der Wohnung und des befriedeten Besitztums in der Regel im Beisein eines Richters oder eines Staatsanwalts stattzufinden haben (§ 106 Abs. 2 StPO).

### 3. Rechtschutz

Gegen den Beschluss des Verwaltungsgerichts Potsdam über den Antrag auf Anordnung nach § 28 Abs. 1 LDG ist gemäß § 68 Abs. 1 LDG i. V. m. § 146 VwGO die Beschwerde zum OVG Bln-Bbg möglich. Die dem Antrag stattgebende Entscheidung wird dem Beamten erst im Zuge der Durchführung der Maßnahme bekanntgegeben. Lehnt das Verwaltungsgericht die Maßnahme ab, erfolgt die Zustellung des Beschlusses gegenüber dem Beamten erst nach Eintritt der Rechtskraft (§ 28 Abs. 1 Satz 3 LDG i. V. m. § 33 Abs. 4 StPO), damit der Antragsteller zuvor die Möglichkeit hat, die angestrebte Stattgabe im Wege der Beschwerde zu erwirken (vgl. OVG Bln-Bbg, Beschl. vom 23.7.2020 – OVG 80 DB 1/20 –, juris Rn. 9). Die Beschwerde hat keine aufschiebende Wirkung, da § 149 Abs. 1 Satz 1 VwGO (Ordnungs- oder Zwangsmittel) nicht einschlägig ist. Der Vollzug der Anordnung steht der Beschwerde nicht entgegen, denn bei deren Erfolg unterliegen die rechtswidrig erlangten Beweismittel einem Verwertungsverbot (*Schmiemann* in Schütz/Schiemann, § 27 BDG Rn. 11).

## § 29
## Protokoll

**Über Anhörungen des Beamten und Beweiserhebungen sind Protokolle aufzunehmen; § 168a der Strafprozessordnung gilt entsprechend. Bei der Einholung von schriftlichen dienstlichen Auskünften sowie der Beiziehung von Urkunden, Akten und Dateien genügt die Aufnahme eines Aktenvermerks.**

### Erläuterungen

§ 29 LDG begründet die Pflicht, über Anhörungen des Beamten und Beweiserhebungen Protokolle aufzunehmen. Hinsichtlich der Form und des Inhalts des Protokolls wird auf § 168a StPO verwiesen. Aus Gründen der Verwaltungsvereinfachung (LT-Drucks. 3/3364, Begründung zu Art. 1 § 29 des Gesetzentwurfs) kann in den in § 29 Satz 3 LDG genannten Fällen ein Aktenvermerk an die Stelle eines Protokolls treten.

***§ 168a StPO** trifft die folgenden Regelungen:*

*„(1) Das Protokoll muss Ort und Tag der Verhandlung sowie die Namen der mitwirkenden und beteiligten Personen angeben und ersehen lassen, ob die wesentlichen Förmlichkeiten des Verfahrens beachtet sind. § 68 Abs. 2, 3 bleibt unberührt.*

*(2) Das Protokoll kann in Form einer wörtlichen Wiedergabe der Verhandlung (Wortprotokoll) oder in Form einer Zusammenfassung ihres Inhalts (Inhaltsprotokoll) sowohl während der Verhandlung als auch nach ihrer Beendigung erstellt werden. Die Verhandlung kann wörtlich oder in Form einer Zusammenfassung ihres Inhalts (zusammenfassende Aufzeichnung) aufgezeichnet werden. Der Nachweis der Unrichtigkeit des Protokolls anhand der Aufzeichnung ist zulässig.*

*(3) Wird das Protokoll während der Verhandlung erstellt oder wird die Verhandlung in Form einer Zusammenfassung ihres Inhalts aufgezeichnet, so ist das Protokoll oder die zusammenfassende Aufzeichnung den an der Verhandlung beteiligten Personen, soweit es sie betrifft, zur Genehmigung auf einem Bildschirm anzuzeigen, vorzulesen, abzuspielen oder zur Durchsicht vorzulegen, es sei denn, sie verzichten darauf.*

*(4) Wird das Protokoll nach Beendigung der Verhandlung als Inhaltsprotokoll erstellt, so ist es den an der Verhandlung beteiligten Personen, soweit es sie betrifft, zur Genehmigung zu übermitteln, es sei denn, sie verzichten darauf.*

*(5) Wird das Protokoll nach Beendigung der Verhandlung durch die wörtliche Übertragung einer Aufzeichnung erstellt, so versieht die Person, welche die Übertragung hergestellt oder eine maschinelle Übertragung überprüft hat, diese mit ihrem Namen und dem Zusatz, dass die Richtigkeit der Übertragung bestätigt wird.*

*(6) Die Art der Protokollierung und der Aufzeichnung, die Genehmigung des Protokolls oder einer zusammenfassenden Aufzeichnung, Einwendungen dagegen sowie ein Verzicht auf die Vorlage zur Genehmigung sind im Protokoll zu vermerken oder sonst aktenkundig zu machen. Aufzeichnungen sind zu den Akten zu nehmen, bei der Geschäftsstelle mit den Akten aufzubewahren oder in anderer Weise zu speichern. Sie können gelöscht werden, wenn das Verfahren rechtskräftig abgeschlossen oder sonst beendet ist; § 58a Absatz 2 Satz 2 und § 136 Absatz 4 Satz 3 bleiben unberührt. Die Art der Aufbewahrung oder Speicherung und die Löschung sind aktenkundig zu machen."*

## § 30
### Innerdienstliche Informationen

**(1) Die Übermittlung von Personalakten, anderen Behördenunterlagen mit personenbezogenen Daten und Dateien sowie die Erteilung von Auskünften aus diesen Akten, Unterlagen und Dateien an die mit Disziplinarvorgängen befassten Stellen und die Verarbeitung der so erhobenen personenbezogenen Daten im Disziplinarverfahren sind, soweit nicht andere Rechtsvorschriften dem entgegenstehen, auch gegen den Willen des Beamten oder anderer Betroffener zulässig, wenn und soweit die Durchführung des Disziplinarverfahrens dies erfordert und überwiegende Belange des Beamten, anderer Betroffener oder der ersuchten Stellen nicht entgegenstehen.**

**(2) Zwischen den Dienststellen eines oder verschiedener Dienstherrn sowie zwischen den Teilen einer Dienststelle sind Mitteilungen über Disziplinarverfahren, über Tatsachen aus Disziplinarverfahren und über Entscheidungen der Disziplinarorgane sowie die Übermittlung hierüber geführter Akten und Dateien zulässig, wenn und soweit dies zur Durchführung des Disziplinarverfahrens, im Hinblick auf die künftige Übertragung von Aufgaben oder Ämtern an den Beamten oder im Einzelfall aus besonderen dienstlichen Gründen unter Berücksichtigung der Belange des Beamten oder anderer Betroffener erforderlich ist.**

### Erläuterungen

§ 30 LDG regelt die Vorlage von Personalakten im Disziplinarverfahren sowie die Weitergabe von Mitteilungen zwischen den Dienststellen über Disziplinarvorgänge. Im Übrigen gelten die §§ 94, 97 und 98 LBG. Eine § 29a BDG entsprechende Regelung zum Informationsaustausch innerhalb der Europäischen Union enthält das LDG nicht.

## § 31
### Abschließende Anhörung

**Nach der Beendigung der Ermittlungen ist dem Beamten Gelegenheit zu geben, sich abschließend zu äußern; § 21 Abs. 2 gilt entsprechend. Die Anhörung kann unterbleiben, wenn das Disziplinarverfahren nach § 33 Abs. 2 Nr. 2 oder 3 eingestellt werden soll.**

### Erläuterungen

Sind die erforderlichen Ermittlungen abgeschlossen und also die für die Bemessung einer Disziplinarmaßnahme bedeutsamen belastenden und entlastenden Umstände festgestellt, ist dem Beamten nach § 31 Satz 1 LDG abschließend rechtliches Gehör zu gewähren. Die Entscheidung darüber trifft der Dienstvorgesetzte (*Schmiemann* in Schütz/Schmiemann, § 30 BDG Rn. 2). Zur Umsetzung dieser Pflicht heißt es in der Begründung des Gesetzentwurfs (LT-Drucks. 3/3364, Begründung zu Art. 1 § 31): „Die Durchführung dieser Anhörung bedingt eine Mitteilung des Ergebnisses der Ermittlungen, was nach den allgemeinen Regeln des Verwaltungsverfahrensrechts selbstverständlich ist und deshalb im Gesetz nicht eigens Erwähnung finden muss." Nicht erforderlich, aber in der Regel sinnvoll ist es, dem Beamten zugleich mitzuteilen, welche Disziplinarmaßnahme der Dienstvorgesetzte zu verhängen beabsichtigt, und dies ausdrücklich unter den Vorbehalt des Ergebnisses der abschließenden Anhörung zu stellen. Da die abschließende Anhörung, abgesehen von den Fällen des § 31 Satz 2 LDG ausnahmslos zu erfolgen hat, ist sie auch nicht entbehrlich, wenn der Dienstvorgesetzte die tatsächlichen Feststellungen aus einem rechtskräftigen Strafurteil übernimmt (OVG Bremen, Beschl. vom 7.2.2012 – DB A 78/10 –, juris Rn. 13).

Schon zur Dokumentation der abschließenden Anhörung und insbesondere der Belehrung über die für die Äußerung einschlägigen Fristen (§ 31 Satz 1, 2. Halbsatz LDG i. V. m. § 21 Abs. 2 LDG) drängt es sich auf, dem Beamten das Ergebnis der Ermittlungen schriftlich mitzuteilen. Bei komplexen Sachverhalten ist die schriftliche Unterrichtung zugleich ein Gebot fairen Verfahrens (*Wittkowski* in Urban/Wittkowski, § 30 BDG Rn. 2). Unterbleibt die abschließende Anhörung, stellt dies einen wesentlichen Mangel des behördlichen Disziplinarverfahrens im Sinne von § 56 LDG dar (vgl. OVG Bremen, Beschl. vom 7.2.2012 – DB A 78/10 –, juris Rn. 10 f.; *Herrmann* in Hermann/Sandkuhl, § 7 Rn. 619 m. w. N.).

Erscheinen im Ergebnis der abschließenden Anhörung, d. h. aufgrund einer Einlassung des Beamten, weitere Ermittlungen veranlasst, ist der Beamte nach deren Abschluss erneut nach § 31 LDG anzuhören.

Entbehrlich ist die abschließende Anhörung nur dann, wenn das Disziplinarverfahren nach § 33 Abs. 2 Nr. 2 oder 3 eingestellt werden soll, § 31 Satz 2 LDG, also in den Fällen einer Einstellung aus statusbezogenen Gründen.

## § 32
## Abgabe des Disziplinarverfahrens

**Hält der Dienstvorgesetzte nach dem Ergebnis der Anhörungen und Ermittlungen seine Befugnisse nach den §§ 33 bis 35 nicht für ausreichend, so führt er die Entscheidung des höheren Dienstvorgesetzten oder der obersten Dienstbehörde herbei. Der höhere Dienstvorgesetzte oder die oberste Dienstbehörde können das Disziplinarverfahren an den Dienstvorgesetzten zurückgeben, wenn sie weitere Ermittlungen für geboten oder dessen Befugnisse für ausreichend halten.**

**Erläuterungen**

Kommt der Dienstvorgesetzte nach dem Ergebnis der Ermittlungen unter Berücksichtigung einer etwaigen Äußerung des Beamten im Zuge seiner abschließenden Anhörung nach § 31 Satz 1 LDG für die anstehende Abschlussentscheidung zu dem Schluss, die ihm zustehenden Befugnisse nach den §§ 33 bis 35 LDG seien nicht ausreichend, gibt er das Verfahren an den höheren Dienstvorgesetzten oder die oberste Dienstbehörde ab. Dies geschieht durch Vorlage der Disziplinarakten mit einem entsprechend fundierten Bericht, der einen Entscheidungsvorschlag enthalten sollte. Die Disziplinarbefugnis geht mit der Abgabe an den höheren Dienstvorgesetzten oder die oberste Dienstbehörde über (*Baunack* in Köhler/Baunack, § 31 BDG Rn. 4).

Dem höheren Dienstvorgesetzten bzw. der obersten Dienstbehörde obliegt es nach der Abgabe, im Rahmen der damit übernommenen Disziplinarbefugnis eine eigenständige Entscheidung zu treffen. Wird die prognostische Einschätzung des Dienstvorgesetzten über die zu treffende Disziplinarmaßnahme geteilt, jedoch weitere Ermittlungen für erforderlich gehalten, besteht zwar die Möglichkeit, das Disziplinarverfahren zur Durchführung dieser Ermittlung an den Dienstvorgesetzten zurückzugeben (§ 32 Satz 2, 1. Fall LDG). In der Regel dürfte es jedoch zur Wahrung des Beschleunigungsgebots (§ 4 LDG) sachgerecht sein, von dieser Option keinen Gebrauch zu machen (a. A., abstellend auf eine größere Sachnähe des Dienstvorgesetzten, *Wittkowski* in Urban/Wittkowski, § 31 BDG Rn. 6). Hingegen wird es regelmäßig dann als sachgerecht einzuschätzen sein, das Verfahren an den Disziplinarvorgesetzten zurückzugeben, wenn dessen Befugnisse als ausreichend bewertet werden (§ 32 Satz 2 2. Fall LDG). Gegebenenfalls kann dies mit einer Weisung verbunden werden, eine bestimmte Disziplinarmaßnahme zu verhängen oder das Verfahren nach § 33 LDG einzustellen (vgl. *Wittkowski* in Urban/Wittkowski, § 31 BDG Rn. 7).

## Kapitel 3
## Abschlussentscheidung

### § 33
### Einstellungsverfügung

**(1) Das Disziplinarverfahren wird eingestellt, wenn**

**1. ein Dienstvergehen nicht erwiesen ist,**

**2. ein Dienstvergehen zwar erwiesen ist, eine Disziplinarmaßnahme jedoch nicht angezeigt erscheint,**

**3. nach den §§ 14 oder 15 eine Disziplinarmaßnahme nicht ausgesprochen werden darf oder**

**4. das Disziplinarverfahren oder eine Disziplinarmaßnahme aus sonstigen Gründen unzulässig ist.**

**(2) Das Disziplinarverfahren wird ferner eingestellt, wenn**

**1. der Beamte stirbt,**

**2. das Beamtenverhältnis durch Entlassung, Verlust der Beamtenrechte oder Entfernung endet oder**

**3. bei einem Ruhestandsbeamten die Folgen einer gerichtlichen Verurteilung nach § 11 Absatz 1 des Brandenburgischen Beamtenversorgungsgesetzes eintreten.**

**(3) Die Einstellungsverfügung ist zu begründen und zuzustellen.**

## Erläuterungen

Übersicht



### 1. Disziplinarverfahrensbezogene Einstellungsgründe (Abs. 1)

In § 33 LDG wird abschließend geregelt, unter welchen Voraussetzungen das Disziplinarverfahren durch eine Einstellungsverfügung abzuschließen ist.

Führt das Ermittlungsverfahren zu dem Ergebnis, dass ein Dienstvergehen nicht erwiesen ist, wird das Disziplinarverfahren eingestellt (**Nr. 1**). Dies ist der Fall, wenn das festgestellte Verhalten des Beamten objektiv kein Dienstvergehen darstellt oder aber nicht mit hinreichender Sicherheit von der Begehung eines Dienstvergehens ausgegangen werden kann. Ein Dienstvergehen ist ferner dann nicht erwiesen, wenn der Beamte zwar objektiv dienstpflichtwidrig gehandelt hat, dies aber ohne (nachweisbares) Verschulden geschehen ist. Die Beweislast für das Vorliegen eines Dienstvergehens trägt der Dienstherr (*Wittkowski* in Urban/Wittkowski, § 32 BDG Rn. 4).

Eingestellt wird das Verfahren auch, wenn ein Dienstvergehen zwar erwiesen ist, eine Disziplinarmaßnahme jedoch nicht angezeigt erscheint (**Nr. 2**). Dies kommt primär bei eher geringfügigen Verfehlungen in Betracht, für welche auch ohne disziplinare Sanktion keine Wiederholungsgefahr besteht. Der Dienstherr wird allerdings auch generalpräventive Aspekte mit in seine Entscheidung einfließen zu lassen haben. Der Dienstvorgesetzte kann in solchen Fällen den Vorwurf einer schuldhaften Dienstpflichtverletzung auch zum Gegenstand einer bloßen (beamtenrechtlichen) Missbilligung machen (vgl. *Herrmann* in Hermann/Sandkuhl, § 7 Rn. 653). Treten erst im Laufe eines dienstgerichtlichen Klageverfahrens Aspekte zutage, aufgrund derer eine zunächst verfügte Disziplinarmaßnahme (doch) nicht (mehr) angezeigt erscheint, kann die etwa angefochtene Disziplinarverfügung auch noch im laufenden Klageverfahren (etwa durch eine entsprechende Protokollerklärung) aufgehoben und das Verfahren nach § 33 Abs. 1 Nr. 2 LDG eingestellt werden. Dafür wird jedoch regelmäßig nur dann Raum bestehen, wenn der Beamte die Einstellung des Disziplinarverfahrens mit der Maßgabe, dass ein Dienstvergehen erwiesen ist, akzeptiert und zuvor verbindlich ankündigt, dagegen nicht im Widerspruchs- oder Klagewege vorzugehen. Im Übrigen sollte in solchen Fällen, sofern nicht die oberste Dienstbehörde den Dienstherrn im Klageverfahren vertritt, die Regelung in § 36 Abs. 2 LDG berücksichtigt werden.

Schließen die §§ 14 oder 15 LDG die Verhängung einer Disziplinarmaßnahme aus, ist das gleichwohl eingeleitete (siehe aber § 17 Abs. 2 LDG) Disziplinarverfahren gleichfalls einzustellen, sobald ein solches Maßnahmeverbot eintritt bzw. festgestellt wird (**Nr. 3**).

Eingestellt wird das Verfahren schließlich nach § 33 Abs. 1 **Nr. 4** LDG dann, wenn das Disziplinarverfahren oder eine Disziplinarmaßnahme aus sonstigen Gründen unzulässig ist. Das Gesetz enthält damit einen Auffangtatbestand, der für alle Unzulässigkeitsfälle gilt, die nicht unter Nr. 1 bis 3 subsumiert werden können. Liegen Verfahrensfehler vor, die geheilt werden können, scheidet eine Einstellung aber (auch) hiernach aus. Einschlägig ist dieser Auffangtatbestand etwa dann, wenn der Beamte im Laufe des Disziplinarverfahrens in den Ruhestand tritt und keine der nach § 5 Abs. 2 LDG noch zur Verfügung stehenden Disziplinarmaßnahmen in Betracht kommt (*Wittkowski* in Urban/Wittkowski, § 32 BDG Rn. 9; *Schmiemann* in Schütz/Schmiemann, § 32 BDG Rn. 11; a. A. *Gansen*, § 32 BDG Rn. 12: Einstellung nach Abs. 1 Nr. 2). Dasselbe gilt, wenn der Beamte aus dem personellen Geltungsbereich des § 1 LDG ausgeschieden ist (vgl. OVG Bln-Bbg, Urt. vom 14.3.2018 – OVG 80 D 4.17 –, juris Rn. 16).

### 2. Rein statusbezogene Einstellungsgründe (Abs. 2)

Eine „disziplinarrechtliche Subsumtion" (LT-Drucks. 3/3364, Begründung zu Art. 1 § 33 des Gesetzentwurfs) ist bei den rein statusbezogenen Einstellungsgründen nach § 33 Abs. 2 LDG nicht mehr veranlasst. Hiernach ist das Disziplinarverfahren einzustellen, wenn der Beamte gestorben ist (Nr. 1), wenn das Beamtenverhältnis durch Entlassung, Verlust der Beamtenrechte oder Entfernung beendet ist (Nr. 2) oder wenn bei einem Ruhestandsbeamten die Folgen einer gerichtlichen Verurteilung nach § 11 Absatz 1 des Brandenburgischen Beamtenversorgungsgesetzes eingetreten sind (Nr. 3).

### 3. Einstellungsverfügung (Abs. 3)

Zuständig für den Erlass der Einstellungsverfügung ist der Dienstvorgesetzte, der das Disziplinarverfahren durchführt. Dem mit § 33 Abs. 3 LDG normierten Begründungszwang ist nur Genüge getan, wenn aufgezeigt wird, nach welchem Einstellungstatbestand das Verfahren eingestellt wird. Davon ist zugleich der Umfang der weitergehend erforderlichen Begründung abhängig. Einer Beteiligung des Personalrates bedarf es vor der Einstellung nicht (vgl. § 68 Abs. 1 Nr. 7 PersVG: Mitwirkung nur bei der Entscheidung über die Kürzung der Dienstbezüge oder über die Erhebung der Disziplinarklage), ebenso nicht einer solchen der Gleichstellungsbeauftragten, denn die Einstellung entspricht keiner der in § 22 Abs. 1 Satz 2 LGG genannten Angelegenheiten. Die Schwerbehindertenvertretung ist, sofern das Verfahren keinen Ruhestandsbeamten betrifft, zu unterrichten und anzuhören, denn auch die Entscheidung über die Einstellung „berührt" den Beamten als schwerbehinderten Menschen i. S. v. § 178 Abs. 2 Satz 1 SGB IX.

Zur Kostenentscheidung siehe § 38 Abs. 2 LDG.

Die Einstellungsverfügung sollte zur Vermeidung des Laufs der Jahresfrist nach § 3 LDG i. V. m. § 58 Abs. 2 VwGO mit einer auf den Widerspruch (§ 42 Abs. 1 LDG) bezogenen Rechtsbehelfsbelehrung versehen werden, sofern sie (auch) einen den Beamten (möglicherweise) belastenden Inhalt hat.

Die Zustellung der Einstellungsverfügung erfolgt nach § 1 Abs. 1 BbgVwVZG i. V. m. §§ 2 bis 10 VwZG.

## § 34
## Disziplinarverfügung

**(1) Ist ein Verweis, eine Geldbuße, eine Kürzung der Dienstbezüge oder eine Kürzung des Ruhegehalts angezeigt, wird eine solche Maßnahme durch Disziplinarverfügung ausgesprochen.**

**(2) Jeder Dienstvorgesetzte ist zu Verweisen und Geldbußen gegen die ihm unterstellten Beamten befugt.**

**(3) Kürzungen der Dienstbezüge können festsetzen:**

1. **die oberste Dienstbehörde bis zum Höchstmaß und**
2. **die der obersten Dienstbehörde unmittelbar nachgeordneten Dienstvorgesetzten bis zu einer Kürzung um ein Fünftel der Dienstbezüge auf zwei Jahre.**

**(4) Kürzungen des Ruhegehalts bis zum Höchstmaß kann der zur Ausübung der Disziplinarbefugnisse zuständige Dienstvorgesetzte festsetzen.**

**(5) Die oberste Dienstbehörde kann ihre Befugnisse nach Absatz 3 Nr. 1 durch Rechtsverordnung ganz oder teilweise auf nachgeordnete Dienstvorgesetzte übertragen.**

**(6) Die Disziplinarverfügung ist zu begründen und zuzustellen.**

## Erläuterungen

Übersicht



### 1. Gegenstand der Disziplinarverfügung

Durch Disziplinarverfügung, also durch belastenden Verwaltungsakt, können die in § 34 Abs. 1 LDG aufgeführten Disziplinarmaßnahmen verhängt werden: Verweis, Geldbuße, Kürzung der Dienstbezüge oder des Ruhegehalts. Bestrebungen wie aktuell im Bund (Gesetzentwurf der Bundesregierung, BR-Drucks. 77/23 vom 17.2.2023) dazu, in Anlehnung an § 38 Abs. 1 Satz 1 des Landesdisziplinargesetzes für Baden-Württemberg die Disziplinarklage abzuschaffen und alle Disziplinarmaßnahmen durch Disziplinarverfügung zu verhängen, gibt es im Land Brandenburg zurzeit ersichtlich nicht. Die damit verbundene Erwartung, den Abschluss der Verfahren zu beschleunigen und die Gerichte nennenswert zu entlasten, dürfte auch nicht realistisch sein, denn die Anzahl der Beamten, welche eine Zurückstufung oder insbesondere eine Entfernung aus dem Dienst klaglos hinnehmen würden, dürfte kaum eine relevante Größenordnung erreichen.

### 2. Kompetenzen und Kompetenzübertragung

In § 34 Abs. 2 bis 4 LDG werden die Disziplinarbefugnisse im Verhältnis der Dienstvorgesetzten untereinander sowie im Verhältnis zur obersten Dienstbehörde abgegrenzt. Ergänzt wird dies durch die Ermächtigung in § 34 Abs. 5 LDG, die Zuständigkeiten zur Verhängung von Disziplinarmaßnahmen durch Rechtsverordnung an nachgeordnete Behörden oder Einrichtungen zu übertragen, wovon z. B. für die Polizei (siehe § 5 BZVPol) und für den Schulbereich (§§ 2 Nr. 11, 3 Nr. 11 BZVMBJS) Gebrauch gemacht worden ist.

Jeder Dienstvorgesetzte ist nach § 34 Abs. 2 LDG zu Verweisen und Geldbußen gegen die ihm unterstellten Beamten befugt. In der Praxis wird diese Maßnahme in aller Regel durch den unmittelbaren Dienstvorgesetzten verhängt. Damit ist jedoch nicht gesetzlich vorgegeben, dass der zuständige Dienstvorgesetzte die Disziplinarverfügung persönlich unterzeichnen müsste (OVG Bln-Bbg, Urt. vom 21.2.2013 – OVG 81 D 2.10 –, juris Rn. 44).

Kürzungen der Dienstbezüge können nur die oberste Dienstbehörde bis zum Höchstmaß (ein Fünftel auf drei Jahre, § 8 Abs. 1 LDG) und der dieser unmittelbar nachgeordnete Dienstvorgesetzte bis zu einem Fünftel auf zwei Jahre verhängen (§ 34 Abs. 3 Nr. 1 und 2 LDG). Hält der unmittelbare Dienstvorgesetzte eine Kürzung der Dienstbezüge für angezeigt, muss er das Verfahren folglich nach § 32 LDG abgeben.

Kürzungen des Ruhegehalts kann nach § 34 Abs. 4 LDG der zur Ausübung der Disziplinarbefugnisse zuständige Dienstvorgesetzte (siehe § 17 Abs. 2 LDG) festsetzen.

### 3. Form und Begründung

Aus dem Zustellungserfordernis nach § 34 Abs. 6 LDG folgt, dass die Disziplinarverfügung schriftlich ergehen muss. Sie ist außerdem zu begründen. Die Begründung muss, damit die Disziplinarverfügung hinreichend bestimmt ist (§ 3 LDG i. V. m. § 37 Abs. 1 VwVfG), unmissverständlich zum Ausdruck bringen, dass es sich um eine Disziplinarverfügung handelt, welches konkrete Dienstvergehen dem Beamten zur Last gelegt wird (verletzte Dienstpflicht, Zeit, Ort, fahrlässige oder vorsätzliche Begehungsweise) und welche konkrete Disziplinarmaßnahme aus welchen Gründen (tragende Gründe für die Bemessung) verhängt wird. Hat sich nur ein Teil der Vorwürfe bestätigt, die durch die Eröffnung zum Gegenstand des Disziplinarverfahrens gemacht wurden, ist auch konkret darzulegen, welche Vorwürfe sich nicht bestätigt haben (vgl. *Gansen*, § 33 BDG Rn. 15).

Einer Beteiligung des Personalrates bedarf es nur, wenn eine Kürzung der Dienstbezüge verhängt werden soll (vgl. § 68 Abs. 1 Nr. 7 PersVG); (nur) in diesem Fall ist auch die Gleichstellungsbeauftragte zu beteiligen, denn die Kürzung der Dienstbezüge steht einer Beförderung des Beamten entgegen und entspricht damit den in § 22 Abs. 1 Satz 2 Nr. 1 LGG genannten personellen Angelegenheiten (vgl. auch Erl. 2 zu § 35 LDG). Die Schwerbehindertenvertretung ist, sofern das Verfahren keinen Ruhestandsbeamten betrifft, zu unterrichten und anzuhören, denn auch die Entscheidung Disziplinarverfügung „berührt" den Beamten als schwerbehinderten Menschen i. S. v. § 178 Abs. 2 Satz 1 SGB IX.

Zur Kostenentscheidung siehe § 38 Abs. 1 LDG.

Die Disziplinarverfügung ist zur Vermeidung des Laufs der Jahresfrist nach § 3 LDG i. V. m. § 58 Abs. 2 VwGO mit einer auf den Widerspruch (§ 42 Abs. 1 LDG) bezogenen Rechtsbehelfsbelehrung zu versehen.

Die Zustellung der Einstellungsverfügung erfolgt nach § 1 Abs. 1 BbgVwVZG i. V. m. §§ 2 bis 10 VwZG.

## § 35
## Erhebung der Disziplinarklage

**(1) Soll gegen den Beamten auf Zurückstufung, auf Entfernung aus dem Beamtenverhältnis oder auf Aberkennung des Ruhegehalts erkannt werden, ist gegen ihn Disziplinarklage zu erheben.**

**(2) Die Disziplinarklage wird bei Beamten durch die oberste Dienstbehörde, bei Ruhestandsbeamten durch den zur Ausübung der Disziplinarbefugnisse zuständigen Dienstvorgesetzten erhoben. Die oberste Dienstbehörde kann ihre Befugnis nach Satz 1 durch Rechtsverordnung ganz oder teilweise auf nachgeordnete Dienstvorgesetzte übertragen. § 18 Abs. 1 Satz 2 zweiter Halbsatz sowie Abs. 3 und 4 gilt entsprechend. § 88 Abs. 3 bleibt unberührt.**

### Erläuterungen

Übersicht



### 1. Gegenstand der Disziplinarklage

Soll gegen den Beamten im Ergebnis der disziplinarrechtlichen Ermittlungen auf Zurückstufung, Entfernung aus dem Beamtenverhältnis oder Aberkennung des Ruhegehalts erkannt werden, erfordert dies nach § 35 Abs. 1 LDG die Erhebung der Disziplinarklage (vgl. zu Reformbestrebungen Erl. 1 zu § 34 LDG). Nähere Regelungen zu Form und Inhalt sind in § 53 LDG getroffen.

### 2. Kompetenzregelungen/Beteiligungserfordernisse

Nach § 35 Abs. 2 Satz 1 LDG wird die Disziplinarklage bei Beamten durch die oberste Dienstbehörde und bei Ruhestandsbeamten durch den zur Ausübung der Disziplinarbehörde zuständigen Dienstvorgesetzten (siehe § 17 Abs. 2 LDG) erhoben. § 35 Abs. 2 Satz 2 LDG ermächtigt die oberste Dienstbehörde, ihre vorgenannte Befugnis durch Rechtsverordnung ganz oder teilweise auf nachgeordnete Dienstvorgesetzte zu übertragen. Beispielsweise ist § 2 Nr. 11 BZVMBJS zu nennen, wonach, „den staatlichen Schulämtern" (u. a.) die Befugnis zur Erhebung der Disziplinarklage mit der Maßgabe übertragen wird, dies mit der Maßgabe der vorherigen Zustimmung des für Bildung zuständigen Ministeriums; dies ist vor dem Hintergrund der Regelung in § 132 Abs. 1 BbgSchulG, wonach der Leiter des staatlichen Schulamtes Dienstvorgesetzter ist, als Übertragung auf diesen auszulegen.

Soweit das auf die zu verhängende Disziplinarmaßname bezogene Ermessen nach § 13 Abs. 1 Satz 1 LDG reicht, erstreckt sich dieses auch auf die Entscheidung, Disziplinarklage zu erheben oder aber hiervon abzusehen (vgl. *Gansen*, § 34 BDG Rn. 3).

Der Personalrat ist bei (aktiven) Beamten zu beteiligen (Mitwirkung nach § 68 Abs. 1 Nr. 7 PersVG). Dasselbe gilt für die Gleichstellungsbeauftragte, denn die Klageerhebung zielt auf eine Disziplinarmaßnahme, welche den in § 22 Abs. 1 Satz 2 Nr. 1 LGG beispielhaft („insbesondere") genannten personellen Angelegenheiten entspricht (vgl. aber NdsOVG, Urt. vom 20.4.2021 – 3 LD 1/20 –, juris Rn. 69: Da im gesetzlichen, auch dort aber nicht abschließenden Maßnahmenkatalog nicht ausdrücklich vorgesehen, keine Beteiligung; siehe demgegenüber OVG NW, Urt. vom 13.5.2019 – 3d A 2254/16.O –, juris Rn. 91: Erhebung der Disziplinarklage als „personelle Maßnahme"); solange sich in Brandenburg keine gegenläufige Rechtsprechung – etwa gestützt auf die Erwägung, es handele sich bei der Disziplinarklageerhebung um keine der „Angelegenheiten mit Auswirkungen auf die Gleichstellung" im Sinne von § 22 Abs. 1 LGG – etabliert hat, sollte in der Verwaltungspraxis von einem Beteiligungserfordernis ausgegangen werden. Ebenso ist die Schwerbehindertenvertretung nach § 178 Abs. 2 Satz 1 SGB IX zu unterrichten und anzuhören.

## § 36
## Grenzen der erneuten Ausübung der Disziplinarbefugnisse

**(1) Die Einstellungsverfügung und die Disziplinarverfügung sind dem höheren Dienstvorgesetzten unverzüglich zuzuleiten. Hält dieser seine Befugnisse nach den Absätzen 2 und 3 nicht für ausreichend, hat er die Einstellungsverfügung oder die Disziplinarverfügung unverzüglich der obersten Dienstbehörde zuzuleiten. Die oberste Dienstbehörde kann das Disziplinarverfahren zurückgeben, wenn sie weitere Ermittlungen für geboten oder seine Befugnisse für ausreichend hält. Eine Zuleitungspflicht nach den Sätzen 1 und 2 besteht nicht, sofern dies die oberste Dienstbehörde allgemein oder für den Einzelfall angeordnet hat.**

**(2) Der höhere Dienstvorgesetzte oder die oberste Dienstbehörde kann ungeachtet einer Einstellung des Disziplinarverfahrens nach § 33 Abs. 1 im Rahmen ihrer Zuständigkeiten wegen desselben Sachverhalts eine Disziplinarverfügung erlassen oder Disziplinarklage erheben. Eine Entscheidung nach Satz 1 ist nur innerhalb von drei Monaten nach der Zustellung der Einstellungsverfügung zulässig, es sei denn, es ergeht wegen desselben Sachverhalts ein rechtskräftiges Urteil aufgrund von tatsächlichen Feststellungen, die von denjenigen tatsächlichen Feststellungen, auf denen die Entscheidung beruht, abweichen.**

**(3) Der höhere Dienstvorgesetzte oder die oberste Dienstbehörde kann eine Disziplinarverfügung eines nachgeordneten Dienstvorgesetzten, die oberste Dienstbehörde auch eine von ihr selbst erlassene Disziplinarverfügung jederzeit aufheben. Sie können im Rahmen ihrer Zuständigkeiten in der Sache neu entscheiden oder Disziplinarklage erheben. Eine Verschärfung der Disziplinarmaßnahme nach Art oder Höhe oder die Erhebung der Disziplinarklage ist nur innerhalb von drei Monaten nach der Zustellung der Disziplinarverfügung zulässig, es sei denn, es ergeht wegen desselben Sachverhalts ein rechtskräftiges Urteil aufgrund von tatsächlichen Feststellungen, die von denjenigen tatsächlichen Feststellungen, auf denen die Entscheidung beruht, abweichen.**

**Erläuterungen**

Übersicht



### 1. Zuleitungs- und Weiterleitungspflichten

Die in § 36 Abs. 1 LDG geregelten (Informations-)Pflichten sollen sicherstellen (siehe, auch zum Folgenden, LT-Drucks. 3/3364, Begründung zu Art. 1 § 36 des Gesetzentwurfs, „dass der höhere Dienstvorgesetzte und die oberste Dienstbehörde ihre Rechte nach den Absätzen 2 und 3 wahrnehmen können. In Anlehnung an § 32 Satz 2 LDG besteht auch nach § 36 Abs. 1 Satz 3 LDG die Möglichkeit der Rückgabe des Verfahrens an den höheren Dienstvorgesetzten bzw. an den Dienstvorgesetzten.

Im Hinblick auf den in der Regel zweistufigen Verwaltungsaufbau im Land Brandenburg kann die oberste Dienstbehörde nach § 36 Abs. 1 Satz 4 LDG generell oder für den Einzelfall anordnen, dass eine Zuleitungspflicht gegenüber dem höheren Dienstvorgesetzten und der obersten Dienstbehörde nicht besteht.

### 2. Disziplinarbefugnisse nach Erlass einer Einstellungsverfügung

Nach § 36 Abs. 2 LDG können der höhere Dienstvorgesetzte und die oberste Dienstbehörde ungeachtet einer vom Dienstvorgesetzten verfügten Einstellung des Disziplinarverfahrens nach § 33 Abs. 1 LDG im Rahmen ihrer Zuständigkeiten wegen desselben Sachverhalts eine Disziplinarverfügung erlassen oder Disziplinarklage erheben (vgl. BVerwG, Beschl. vom 15.2.2022 – 2 B 27.21 –, juris Rn. 13 f.: unterbliebene Aufhebung der Einstellungsverfügung vor Klageerhebung unschädlich). Die Ausübung der höher angesiedelten Disziplinarbefugnisse ist allerdings, abgesehen von der in § 36 Abs. 2 Satz 2 LDG geregelten Ausnahme, nur innerhalb von drei Monaten nach der Zustellung der Einstellungsverfügung zulässig (Präklusionsfrist).

### 3. Disziplinarbefugnisse nach Erlass einer Disziplinarverfügung

Nach § 36 Abs. 3 Satz 1 LDG haben der höhere Dienstvorgesetzte und die oberste Dienstbehörde die Kompetenz, eine Disziplinarverfügung eines nachgeordneten Dienstvorgesetzten, die oberste Dienstbehörde auch in Bezug auf eine von ihr selbst erlassene Disziplinarverfügung, „jederzeit" aufzuheben. Im Nachgang hierzu können sie im Rahmen ihrer Zuständigkeiten in der Sache neu entscheiden oder Disziplinarklage erheben. Für eine Verschärfung der Disziplinarmaßnahme nach Art oder Höhe oder die Erhebung der Disziplinarklage gilt eine Präklusionsfrist von drei Monaten nach der Zustellung der Disziplinarverfügung, ausgenommen den in § 36 Abs. 3 Satz 3 LDG geregelten Ausnahmefall.

## § 37

## Verfahren bei nachträglicher Entscheidung im Straf- oder Bußgeldverfahren

**(1) Ergeht nach dem Eintritt der Unanfechtbarkeit der Disziplinarverfügung in einem Straf- oder Bußgeldverfahren, das wegen desselben Sachverhalts eingeleitet worden ist, unanfechtbar eine Entscheidung, nach der gemäß § 14 die Disziplinarmaßnahme nicht zulässig wäre, ist die Disziplinarverfügung auf Antrag des Beamten von dem Dienstvorgesetzten, der sie erlassen hat, aufzuheben und das Disziplinarverfahren einzustellen.**

**(2) Die Antragsfrist beträgt drei Monate. Sie beginnt mit dem Tag, an dem der Beamte von der in Absatz 1 bezeichneten Entscheidung Kenntnis erhalten hat.**

### Erläuterungen

Nach § 37 LDG kann der Beamte, gegen den durch eine unanfechtbar gewordene Disziplinarverfügung eine Disziplinarmaßnahme verhängt worden ist, das Wiederaufgreifen des Disziplinarverfahrens beanspruchen, um dadurch eine doppelte Ahndung des Dienstvergehens oder einen Widerspruch zu einem Freispruch auszuräumen. Dazu muss wegen desselben Sachverhalts nachträglich eine unanfechtbare Entscheidung in einem Straf- oder Bußgeldverfahren ergangen sein, aufgrund derer die Voraussetzungen des § 14 LDG erfüllt sind. Dies ist der Fall, wenn aufgrund der unanfechtbaren Entscheidung in dem Straf- oder Bußgeldverfahren ein Doppelahndungsverbot nach § 14 Abs. 1

LDG besteht (siehe Erl. 1 zu § 14 LDG) oder wenn der Beamte rechtskräftig freigesprochen wurde und kein disziplinarischer Überhang gegeben ist (§ 14 Abs. 2 LDG, siehe Erl. 2 zu § 14 LDG). Gegebenenfalls ist die Disziplinarverfügung auf Antrag des Beamten aufzuheben und das Disziplinarverfahren einzustellen. Das Wiederaufgreifen des Disziplinarverfahrens erfolgt nur auf Antrag des Beamten, wobei der Antrag nach § 37 Abs. 2 LDG fristgebunden ist, nämlich innerhalb von drei Monaten ab dem Tag gestellt werden muss, an dem der Beamte von der Entscheidung in dem Straf- oder Bußgeldverfahren Kenntnis erlangt.

Erlangt der Dienstvorgesetzte Kenntnis von einer einschlägigen Entscheidung in einem Straf- oder Bußgeldverfahren, ist er aus Fürsorgegründen gehalten, den Beamten auf sein Antragsrecht nach § 37 LDG hinzuweisen.

Über den Antrag des Beamten ist durch Verwaltungsakt zu befinden (zu den Kosten siehe § 38 Abs. 3 LDG), gegen den der Beamte bei einer ablehnenden Entscheidung Widerspruch (§ 42 LDG) erheben kann, gefolgt gegebenenfalls von einer Verpflichtungsklage (§ 3 LDG i. V. m. § 42 Abs. 1 VwGO) auf Aufhebung der Disziplinarverfügung und Einstellung des Disziplinarverfahrens.

## § 38
## Kostentragung

**(1) Dem Beamten, gegen den eine Disziplinarmaßnahme verhängt wird, können die entstandenen Auslagen auferlegt werden. Bildet das Dienstvergehen, das dem Beamten zur Last gelegt wird, nur zum Teil die Grundlage für die Disziplinarverfügung oder sind durch Ermittlungen, deren Ergebnis zugunsten des Beamten ausgefallen ist, besondere Kosten entstanden, können ihm die Auslagen nur in verhältnismäßigem Umfang auferlegt werden.**

**(2) Wird das Disziplinarverfahren eingestellt, trägt der Dienstherr die entstandenen Auslagen. Erfolgt die Einstellung trotz Vorliegens eines Dienstvergehens, können die Auslagen dem Beamten auferlegt oder im Verhältnis geteilt werden.**

**(3) Bei einem Antrag nach § 37 gilt im Falle der Ablehnung des Antrags Absatz 1 und im Falle seiner Stattgabe Absatz 2 entsprechend.**

**(4) Soweit der Dienstherr die entstandenen Auslagen trägt, hat er dem Beamten auch die Aufwendungen zu erstatten, die zur zweckentsprechenden Rechtsverfolgung notwendig waren. Hat sich der Beamte eines Bevollmächtigten oder Beistandes bedient, sind auch dessen Gebühren und Auslagen erstattungsfähig. Aufwendungen, die durch**

**das Verschulden des Beamten entstanden sind, hat dieser selbst zu tragen; das Verschulden eines Vertreters ist ihm zuzurechnen.**

**(5) Die dem Beamten oder dem Ruhestandsbeamten auferlegten Kosten können von den Dienst-, Anwärter- oder Versorgungsbezügen, vom Unterhaltsbeitrag oder von den nach § 41 Abs. 2 nachzuzahlenden Bezügen abgezogen werden.**

**(6) Das behördliche Disziplinarverfahren ist gebührenfrei.**

## Erläuterungen

§ 38 LDG regelt die Kostentragung für das behördliche Disziplinarverfahren. Das Verfahren ist gebührenfrei (§ 38 Abs. 6 LDG). Dem Beamten, gegen den eine Disziplinarmaßnahme verhängt worden ist, können aber nach § 38 Abs. 1 LDG die entstandenen Auslagen (vgl. § 9 GebGBbg) ganz oder, wenn sich Teile des dem Beamten zur Last gelegten Dienstvergehen im Ergebnis der Ermittlungen nicht bestätigt haben, in verhältnismäßigem Umfang auferlegt werden.

Wird das Disziplinarverfahren durch Einstellungsverfügung abgeschlossen, trägt grundsätzlich der Dienstherr die entstandenen Auslagen nach § 38 Abs. 2 Satz 1 LDG. Er kann die Kosten jedoch dann ganz oder teilweise dem Beamten auferlegen, wenn die Einstellung trotz Vorliegens eines Dienstvergehens erfolgt (siehe Erläuterungen zu § 33 LDG).

Die Kostentragung für das Antragsverfahren nach § 37 LDG regelt § 38 Abs. 3 LDG.

Hat der Dienstherr die Auslagen des Verfahrens zu tragen, steht dem Beamten nach § 38 Abs. 4 LDG ein unmittelbarer Aufwendungsersatzanspruch zu, der auch die Gebühren und Auslagen eines von ihm beauftragten Bevollmächtigten umfasst. Ausgenommen sind Aufwendungen, die durch Verschulden des Beamten oder seines Vertreters entstanden sind.

Der Dienstherr hat in Bezug auf die Kostenschuld des Beamten nach § 38 Abs. 5 LDG die Möglichkeit zur Aufrechnung mit Bezügen (siehe auch § 7 Abs. 2 LDG).

## Kapitel 4
## Vorläufige Dienstenthebung und Einbehaltung von Bezügen

### § 39
### Zulässigkeit

(1) Die für die Erhebung der Disziplinarklage zuständige Behörde oder Einrichtung kann einen Beamten gleichzeitig mit oder nach der Einleitung des Disziplinarverfahrens vorläufig des Dienstes entheben, wenn im Disziplinarverfahren voraussichtlich auf Entfernung aus dem Beamtenverhältnis oder auf Aberkennung des Ruhegehalts erkannt werden wird oder wenn bei einem Beamten auf Probe oder einem Beamten auf Widerruf voraussichtlich eine Entlassung nach § 23 Abs. 3 Satz 1 Nr. 1 sowie Abs. 4 des Beamtenstatusgesetzes erfolgen wird. Sie kann den Beamten außerdem vorläufig des Dienstes entheben, wenn durch sein Verbleiben im Dienst der Dienstbetrieb oder die Ermittlungen wesentlich beeinträchtigt würden und die vorläufige Dienstenthebung zu der Bedeutung der Sache und der zu erwartenden Disziplinarmaßnahme nicht außer Verhältnis steht.

(2) Die für die Erhebung der Disziplinarklage zuständige Behörde oder Einrichtung kann gleichzeitig mit oder nach der vorläufigen Dienstenthebung anordnen, dass bis zu 50 Prozent der monatlichen Dienst- oder Anwärterbezüge des Beamten einbehalten werden, wenn im Disziplinarverfahren voraussichtlich auf Entfernung aus dem Beamtenverhältnis oder auf Aberkennung des Ruhegehalts erkannt werden wird. Das Gleiche gilt, wenn der Beamte im Beamtenverhältnis auf Probe oder auf Widerruf voraussichtlich nach § 23 Absatz 3 Satz 1 Nummer 1 sowie Absatz 4 des Beamtenstatusgesetzes entlassen werden wird.

(3) Die für die Erhebung der Disziplinarklage zuständige Behörde oder Einrichtung kann gleichzeitig mit oder nach der Einleitung des Disziplinarverfahrens anordnen, dass bis zu 30 Prozent des Ruhegehalts des Ruhestandsbeamten einbehalten werden, wenn im Disziplinarverfahren voraussichtlich auf Aberkennung des Ruhegehalts erkannt werden wird.

(4) Die für die Erhebung der Disziplinarklage zuständige Behörde oder Einrichtung kann die vorläufige Dienstenthebung, die Einbehaltung von Dienst- oder Anwärterbezügen sowie die Einbehaltung von Ruhegehalt jederzeit ganz oder teilweise aufheben.

## Erläuterungen

Übersicht



### 1. Vorläufige Dienstenthebung

Die für die Erhebung der Disziplinarklage zuständige Behörde oder Einrichtung (siehe § 35 Abs. 2 LDG) kann den Beamten nach § 39 Abs. 1 LDG gleichzeitig mit oder nach der Einleitung des Disziplinarverfahrens vorläufig des Dienstes entheben (sog. Suspendierung). Die Maßnahme dient der Abwehr von Gefahren, die bei einer weiteren Dienstausübung durch den Beamten zu besorgen sind (siehe näher *Günther*, ZBR 1992, 321 ff.); sie ähnelt dem Verbot der Führung der Dienstgeschäfte nach § 39 BeamtStG i. V. m. § 54 LBG.

Voraussetzungen: Die vorläufige Dienstenthebung ist zum einen möglich bei einer (tragfähigen) Prognose zum voraussichtlichen Ausgang des Disziplinarverfahrens dahingehend, dass voraussichtlich auf Entfernung aus dem Beamtenverhältnis oder auf Aberkennung des Ruhegehalts erkannt werden wird. Bei einem Beamten auf Probe oder einem Beamten auf Widerruf setzt die vorläufige Dienstenthebung in entsprechender Hinsicht voraus, dass voraussichtlich eine Entlassung nach § 23 Abs. 3 Satz 1 Nr. 1 sowie Abs. 4 des BeamtStG erfolgen wird (siehe dazu des Näheren *Schnellenbach/Bodanowitz*, Beamtenrecht in der Praxis, § 6 Rn. 7 ff. und 49 ff.). Danach ist weder erforderlich, dass die Entfernung aus dem Beamtenverhältnis (bzw. die Entlassung) mit an Sicherheit grenzender Wahrscheinlichkeit ausgesprochen werden wird, noch, dass das dem Beamten vorgeworfene Dienstvergehen schon in vollem Umfang nachgewiesen und aufgeklärt ist. Notwendig ist, dass vom Gericht mit überwiegender Wahrscheinlichkeit auf die disziplinarrechtliche Höchstmaßnahme erkannt bzw. bei Probe- und Widerrufsbeamten von der Behörde die Entlassung verfügt wird (vgl. OVG Bln-Bbg, Beschl. vom 9.2.2023 – OVG 81 S 1/22 –, juris Rn. 2 m. w. N.). Die Entscheidung ergeht nach Aktenlage aufgrund der bisher zutage getretenen Tatsachen und Wahrscheinlichkeiten (vgl. *Herrmann* in Herrmann/Sandkuhl, § 9 Rn. 857).

Zum anderen lässt § 39 Abs. 1 Satz 2 LDG die vorläufige Dienstenthebung zur Sicherung des Dienstbetriebes oder der Durchführung der (weiteren) Ermittlungen zu. Für die erste Alternative müssen konkrete Anhaltspunkte die Annahme rechtfertigen, dass durch die Anwesenheit des Beamten im Dienst und die von ihm hervorgerufenen disziplinarrechtlich erheblichen Umstände eine sachgerechte Erfüllung der dienstlichen Aufgaben wahrscheinlich gefährdet würde. Insbesondere bei einer nachhaltigen Störung des Betriebsfriedens oder der Funktionsfähigkeit der Dienststelle aufgrund irreparabler Spannungen oder eines nicht mehr gegebenen Vertrauensverhältnisses zwischen dem Beamten und den Kollegen seiner Arbeitseinheit (vgl. VGH Baden-Württemberg, Urt. vom 27.10.2022 – DL 16 S 752/22 –, juris Rn. 61 f.) ist eine solche Sicherung veranlasst. Eine Beeinträchtigung der weiteren Ermittlungen durch die Anwesenheit des Beamten im Dienst ist bei Verdunklungsgefahr zu besorgen, wenn also Anhaltspunkte für eine Beseitigung oder Fälschung von Beweismitteln oder auch die Einschüchterung von Zeugen durch den Beamten bestehen (*Urban* in Urban/Wittkowski, § 38 BDG Rn. 23). Die Suspendierung zur Sicherung des Dienstbetriebes und der weiteren Ermittlungen darf, wie das Gesetz ausdrücklich hervorhebt, zur Bedeutung der Sache und zu der zu erwartenden Disziplinarmaßnahme nicht außer Verhältnis stehen. Davon ist bei Dienstvergehen, die wahrscheinlich maximal die Erteilung eines Verweises erwarten lassen, auszugehen (*Urban* in Urban/Wittkowski, § 38 BDG Rn. 24).

Liegen die Tatbestandsvoraussetzungen für eine Suspendierung vor, hat die zuständige Behörde im Rahmen der zu treffenden Ermessensentscheidung die „gebotene Würdigung der Belange des jeweiligen Einzelfalls" vorzunehmen (LT-Drucks. 3/3364, Begründung zu Art. 1 § 39 des Gesetzentwurfs). Steht eine Suspendierung nach § 39 Abs. 1 Satz 2 LDG in Rede, sollte auch erwogen werden, ob es als milderes Mittel ausreicht, den Beamten durch Umsetzung oder Abordnung anderweitig zu verwenden.

## 2. Anordnung des Einbehalts von Bezügen bzw. Ruhegehalt

In § 39 Abs. 2 und 3 LDG sind die Einbehaltung der Dienst- oder Anwärterbezüge und des Ruhegehalts geregelt. Der Einbehalt ist auf bis zu 50 Prozent der Bezüge bzw. 30 Prozent des Ruhegehalts begrenzt, womit vorgegeben ist, welche Einschnitte der Beamte jenseits des zu wahrenden Kerns seines (trotz der Suspendierung) fortbestehenden Alimentationsanspruchs in seine bisherige Lebensführung maximal hinzunehmen hat. Die Voraussetzungen für den Einbehalt korrespondieren mit § 39 Abs. 1 Satz 1 LDG. Zur Ermittlung des Einbehaltungssatzes hat die Behörde im Rahmen einer Gesamtbetrachtung den laufenden Einkünften der Familie – einschließlich des Einkommens des Ehepartners und des zufließenden Kindergeldes – den Gesamtbedarf der Familie gegenüberzustellen. Ausgehend von den Verbindlichkeiten des Beamten ist zu bestimmen, ob Raum für eine Einbehaltungsanordnung ist (vgl. BayVGH, Beschl. vom 8.3.2022 – 16a DS 22.110 –, juris Rn. 14 m. w. N.). Die Einbehaltung darf wegen ihres vorläufigen Charakters nicht zu einer existenzgefährdenden wirtschaftlichen Beeinträchtigung oder nicht wiedergutzumachenden Nachteilen führen. Insbesondere muss der Beamte weiter seinen Zahlungsverpflichtungen nachkommen können, jedenfalls, soweit diese berücksichtigungsfähig sind. Der Dienstherr ist nicht berechtigt, dem Beamten die Möglichkeit zur Tilgung seiner Schulden zu nehmen und ihn der Notwendigkeit preiszugeben, seinen ihm gesetzlich obliegenden oder vertraglich eingegangenen Verpflichtungen nicht nachkommen zu können (vgl. BVerwG, Beschl. vom 22.5.2000 – 1 DB 8.00 –, juris Rn. 12; Beschl. vom 29.5.1996 – 1 DB 11.96 –, juris Rn. 6; OVG LSA, Beschl. vom 23.11.2015 – 10 M 8.15 –, juris Rn. 7). Die Disziplinarbehörde überschreitet die Grenze des ihr bei der Festlegung des Einbehaltungssatzes zustehenden Ermessens dann, wenn der dem Beamten nach der Einbehaltungsanordnung für den Lebensunterhalt verbleibende Betrag nur dem Regelsatz der Sozialhilfe bzw. der Regelleistung in der Grundsicherung entspricht und keinen hinreichenden Abstand hierzu wahrt. Insoweit gilt der Grundsatz, dass das Netto-Gehalt, das nach Abzug der berücksichtigungsfähigen Aufwendungen verbleibt, um mindestens 15 Prozent über der Regelleistung in der Grundsicherung zu liegen hat (vgl. BayVGH, Beschl. vom 2.7.2019 – 16a DS 19.1040 –, juris Rn. 16; OVG LSA, Beschl. vom 23.11.2015 – 10 M 8/15 –, juris Rn. 9; SächsOVG, Beschl. vom 2.12.2013 – D 6 B 147/12 –, juris Rn. 11 f.).

### 3. Änderung getroffener Anordnungen

Mit der in § 39 Abs. 4 LDG geregelten Ermächtigung der Disziplinarbehörde, die vorläufige Dienstenthebung, die Einbehaltung von Dienst- oder Anwärterbezügen sowie die Einbehaltung von Ruhegehalt jederzeit ganz oder teilweise aufheben zu können, geht auch eine Verpflichtung einher: Die Behörde ist nämlich gehalten, die Anordnungen fortlaufend zu überprüfen und gegebenenfalls einer geänderten Sachlage Rechnung zu tragen (vgl. *Gansen*, § 38 BDG, Rn. 55). Erweist sich also die zunächst angestellte Prognose über den Ausgang des Disziplinarverfahrens nicht mehr als tragfähig, da sich das angenommene Dienstvergehen nicht vollständig bestätigt hat, ist die vorläufige Dienstenthebung aufzuheben. Ebenso ist – ohne dass es eines Antrags des Beamten bedürfte – die Anordnung des Einbehalts aufzuheben oder hinsichtlich des Satzes anzupassen, wenn sich die maßgebliche wirtschaftliche Situation des Beamten geändert hat.

### 4. Formelle Anforderungen

Die Anordnungen nach § 39 Abs. 1 bis 3 LDG sind schriftlich zu treffen, wie sich aus der in § 40 Abs. 1 LDG vorgegebenen Zustellung ergibt. Der Beamte ist vorher anzuhören, § 3 LDG i. V. m. § 1 Abs. 1 VwVfGBbg, § 28 Abs. 1 VwVfG. Die Anordnungen sind zu begründen, § 3 LDG i. V. m. § 1 Abs. 1 VwVfGBbg, § 39 Abs. 1 VwVfG. Beteiligungstatbestände hinsichtlich des Personalrats und/oder der Gleichstellungsbeauftragten sind nicht einschlägig. Hingegen ist die Schwerbehindertenvertretung nach § 178 Abs. 2 Satz 1 SGB IX gegebenenfalls anzuhören (vgl. BayVGH, Urt. vom 18.3.2015 – 16a D 09.3029 –, juris Rn. 36).

## § 40
## Rechtswirkungen

**(1) Die vorläufige Dienstenthebung wird mit der Zustellung, die Einbehaltung von Bezügen mit dem auf die Zustellung folgenden Fälligkeitstag wirksam und vollziehbar. Sie erstrecken sich auf alle Ämter, die der Beamte bei einem brandenburgischen Dienstherrn inne hat. Ist eines der Ämter ein Ehrenamt und ist das Disziplinarverfahren nur wegen eines in dem Ehrenamt oder im Zusammenhang mit diesem begangenen Dienstvergehens eingeleitet worden, kann die vorläufige Dienstenthebung auf das Ehrenamt und die in Verbindung mit ihm übernommenen Nebentätigkeiten beschränkt werden.**

**(2) Für die Dauer der vorläufigen Dienstenthebung ruhen die im Zusammenhang mit dem Amt entstandenen Ansprüche auf Aufwandsentschädigung.**

**(3) Wird der Beamte vorläufig des Dienstes enthoben, während er schuldhaft dem Dienst fernbleibt, dauert der nach § 9 des Brandenburgischen Besoldungsgesetzes begründete Verlust der Bezüge fort. Er endet mit dem Zeitpunkt, zu dem der Beamte seinen Dienst aufgenommen hätte, wenn er hieran nicht durch die vorläufige Dienstenthebung gehindert worden wäre. Der Zeitpunkt ist von der für die Erhebung der Disziplinarklage zuständigen Behörde oder Einrichtung festzustellen und dem Beamten mitzuteilen.**

**(4) Die vorläufige Dienstenthebung und die Einbehaltung von Bezügen enden mit dem rechtskräftigen Abschluss des Disziplinarverfahrens.**

### Erläuterungen

Die Anordnungen der vorläufigen Dienstenthebung bzw. der Einbehaltung von Bezügen werden nach § 40 Abs. 1 Satz 1 LDG mit der Zustellung bzw. am auf die Zustellung folgenden Fälligkeitstag kraft Gesetzes „wirksam und vollziehbar". Ein Abweichen von dieser gesetzlichen Bestimmung sieht das Gesetz nicht vor, weshalb die Regelung als zwingend anzusehen ist (a. A. *Urban* in Urban/Wittkowski, § 39 BDG Rn. 6 m. w. N.). Die Behörde hat es jedoch in der Hand, das Wirksamwerden über den Zeitpunkt der Zustellung zu steuern und damit etwaigen Besonderheiten des Einzelfalles Rechnung zu tragen. Es drängt sich auf, die Regelung in § 40 Abs. 1 Satz 1 LDG auf Änderungsanordnungen nach § 39 Abs. 4 LDG entsprechend anzuwenden (vgl. *Urban* in Urban/Wittkowski, § 39 BDG Rn. 2).

Einem Antrag nach § 64 Abs. 1 LDG kommt keine aufschiebende Wirkung zu, d. h., der Beamte muss die Folgen der nach § 39 LDG getroffenen Anordnungen hinnehmen, bis das Gericht deren Aussetzung beschließt.

§ 40 Abs. 2 LDG schreibt für die Dauer der vorläufigen Dienstenthebung ein Ruhen der im Zusammenhang mit dem Amt entstandenen Ansprüche auf Aufwandsentschädigung vor. „Ruhen" bedeutet das Erlöschen der Ansprüche für die Dauer der Dienstenthebung (siehe auch LT-Drucks. 3/3364, Begründung zu Art. 1 § 40 des Gesetzentwurfs), da dem Beamten der mit der Entschädigung abzudeckende Aufwand aufgrund seiner vorläufigen Dienstenthebung nicht entsteht (vgl. auch § 17 Abs. 1 BbgBesG).

§ 40 Abs. 3 LDG stellt sicher, dass der Beamte, der schuldhaft dem Dienst fernbleibt (und gegen den etwa deshalb das Disziplinarverfahren geführt wird) von der vorläufigen Dienstenthebung finanziell nicht profitiert. Den Verlust der Dienstbezüge aufgrund des unerlaubten Fernbleibens vom Dienst kann der Beamte in diesen Fällen jedoch durch eine sog. Dienstbereitschaftserklärung beenden, mit der er – glaubhaft – seine Bereitschaft zu erkennen gibt, nunmehr die ihm an sich obliegenden Dienstgeschäfte wieder wahrzunehmen (*Herrmann* in Herrmann/Sandkuhl, § 9 Rn. 847 mit Hinweis auf BVerwG, Beschl. vom 15.2.2010 – 2 B 126.09 –, juris Rn. 5).

## § 41
## Verfall und Nachzahlung der einbehaltenen Beträge

**(1) Die nach § 39 Abs. 2 und 3 einbehaltenen Bezüge verfallen, wenn**

1. **im Disziplinarverfahren auf Entfernung aus dem Beamtenverhältnis oder auf Aberkennung des Ruhegehalts erkannt worden oder eine Entlassung nach § 23 Absatz 3 Satz 1 Nummer 1 sowie Absatz 4 des Beamtenstatusgesetzes erfolgt ist,**
2. **in einem wegen desselben Sachverhalts eingeleiteten Strafverfahren eine Strafe verhängt worden ist, die den Verlust der Rechte als Beamter oder Ruhestandsbeamter zur Folge hat,**
3. **das Disziplinarverfahren aufgrund des § 33 Abs. 1 Nr. 3 eingestellt worden ist und ein neues Disziplinarverfahren, das innerhalb von drei Monaten nach der Einstellung wegen desselben Sachverhalts eingeleitet worden ist, zur Entfernung aus dem Beamtenverhältnis oder zur Aberkennung des Ruhegehalts geführt hat oder**
4. **das Disziplinarverfahren aus den Gründen des § 33 Abs. 2 Nr. 2 oder 3 eingestellt worden ist und die für die Erhebung der Disziplinarklage zuständige Behörde oder Einrichtung innerhalb von**

**drei Monaten nach der Einstellung festgestellt hat, dass die Entfernung aus dem Beamtenverhältnis oder die Aberkennung des Ruhegehalts gerechtfertigt gewesen wäre.**

**(2) In dem Fall des Absatzes 1 Nr. 3 sind die einbehaltenen Bezüge erst dann nachzuzahlen, wenn die dort genannte Frist verstrichen ist und ein neues Disziplinarverfahren nicht eingeleitet worden ist. In dem Fall des Absatzes 1 Nr. 4 sind die einbehaltenen Bezüge erst dann nachzuzahlen, wenn die dort genannte Frist verstrichen ist und eine Feststellung nicht ergangen ist. Wird das Disziplinarverfahren auf andere Weise als in den Fällen des Absatzes 1 unanfechtbar abgeschlossen, sind die nach § 39 Abs. 2 und 3 einbehaltenen Bezüge nachzuzahlen. Auf die nachzuzahlenden Dienstbezüge können Einkünfte aus anzeigepflichtigen Nebentätigkeiten (§ 85 des Landesbeamtengesetzes) angerechnet werden, die der Beamte aus Anlass der vorläufigen Dienstenthebung ausgeübt hat, wenn eine Disziplinarmaßnahme verhängt worden ist oder die für die Erhebung der Disziplinarklage zuständige Behörde oder Einrichtung feststellt, dass ein Dienstvergehen erwiesen ist. Der Beamte ist verpflichtet, über die Höhe solcher Einkünfte Auskunft zu geben.**

### Erläuterungen

Übersicht



### 1. Verfall der einbehaltenen Bezüge

In § 41 Abs. 1 LDG ist abschließend geregelt, in welchen Fällen die nach § 39 Abs. 2 und 3 LDG (wirksam) einbehaltenen Bezüge kraft Gesetzes verfallen. Hauptanwendungsfall sind der Abschluss des Disziplinarverfahrens durch die rechtskräftige Entfernung des Beamten aus dem Dienst bzw. die rechtskräftige Aberkennung des Ruhegehalts und der gesetzliche Verlust der Beamtenrechte im Ergebnis des Strafverfahrens (Nr. 1 und 2). Der Verfallstatbestand nach § 41 Abs. 1 Nr. 3 LDG hat keine Bedeutung, denn die Einleitung eines neuen Disziplinarverfahrens wegen „desselben Sachverhalts" nach einer vorangegangenen Einstellung gemäß § 33 Abs. 1 Nr. 3 LDG ist wegen § 18 Abs. 2 LDG praktisch ausgeschlossen (vgl. dazu näher *Herrmann* in Herrmann/Sandkuhl, § 9 Rn. 882). § 41 Abs. 1 Nr. 4 LDG erfasst insbesondere den Fall, dass der Beamte seine Entfernung aus dem Dienst durch einen Antrag auf Entlassung abwendet, ferner etwa den eher theoretischen Fall, dass der Beamte die Beamtenrechte aufgrund der

Verurteilung wegen einer Straftat verliert, die nicht zum Gegenstand der Einbehaltungsanordnung gemacht worden ist. Der Verfall ist insoweit an die fristgebundene Feststellung geknüpft, dass die Entfernung aus dem Beamtenverhältnis oder die Aberkennung des Ruhegehalts im Ergebnis des Disziplinarverfahrens gerechtfertigt gewesen wäre. Diese Feststellung sollte schon im Interesse, dazu schnell Klarheit zu schaffen, bereits in einem Zuge mit der Einstellungsverfügung nach § 33 Abs. 2 Nr. 2 bzw. Nr. 3 LDG getroffen werden.

## 2. Nachzahlung der einbehaltenen Bezüge

Soweit kein Verfalltatbestand nach § 41 Abs. 1 LDG gegeben ist, sind die einbehaltenen Bezüge dem Beamten nachzuzahlen, § 41 Abs. 2 Satz 2 LDG. Für die Fälle nach § 41 Abs. 1 Nr. 3 und 4 LDG müssen die dort normierten Fristen verstrichen sein, wie § 41 Abs. 2 Satz 1 und 2 LDG klarstellen. Die Nachzahlung erfolgt ohne Verzinsung (siehe § 3 Abs. 6 BbgBesG).

Nach § 41 Abs. 2 Satz 4 LDG können auf die nachzuzahlenden Dienstbezüge Einkünfte aus anzeigepflichtigen Nebentätigkeiten (§ 85 LBG) angerechnet werden, die der Beamte „aus Anlass" der vorläufigen Dienstenthebung ausgeübt hat, wenn eine Disziplinarmaßnahme verhängt worden ist oder die für die Erhebung der Disziplinarklage zuständige Behörde oder Einrichtung feststellt, dass ein Dienstvergehen erwiesen ist; der Beamte ist verpflichtet, über die Höhe solcher Einkünfte Auskunft zu geben. Es dürfte im Zweifel sachgerecht sein, von einer solchen Anrechnung abzusehen, da sich die der vorläufigen Dienstenthebung zugrundeliegende Prognose als falsch erwiesen hat und der Beamte wegen des Risikos, aus dem Dienst entfernt zu werden, gehalten war, seine weitere wirtschaftliche Existenz durch die Nebentätigkeit (etwa als Fundament für einen beruflichen Neuanfang) zu sichern. Das Gewicht des Dienstvergehens und damit korrespondierende Disziplinarmaßnahme sind für die Ermessensentscheidung über die Anrechnung ohne Bedeutung (vgl. *Baunack* in Köhler/Baunack, § 40 BDG Rn. 11).

## 3. Rechtsschutz

Die Feststellung nach § 41 Abs. 1 Nr. 4 LDG wie auch die Entscheidung über eine Anrechnung nach § 41 Abs. 2 Satz 4 LDG sind belastende Verwaltungsakte, gegen die der Beamte folglich durch Widerspruch und Anfechtungsklage vorgehen kann (vgl. *Gansen*, § 40 BDG Rn. 8; für die sachliche Zuständigkeit der Disziplinargerichte etwa *Herrmann* in Herrmann/Sandkuhl, § 9 Rn. 908). Ein Streit darum, ob die Voraussetzungen für den Verfall nach § 41 Abs. 1 Nr. 1 und 2 LDG gegeben sind, ist denkbar, dürfte praktisch nicht vorkommen.

# Kapitel 5
# Widerspruchsverfahren

## § 42
## Widerspruchsverfahren

**(1) Vor der Erhebung der Klage des Beamten ist ein Widerspruchsverfahren durchzuführen. Ein Widerspruchsverfahren findet nicht statt, wenn die angefochtene Entscheidung durch die oberste Dienstbehörde erlassen worden ist.**

**(2) Der Widerspruchsbescheid wird durch die oberste Dienstbehörde, bei Ruhestandsbeamten durch den zuständigen Dienstvorgesetzten erlassen. Die oberste Dienstbehörde kann ihre Zuständigkeit nach Satz 1 durch Rechtsverordnung ganz oder teilweise auf nachgeordnete Behörden oder Einrichtungen übertragen. § 88 Abs. 2 bleibt unberührt.**

**(3) In dem Widerspruchsbescheid darf die angefochtene Entscheidung nicht zum Nachteil des Beamten abgeändert werden. Die Befugnis, eine abweichende Entscheidung nach § 36 Abs. 3 zu treffen, bleibt unberührt.**

### Erläuterungen

Der Beamte kann gegen grundsätzlich jede ihn im behördlichen Disziplinarverfahren getroffene Entscheidung, die ihn beschwert, Klage erheben, muss jedoch zuvor nach § 42 Abs. 1 LDG Widerspruch erheben, sofern es nicht um eine Entscheidung der obersten Dienstbehörde geht. Das Widerspruchsverfahren wird im Wesentlichen gemäß §§ 68 ff. VwGO durchgeführt, Form und Frist richten sich nach § 70 VwGO (i. V. m. § 3 LDG). Ist ein Verwaltungsakt wie z. B. eine Disziplinarverfügung Gegenstand des Widerspruchs, hat dieser nach § 80 Abs. 1 VwGO aufschiebende Wirkung, sofern nicht nach § 80 Abs. 2 Satz 1 Nr. 4 VwGO die sofortige Vollziehung angeordnet wird (LT-Drucks. 3/3364, Begründung zu Art. 1 § 42 des Gesetzentwurfs).

Zuständig für den Erlass des Widerspruchsbescheides ist nach § 42 Abs. 2 LDG die oberste Dienstbehörde, sofern diese die Zuständigkeit nicht durch Rechtsverordnung auf nachgeordnete Behörden oder Einrichtungen übertragen hat; für den kommunalen Bereich gilt § 88 Abs. 2 LDG.

Für den Widerspruchsbescheid gilt nach § 42 Abs. 3 Satz 1 LDG das Verbot der reformatio in peius. Die Widerspruchbehörde darf also weder die angefochtene Maßnahme verschärfen noch das Disziplinarverfahren auf neue Sachverhalte ausdehnen. In diesem Zusammenhang stellt § 42 Abs. 3 Satz 2 LDG jedoch klar, dass die Befugnis nach § 36 Abs. 3 LDG, eine für den Beamten ungünstigere Entscheidung zu treffen, unberührt bleibt. Hebt der höhere Dienstvorgesetzte oder die oberste Dienstbehörde danach – außerhalb des Widerspruchsverfahrens – die mit dem Widerspruch angegriffene Disziplinarverfügung auf (§ 36 Abs. 3 Satz 1 LDG), um etwa eine schärfere Disziplinarmaßnahme zu erwirken, erledigt sich das Widerspruchsverfahren in der Sache (*Gansen*, § 42 BDG Rn. 12). Letzteres ist auch noch nach Erlass des Widerspruchsbescheides möglich, sollte dann jedoch, um keine falschen Erwartungen zu wecken, möglichst bereits im Zuge der Entscheidung über den Widerspruch angekündigt werden. Angesichts des im Ergebnis weitgehend eingeschränkten Vertrauensschutzes wäre eine Entscheidung des Gesetzgebers, die Regelung in § 42 Abs. 3 Satz 1 LDG zu streichen, sachgerecht.

## § 43
## Grenzen der erneuten Ausübung der Disziplinarbefugnisse

**(1) Wird der Widerspruchsbescheid nicht von der obersten Dienstbehörde erlassen, ist er ihr unverzüglich zuzuleiten. Die oberste Dienstbehörde kann den Widerspruchsbescheid, durch den über eine Disziplinarverfügung entschieden worden ist, jederzeit aufheben. Sie kann in der Sache neu entscheiden oder Disziplinarklage erheben. Eine Verschärfung der Disziplinarmaßnahme nach Art oder Höhe oder die Erhebung der Disziplinarklage ist nur innerhalb von drei Monaten nach der Zustellung des Widerspruchsbescheides zulässig, es sei denn, es ergeht wegen desselben Sachverhalts ein rechtskräftiges Urteil aufgrund von tatsächlichen Feststellungen, die von denjenigen tatsächlichen Feststellungen, auf denen die Entscheidung beruht, abweichen.**

**(2) Eine Zuleitungspflicht nach Absatz 1 Satz 1 besteht nicht, sofern dies die oberste Dienstbehörde allgemein oder für den Einzelfall angeordnet hat.**

### Erläuterungen

Im Gesetzentwurf ist der Gegenstand der Regelung wie folgt treffend umschrieben worden (LT-Drucks. 3/3364, Begründung zu Art. 1 § 43):

*„Die Vorschrift regelt in Absatz 1 – in Anlehnung an § 36 Abs. 2 und 3 – die Kompetenz der obersten Dienstbehörde, eine abweichende Entscheidung zu treffen. Auch hier kann die oberste Dienstbehörde nach Absatz 2 bestimmen, dass eine Zuleitungspflicht nicht besteht, um den Besonderheiten des zweistufigen Verwaltungsaufbaus im Land Brandenburg gerecht zu werden und die Verfahren zu beschleunigen. Eine derartige Anordnung lässt aber die übrigen Kompetenzen der obersten Dienstbehörde nach Absatz 1 unberührt."*

Auch die innerhalb von drei Monaten nach § 43 Abs. 1 Satz 3 LDG mögliche reformatio in peius lässt die in § 42 Abs. 3 Satz 1 LDG getroffene, letztlich falsche Erwartungen weckende Festlegung fragwürdig erscheinen (siehe dazu bereits Erl. zu § 42 LDG).

## § 44
## Kostentragung

**(1) Im Widerspruchsverfahren trägt der unterliegende Teil die entstandenen Auslagen. Hat der Widerspruch teilweise Erfolg, sind die Auslagen im Verhältnis zu teilen. Wird eine Disziplinarverfügung trotz des Vorliegens eines Dienstvergehens aufgehoben, können die Auslagen ganz oder teilweise dem Beamten auferlegt werden.**

**(2) Nimmt der Beamte den Widerspruch zurück, trägt er die entstandenen Auslagen.**

**(3) Erledigt sich das Widerspruchsverfahren in der Hauptsache auf andere Weise, ist über die entstandenen Auslagen nach billigem Ermessen zu entscheiden.**

**(4) § 38 Abs. 4 bis 6 gilt entsprechend.**

### Erläuterungen

Die Kostentragung regelt § 44 Abs. 1 LDG für das Widerspruchsverfahren nach dem Maß des Obsiegens und Unterliegens, wovon jedoch im Fall der Aufhebung einer Disziplinarverfügung trotz Vorliegens eines Dienstvergehens nach § 44 Abs. 1 Satz 3 LDG (letztlich aus Billigkeitsgründen) abgewichen werden kann. Nimmt der Beamte den Widerspruch zurück, trägt er stets die entstandenen Auslagen, § 44 Abs. 2 LDG. Erledigt sich das Widerspruchsverfahren auf andere Weise, entscheidet die Widerspruchsbehörde über die entstandenen Auslagen nach billigem Ermessen (vgl. § 161 Abs. 2 Satz 1 VwGO). Im Übrigen gelten nach § 44 Abs. 4 LDG die in § 38 Abs. 4 bis 6 LDG getroffenen Regelungen entsprechend. Für eine Anwendung von § 80 VwVfG über § 3 LDG i. V. m. § 1 Abs. 1 VwVfGBbg besteht angesichts der abschließenden Regelung in § 44 LDG kein Raum.

# TEIL 4
# GERICHTLICHES DISZIPLINARVERFAHREN

## Kapitel 1
## Disziplinargerichtsbarkeit

### § 45
### Zuständigkeit der Verwaltungsgerichtsbarkeit

**Die Aufgaben der Disziplinargerichtsbarkeit nach diesem Gesetz nehmen das Verwaltungsgericht Potsdam, das Oberverwaltungsgericht und das Bundesverwaltungsgericht wahr. Hierzu wird bei dem Verwaltungsgericht Potsdam eine Kammer für Disziplinarsachen und bei dem Oberverwaltungsgericht ein Senat für Disziplinarsachen gebildet.**

#### Erläuterungen

§ 45 LDG normiert auf der Grundlage von § 187 Abs. 1 VwGO die Eingliederung der Disziplinargerichtsbarkeit in die allgemeine Verwaltungsgerichtsbarkeit. Die erstinstanzlichen Verfahren sind (auf der Grundlage von § 3 Abs. 1 Nr. 4 VwGO) für das gesamte Land Brandenburg bei dem Verwaltungsgericht Potsdam konzentriert. Diese Konzentration ist wegen der notwendigen Spezialisierung und insbesondere angesichts des überschaubaren Verfahrensaufkommens (mit in der Regel zwischen 15 bis zu maximal 30 Eingängen pro Jahr) sicherlich sachgerecht, auch wenn die Laufzeit der einschlägigen Gerichtsverfahren in der Vergangenheit Anlass zu berechtigter Kritik gegeben hatte. Wegen des überschaubaren Verfahrensaufkommens ist die Frage, ob § 45 LDG ungeachtet des Wortlauts („eine Kammer", „ein Senat") auch die Bildung von mehr als einem Spruchkörper für Disziplinarsachen bei dem Verwaltungsgericht Potsdam bzw. dem Oberverwaltungsgericht zulässt, nicht von praktischer Relevanz.

Gerichtsbezirksübergreifende Zuständigkeitsbestimmungen für die erste Instanz sind auch in einigen anderen Bundesländern getroffen worden (siehe die Übersicht bei *Gansen*, § 45 BDG, Rn. 17).

### § 46
### Kammer für Disziplinarsachen

**(1) Die Kammer für Disziplinarsachen entscheidet in der Besetzung von drei Richtern und zwei Beamtenbeisitzern als ehrenamtlichen Richtern, wenn nicht ein Einzelrichter entscheidet. An Beschlüssen außerhalb der mündlichen Verhandlung und an Gerichtsbescheiden wirken die Beamtenbeisitzer nicht mit. Einer der Beamtenbeisitzer**

**soll dem Verwaltungszweig und der Laufbahngruppe des Beamten angehören, gegen den sich das Disziplinarverfahren richtet.**

**(2) Für die Übertragung des Rechtsstreits auf den Einzelrichter gilt § 6 der Verwaltungsgerichtsordnung. In dem Verfahren der Disziplinarklage ist eine Übertragung auf den Einzelrichter ausgeschlossen.**

**(3) Der Vorsitzende der Kammer für Disziplinarsachen entscheidet, wenn die Entscheidung im vorbereitenden Verfahren ergeht,**

**1. bei Zurücknahme der Klage, des Antrags oder eines Rechtsmittels,**

**2. bei Erledigung des gerichtlichen Disziplinarverfahrens in der Hauptsache und**

**3. über die Kosten.**

**Ist ein Berichterstatter bestellt, entscheidet er anstelle des Vorsitzenden.**

## Erläuterungen

Übersicht



### 1. Besetzung

Die Besetzung der Disziplinarkammer ist durch § 46 Abs. 1 Satz 1 und 2 LDG in Anlehnung an § 5 Abs. 3 VwGO geregelt, geprägt jedoch durch die Besonderheit der Mitwirkung von Beamtenbeisitzern (siehe § 47 LDG) als ehrenamtliche Richter. Der Vorgabe des § 46 Abs. 1 Satz 3 LDG, wonach einer der Beamtenbeisitzer dem Verwaltungszweig und der Laufbahngruppe des Beamten angehören soll, gegen den sich das Disziplinarverfahren richtet, ist einerseits durch die Wahl der dafür voraussichtlich benötigten Beamtenbeisitzer (§ 48 LDG) und andererseits durch den Geschäftsverteilungsplan des Gerichts Rechnung zu tragen. „Verwaltungszweig" ist, wie sich aus § 49 Abs. 2 LDG ergibt nicht mit „Dienststelle" gleichzusetzen, vielmehr werden die Verwaltungszweige durch die Verwaltungsbereiche repräsentiert, die typischerweise Fachressorts als Geschäftsbereich zugeordnet sind (*Werres* in Schütz/Schmiemann, § 46 BDG Rn. 16). Um der Soll-Vorgabe Rechnung zu tragen, sind die Beamtenbeisitzer nach Listen zu wählen bzw. – typischerweise in alphabethischer Reihenfolge – heranzuziehen, gegliedert nach Verwaltungszweigen in dem genannten Sinne und innerhalb dieser nach Laufbahngruppen. Vorrangig ist insoweit auf den Verwaltungszweig abzustellen, der Laufbahngruppe kommt nach den der Regelung zugrundeliegenden Vorstellungen des Gesetzgebers (siehe LT-Drucks. 3/3364, Begründung zu Art. 1 § 46 des Gesetzentwurfs: ein Beamtenbeisitzer soll „dem Verwaltungszweig und *möglichst* auch der Laufbahngruppe des Beamten angehören", Hervorhebung nur hier) nur nachrangige Bedeutung zu (vgl. auch – offen – OVG Bln-Bbg, Urt. vom 12.1.2015 – OVG 81 D 2.11 –, juris Rn. 31). Maßgeblich für die entsprechende Zuordnung der Beamtenbeisitzer sind die Verhältnisse zum Zeitpunkt ihrer Wahl (OVG Bln-Bbg, a. a. O., Rn. 32).

### 2. Einzelrichterübertragung

Die Übertragung auf den Einzelrichter nach § 6 VwGO schränkt § 46 Abs. 2 LDG ein. Da es erfahrungsgemäß auch bei Disziplinarklagen einfach gelagerte Fälle ohne grundsätzliche Bedeutung gibt, bei denen auch eine Mitwirkung der Beamtenbeisitzer entbehrlich erscheint, ist diese Einschränkung fragwürdig. Zumindest eine Einzelrichterübertragung mit erklärter Zustimmung der Beteiligten sollte daher – im Sinne der nach § 4 LDG gebotenen beschleunigten Durchführung – de lege ferenda auch für Disziplinarklagen ermöglicht werden (siehe aber auch die gegenläufige Kritik von *Weiß* in Weiß/Koch, M § 46 Rn. 79).

### 3. Entscheidungen im vorbereitenden Verfahren

Für die Fälle der Zurücknahme, der Hauptsachenerledigung und der Entscheidungen über die Kosten trifft § 46 Abs. 3 LDG eine § 87a Abs. 1 und 3 VwGO entsprechende Regelung, dass der Vorsitzende bzw. ein Berichterstatter entscheiden. Diese Regelung ist abschließend, weshalb der Vorsitzende bzw. Berichterstatter nur in den genannten Fällen anstelle der Kammer entscheiden kann, nicht hingegen – wie nach § 87a Abs. 2 VwGO – auch sonst im Einverständnis der Beteiligten (*Werres* in Schütz/Schmiemann, § 46 BDG Rn. 30; a. A. *Gansen*, § 46 BDG Rn. 15).

## § 47
## Beamtenbeisitzer

**(1) Die Beamtenbeisitzer müssen auf Lebenszeit oder auf Zeit ernannte Beamte sein und bei ihrer Wahl bei einem brandenburgischen Dienstherrn beschäftigt sein.**

**(2) Die §§ 20 bis 28 der Verwaltungsgerichtsordnung werden vorbehaltlich des § 51 Absatz 3 auf die Beamtenbeisitzer nicht angewandt.**

### Erläuterungen

§ 47 Abs. 1 LDG regelt insbesondere die statusrechtlichen Anforderungen an die Beamtenbeisitzer, verbunden mit der Klarstellung, dass sie zum Zeitpunkt ihrer Wahl (tatsächlich) bei einem brandenburgischen Dienstherrn beschäftigt sein müssen.

§ 47 Abs. 2 LDG schließt die auf Beamtenbeisitzer nicht passenden §§ 20 bis 28 VwGO von der Anwendbarkeit aus, wobei der Hinweis auf § 51 Abs. 3 LDG nur den spezielleren Charakter jener Regelung klarstellt (Entscheidung über die Entbindung eines Beamtenbeisitzers in entsprechender Anwendung von § 24 Abs. 3 VwGO).

## § 48
## Wahl der Beamtenbeisitzer

**(1) Die Beamtenbeisitzer werden von dem Ausschuss, der zur Wahl der ehrenamtlichen Richter bestellt ist (§ 26 der Verwaltungsgerichtsordnung), auf vier Jahre gewählt. Wird eine Nachwahl erforderlich, ist sie nur für den Rest der Amtszeit vorzunehmen.**

**(2) Das für die Verwaltungsgerichtsbarkeit zuständige Ministerium stellt in jedem vierten Jahr eine Vorschlagsliste von Beamtenbeisitzern auf. Hierbei ist die doppelte Anzahl der durch den Präsidenten des Verwaltungsgerichts als erforderlich bezeichneten Beamtenbeisitzer zugrunde zu legen. Die obersten Landesbehörden, die im Land bestehenden Spitzenorganisationen der Gewerkschaften der Beamten und die kommunalen Spitzenverbände können für die Aufnahme von Beamten in die Liste Vorschläge machen. In den Listen sind die Beamten nach Laufbahngruppen und Verwaltungsbereichen gegliedert aufzuführen. Die Liste ist dem Präsidenten des Verwaltungsgerichts zuzusenden.**

### Erläuterungen

Die Wahl der Beamtenbeisitzer erfolgt wie die Wahl der (allgemeinen) ehrenamtlichen Richter des Verwaltungsgerichts durch den nach § 26 VwGO bestellten Ausschuss (§ 48 Abs. 1 Satz 1 LDG). Wann eine Nachwahl im Sinne von § 48 Abs. 1 Satz 2 LDG „erforderlich wird", gibt das Gesetz nicht vor, hier wird sich der Vorsitzende des Wahlausschusses an der Einschätzung des Vorsitzenden der Kammer für Disziplinarsachen orientieren, ob die verbliebenen Beamtenbeisitzer bei dem gegebenen bzw. zu erwartenden Geschäftsanfall für den Rest der Wahlperiode ausreichen. In aller Regel wird dies der Fall sein, denn bei der Festlegung der Anzahl der als erforderlich bezeichneten Beamtenbeisitzer (§ 48 Abs. 2 Satz 2 LDG) wird üblicherweise ein gewisser Schwund an Beamtenbeisitzern im Lauf der vierjährigen Amtsperiode mit in Ansatz gebracht.

Bleibt die Anzahl der auf einzelnen Vorschlagslisten verzeichneten Beamtenbeisitzer hinter der doppelten Anzahl der vom Präsidenten des Verwaltungsgerichts nach § 48 Abs. 2 Satz 2 LDG als erforderlich bezeichneten Beamtenbeisitzer zurück, wird es regelmäßig vom Wahlausschuss als sachgerecht eingeschätzt werden können, dies durch die Wahl von weiteren Beamtenbeisitzern aus anderen Vorschlagslisten zu kompensieren, damit die als erforderlich bezeichnete Gesamtzahl nicht unterschritten wird.

Bei der Aufstellung der Vorschlagslisten wie auch der Wahlentscheidung sollten solche Beamten unberücksichtigt bleiben, bei denen das Vorliegen von Ausschlussgründen nach § 49 Abs. 1 LDG absehbar zu erwarten ist, also insbesondere mit der Bearbeitung von Personalangelegenheiten und insbesondere von Disziplinarsachen befasste oder als Mitglieder in Personalvertretungen tätige Beamte.

## § 49
## Ausschluss von der Ausübung des Richteramts

**(1) Ein Richter oder Beamtenbeisitzer ist von der Ausübung des Richteramts kraft Gesetzes ausgeschlossen, wenn er**

1. **durch das Dienstvergehen verletzt ist,**
2. **Ehegatte, eingetragener Lebenspartner oder gesetzlicher Vertreter des Beamten oder des Verletzten ist oder war,**
3. **mit dem Beamten oder dem Verletzten in gerader Linie verwandt oder verschwägert oder in der Seitenlinie bis zum dritten Grad verwandt oder bis zum zweiten Grad verschwägert ist oder war,**
4. **in dem Disziplinarverfahren gegen den Beamten tätig war oder als Zeuge gehört wurde oder als Sachverständiger ein Gutachten erstattet hat,**
5. **in einem wegen desselben Sachverhalts eingeleiteten Straf- oder Bußgeldverfahren gegen den Beamten beteiligt war,**
6. **Dienstvorgesetzter des Beamten ist oder war oder bei einem Dienstvorgesetzten des Beamten mit der Bearbeitung von Personalangelegenheiten des Beamten befasst ist oder**
7. **als Mitglied einer Personalvertretung in dem Disziplinarverfahren gegen den Beamten mitgewirkt hat.**

**(2) Ein Beamtenbeisitzer ist auch ausgeschlossen, wenn er der Dienststelle des Beamten angehört.**

### Erläuterungen

§ 49 LDG regelt die Gründe für den Ausschluss von der Ausübung des Richteramtes. Da die Vorschrift abschließend ist, findet kein Rückgriff auf § 54 Abs. 1 und 2 VwGO statt (*Urban* in Urban/Wittkowski, § 48 BDG, Rn. 1).

Zu den in § 49 Abs. 1 LDG geregelten Fällen sind nur einige wenige Anmerkungen veranlasst:

**Nr. 1** – Der (ehrenamtliche) Richter muss durch das mutmaßliche Dienstvergehen unmittelbar persönlich verletzt worden sein; nicht (mehr) in das Disziplinarverfahren einbezogene Handlungen bleiben außer Betracht.

**Nr. 2** – Der Begriff des gesetzlichen Vertreters erstreckt sich auch auf den (früheren) Vormund oder Betreuer des Beamten (*Urban* in Urban/Wittkowski, § 48 BDG Rn. 6 m. w. N.).

**Nr. 3** – Maßgeblich sind die §§ 1589, 1590 BGB.

**Nr. 4** – Relevant ist nur die substanzielle Tätigkeit „in dem Disziplinarverfahren", bloße Hilfstätigkeiten (etwa als Schreibkraft) werden daher ebenso wenig erfasst (*Gansen*, § 48 BDG Rn. 8) wie etwa dem Disziplinarverfahren vorgelagerte Prüfungen oder auch das Erstellen von Vermerken zu abstrakten Rechtsfragen, mögen diese auch aus Anlass des Disziplinarverfahrens an den (ehrenamtlichen) Richter herangetragen worden sein.

**Nr. 5** – Außer Betracht bleibt auch hier das Ausüben reiner Hilfsfunktionen etwa von Schreibkräften oder Wachtmeistern.

**Nr. 6** – Die bearbeiteten Personalangelegenheiten müssen keinen Bezug zu dem Disziplinarverfahren haben, es muss sich jedoch um eine substanzielle Bearbeitung jenseits von bloßen Hilfstätigkeiten gehandelt haben.

**Nr. 7** – Erfasst wird nach dem Zweck der Ausschlussregelung auch eine Mitwirkung an der Meinungsbildung der Personalvertretung im Rahmen einer bloß informell erfolgten Beteiligung (a. A. *Gansen*, § 38 BDG Rn. 12, *Urban* in Urban/Wittkowski, § 48 BDG Rn. 12).

Der **Ausschluss von Angehörigen derselben Dienststelle** nach § 49 Abs. 2 LDG betrifft, anders als § 49 Abs. 1 LDG, allein die Beamtenbeisitzer. Diese Einschränkung ist jedenfalls wegen ihrer (möglichen) praktischen Relevanz im Falle von Disziplinarverfahren betreffend Beamte des Verwaltungsgerichts Potsdam nötig.

Zur **Besorgnis der Befangenheit** trifft das LDG keine Regelung, weshalb gemäß § 3 LDG i. V. m. § 54 Abs. 1 VwGO und §§ 42 bis 49 ZPO gelten. Wird ein Richter während der Verhandlung der Disziplinarkammer abgelehnt, kann der Termin daher bei Vorliegen der Voraussetzungen nach § 47 Abs. 2 Satz 1 ZPO unter Mitwirkung des abgelehnten Richters fortgesetzt werden.

## § 50
## Nichtheranziehung eines Beamtenbeisitzers

**Ein Beamtenbeisitzer, gegen den Disziplinarklage oder wegen einer vorsätzlich begangenen Straftat die öffentliche Klage erhoben oder der Erlass eines Strafbefehls beantragt oder dem die Führung seiner**

**Dienstgeschäfte verboten worden ist, darf während dieser Verfahren oder für die Dauer des Verbots zur Ausübung seines Amts nicht herangezogen werden.**

**Erläuterungen**

Die Mitwirkung eines durch ein gegen ihn geführtes Straf- oder Disziplinarverfahren selbst schwer belasteten Beamtenbeisitzers wäre den Beteiligten nicht zumutbar und würde auch das Ansehen der Disziplinarkammer beschädigen. Entsprechend belastete Berufsrichter sind in Ermangelung einer für sie getroffenen disziplinargesetzlichen Regelung erst nach der gerichtlichen Untersagung der Führung der Amtsgeschäfte (§ 35 DRiG) nicht mehr heranzuziehen.

## § 51
## Entbindung vom Amt des Beamtenbeisitzers

**(1) Der Beamtenbeisitzer ist von seinem Amt zu entbinden, wenn**

1. **er im Strafverfahren rechtskräftig zu einer Freiheitsstrafe verurteilt worden ist,**
2. **im Disziplinarverfahren gegen ihn unanfechtbar eine Disziplinarmaßnahme mit Ausnahme eines Verweises ausgesprochen worden ist,**
3. **er in ein Amt außerhalb des Landes Brandenburg versetzt wird,**
4. **das Beamtenverhältnis endet oder**
5. **die Voraussetzungen für das Amt des Beamtenbeisitzers nach § 47 Absatz 1 bei der Wahl nicht vorlagen.**

**(2) In besonderen Härtefällen kann der Beamtenbeisitzer auch auf Antrag von der weiteren Ausübung des Amts entbunden werden.**

**(3) Für die Entscheidung gilt § 24 Absatz 3 der Verwaltungsgerichtsordnung entsprechend.**

**Erläuterungen**

§ 51 LDG regelt, im Wesentlichen § 24 VwGO verdrängend (vgl. auch § 47 Abs. 2 LDG), den dauerhaften Ausschluss der Beamtenbeisitzer durch ihre Entbindung. Bis zur Entbindung, d. h. der Entscheidung des dafür zuständigen Senats des Oberverwaltungsgerichts (§ 51 Abs. 3 LDG i. V. m. § 24 Abs. 3 VwGO), ist der betroffene Beamtenbeisitzer – vorbehaltlich eines anderen Ausschluss- bzw. eines Verhinderungsgrundes – weiter heranzuziehen. Ob die Entbindung wegen Versetzung in ein Amt außerhalb des Landes Brandenburg (§ 51 Abs. 1 Nr. 3 LDG) in entsprechender Anwendung von § 24 Abs. 3 VwGO einen Antrag des Beamtenbeisitzers erfordert (vgl. in diesem Sinne zu § 50 Abs. 1 Nr. 3 BDG NdsOVG, Beschl. vom 19.4.2017 – 13 PS 34/17 –, juris

Rn. 1; *Weiß* in Weiß/Koch, M § 50 Rn. 36, 45; *Werres* in Schütz/Schmiemann, § 50 BDG Rn. 14) mag zweifelhaft sein (abweichend wohl *Köhler* in Baunack/Köhler, § 50 BDG Rn. 5), jedenfalls vorsorglich sollte der Beamtenbeisitzer im Falle seiner Versetzung durch den Präsidenten des Verwaltungsgerichts um eine entsprechende Antragstellung gebeten werden.

An das Vorliegen eines „besonderen" Härtefalles im Sinne von § 51 Abs. 2 LDG (siehe gleichsinnig § 24 Abs. 2 VwGO) sind hohe Anforderungen zu stellen, es muss sich um einen absehbar dauerhaft gegebenen Grund (wie eine schwere und voraussichtlich nicht heilbare Erkrankung) handeln, der die Ausübung des Richteramtes unmöglich oder unzumutbar macht (vgl. *Urban* in Urban/Wittkwoski, § 50 BDG Rn. 8).

## § 52
## Senate für Disziplinarsachen

**(1) Für den Senat für Disziplinarsachen des Oberverwaltungsgerichts gelten § 46 Abs. 1 und 3 sowie die §§ 47 bis 51 entsprechend.**

**(2) Für das Bundesverwaltungsgericht gilt § 49 Abs. 1 entsprechend.**

### Erläuterungen

§ 52 Abs. 1 LDG erklärt die für das Verwaltungsgericht getroffenen gerichtsverfassungsrechtlichen Regelungen für den Senat für Disziplinarsachen für entsprechend anwendbar, ausgenommen nur die – auch nach der Verwaltungsgerichtsordnung für das Oberverwaltungsgericht nur in Sonderfällen (§ 9 Abs. 4 VwGO) mögliche – Einzelrichterübertragung nach § 46 Abs. 2 LDG.

Grundlage für die Regelung in § 52 Abs. 2 LDG ist § 187 Abs. 1 VwGO.

# Kapitel 2
# Disziplinarverfahren vor dem Verwaltungsgericht

## Abschnitt 1
## Klageverfahren

## § 53
## Klageerhebung, Form und Frist der Klage

**(1) Die Disziplinarklage ist schriftlich zu erheben. Die Klageschrift muss den persönlichen und beruflichen Werdegang des Beamten, den bisherigen Gang des Disziplinarverfahrens, die Tatsachen, in denen ein Dienstvergehen gesehen wird, und die anderen Tatsachen und**

**Beweismittel, die für die Entscheidung bedeutsam sind, geordnet darstellen. Liegen die Voraussetzungen des § 24 Abs. 1 vor, kann wegen der Tatsachen, in denen ein Dienstvergehen gesehen wird, auf die bindenden Feststellungen der ihnen zugrunde liegenden Urteile verwiesen werden.**

**(2) Für die Form und Frist der übrigen Klagen gelten die §§ 74, 75 und 81 der Verwaltungsgerichtsordnung. Der Lauf der Frist des § 75 Satz 2 der Verwaltungsgerichtsordnung ist gehemmt, solange das Disziplinarverfahren nach § 23 ausgesetzt ist.**

**(3) Mit der Klageschrift sind die Akten, beigezogenen Schriftstücke und Dateien vorzulegen.**

**Erläuterungen**

Übersicht



## 1. Disziplinarklageerhebung durch den Dienstherrn

§ 53 LDG regelt die Erhebung der Klagen, differenziert nach Disziplinarklagen des Dienstherrn (Abs. 1 und Abs. 3) und den „übrigen" Klagen (Abs. 2) des Beamten.

Die Disziplinarklage ist von der obersten Dienstbehörde bzw. dem zuständigen Dienstvorgesetzten (§ 35 Abs. 2 LDG) für den Dienstherrn zu erheben. Erfolgt die Klageerhebung durch eine dafür nicht zuständige Stelle, ist sie unzulässig (vgl. OVG Bln-Bbg, Urt. vom 10.11.2011 – OVG 80 D 6.09 –, juris Rn. 16 ff.; siehe ferner Erl. 1 zu § 56). Die frühere Rechtsprechung, wonach die Disziplinarklage von dem zuständigen Dienstvorgesetzten im eigenen Namen zu erheben sei, hat die Kammer für Disziplinarsachen des Verwaltungsgerichts Potsdam im Jahr 2022 (Urteil vom 16.3.2022 – 17 K 2313/19.OL –, n. v.) aufgegeben und sich damit im Ergebnis der neueren einschlägigen Rechtsprechung des Bundesverwaltungsgerichts (Beschl. vom 11.3.2021 – 2 B 76.20 –, juris Rn. 11 f.) angeschlossen. Für dieses Ergebnis sprechen entscheidend die Regelungen in § 35 Abs. 2 LDG, wonach die Disziplinarklage „durch" die (und nicht „von" der) obersten Dienstbehörde bzw. den zur Ausübung der Disziplinarbefugnisse zuständigen Dienstvorgesetzten erhoben wird, sowie die Regelungen in §§ 54 Abs. 2 Satz 1 und 3, 56 Abs. 3 Satz 1 und 62 Abs. 1 LDG, welche eindeutig den „Dienstherrn" als Prozessbeteiligten adressieren. Außerdem muss die Gestaltungswirkung insbesondere einer angestrebten Entfernung aus dem Beamtenverhältnis gegenüber dem Dienstherrn herbeigeführt werden, in dessen Namen das Beamtenverhältnis durch die Ernennung begründet wurde und zu dem es besteht.

Die Disziplinarklage ist nach § 53 Abs. 1 Satz 1 LDG **schriftlich** zu erheben und nach § 3 LDG i. V. m. § 55d Satz 1 VwGO als elektronisches Dokument zu übermitteln. Mit der Klageschrift sind nach § 53 Abs. 3 LDG die Akten, d. h. die (in der Regel nicht elektronisch geführten und daher auch auf herkömmlichem Wege zu übermittelnden) Verwaltungsvorgänge, und die beigezogenen Schriftstücke und Dateien vorzulegen.

Die **inhaltlichen Anforderungen** an die Disziplinarklageschrift normiert § 53 Abs. 1 Satz 2 und 3 LDG. Abgesehen von der geordneten Darstellung des persönlichen und beruflichen Werdeganges des Beamten und des bisherigen Ganges des Disziplinarverfahrens müssen die Sachverhalte, aus denen das Dienstvergehen hergeleitet wird, aus sich heraus verständlich geschildert werden. Ort und Zeit der einzelnen Handlungen müssen möglichst genau angegeben, die Geschehensabläufe nachvollziehbar beschrieben werden. Hierdurch soll gewährleistet werden, dass sich der Beamte gegen die gegen ihn erhobenen disziplinarischen Vorwürfe sachgerecht verteidigen kann. Zugleich werden durch eine den Anforderungen des § 53 Abs. 1 Satz 2 LDG genügende Klageschrift Umfang und Grenzen der gerichtlichen Disziplinarbefugnis festgelegt. Denn nach § 61 Abs. 2 Satz 1 LDG dürfen nur Handlungen zum Gegenstand der Urteilsfindung gemacht werden, die dem Beamten in der Klage oder einer Nachtragsdisziplinarklage (§ 54 LDG) als Dienstvergehen zur Last gelegt worden sind. Nach § 53 Abs. 1 Satz 2 LDG ist allerdings nicht erforderlich, dass die Klageschrift die angeschuldigten Sachverhalte disziplinarrechtlich zutreffend würdigt. Aufgrund des doppelten Zwecks der Disziplinarklageschrift muss diese aber erkennen lassen, gegen welche Dienstpflichten das angeschuldigte Verhalten des Beamten verstoßen soll und ob dem Beamten Vorsatz oder Fahrlässigkeit zur Last gelegt wird (BVerwG, Beschl. vom 9.2.2023 – 2 B 12.22 –, juris Rn. 8 m. w. N.). Liegen nach § 24 Abs. 1 LDG bindende tatsächliche Feststellungen eines rechtskräftigen (insbesondere: Straf-)Urteils vor, kann wegen der Tatsachen, in denen ein Dienstvergehen gesehen wird, gemäß § 53 Abs. 1 Satz 3 LDG auf diese verwiesen werden.

Zu Beteiligungserfordernissen kann auf die Darstellung bei Erl. 2 zu § 35 LDG verwiesen werden.

## 2. Klage des Beamten

Für die „übrigen Klagen", also insbesondere die Anfechtungsklage des Beamten gegen eine Disziplinarverfügung, gelten, dies stellt § 53 Abs. 2 Satz 1 LDG für die dort aufgeführten Vorschriften – wegen § 3 LDG: nur deklaratorisch – klar, die einschlägigen Regelungen der Verwaltungsgerichtsordnung. Konstitutiv ist hingegen die Regelung in

§ 53 Abs. 2 Satz 2 LDG, wonach die für die Untätigkeitsklage nach § 75 Satz 2 VwGO grundsätzlich geltende Sperrfrist von drei Monaten für die Dauer der Aussetzung des Disziplinarverfahrens nach § 23 LDG gehemmt ist.

## § 54
## Nachtragsdisziplinarklage

**(1) Neue Handlungen, die nicht Gegenstand einer anhängigen Disziplinarklage sind, können nur durch Erhebung einer Nachtragsdisziplinarklage in das Disziplinarverfahren einbezogen werden.**

**(2) Hält der Dienstherr die Einbeziehung neuer Handlungen für angezeigt, teilt er dies dem Gericht unter Angabe der konkreten Anhaltspunkte mit, die den Verdacht eines Dienstvergehens rechtfertigen. Das Gericht setzt das Disziplinarverfahren vorbehaltlich des Absatzes 3 aus und bestimmt eine Frist, bis zu der die Nachtragsdisziplinarklage erhoben werden kann. Die Frist kann auf einen vor ihrem Ablauf gestellten Antrag des Dienstherrn verlängert werden, wenn dieser sie aus Gründen, die er nicht zu vertreten hat, voraussichtlich nicht einhalten kann. Die Fristsetzung und ihre Verlängerung erfolgen durch Beschluss. Der Beschluss ist unanfechtbar.**

**(3) Das Gericht kann von einer Aussetzung des Disziplinarverfahrens nach Absatz 2 absehen, wenn die neuen Handlungen für die Art und Höhe der zu erwartenden Disziplinarmaßnahme voraussichtlich nicht ins Gewicht fallen oder ihre Einbeziehung das Disziplinarverfahren erheblich verzögern würde; Absatz 2 Satz 4 und 5 gilt entsprechend. Ungeachtet einer Fortsetzung des Disziplinarverfahrens nach Satz 1 kann wegen der neuen Handlungen bis zur Zustellung der Ladung zur mündlichen Verhandlung oder bis zur Zustellung eines Beschlusses nach § 60 Nachtragsdisziplinarklage erhoben werden. Die neuen Handlungen können auch Gegenstand eines neuen Disziplinarverfahrens sein.**

**(4) Wird innerhalb der nach Absatz 2 bestimmten Frist nicht Nachtragsdisziplinarklage erhoben, setzt das Gericht das Disziplinarverfahren ohne Einbeziehung der neuen Handlungen fort; Absatz 3 Satz 2 und 3 gilt entsprechend.**

### Erläuterungen

§ 54 Abs. 1 LDG regelt, dass neue Handlungen nur im Wege der Nachtragsdisziplinarklage in das laufende Disziplinar(klage)verfahren einbezogen werden können. Dazu gibt § 54 Abs. 2 LDG ein bestimmtes, auf einen geordneten und beschleunigten Ablauf zielendes Verfahren vor: Der Dienstherr teilt dem Gericht die ihm angezeigt erscheinende Einbeziehung neuer Handlungen unter Angabe der konkreten

Anhaltspunkte mit, die den Verdacht eines Dienstvergehens rechtfertigen, mit (Satz 1).

Das Gericht hat dann zu prüfen, ob die neuen Handlungen für die Art und Höhe der zu erwartenden Disziplinarmaßnahme voraussichtlich nicht ins Gewicht fallen oder ob ihre Einbeziehung das Disziplinarverfahren erheblich verzögern würde. Gegebenenfalls kann das Gericht durch unanfechtbaren Beschluss (§ 54 Abs. 3 Satz 1 i. V. m. Abs. 2 Satz 4 und 5 LDG) von einer Aussetzung des Disziplinarverfahrens absehen (§ 54 Abs. 3 Satz 1 LDG) und das Verfahren also zum bisherigen Gegenstand fortsetzen. Der Dienstherr kann unbeschadet dessen nach § 54 Abs. 3 Satz 3 LDG bis zur Zustellung der Ladung zur mündlichen Verhandlung oder bis zur Zustellung eines Beschlusses nach § 60 LDG Nachtragsdisziplinarklage erheben bzw. alternativ die neuen Handlungen zum Gegenstand eines neuen Disziplinarverfahrens machen (Einschränkung bzw. Durchbrechung des Grundsatzes der Einheit des Dienstvergehens, s. zu diesem Erl. 5 zu § 2 LDG).

Fallen die neuen Handlungen nach Einschätzung des Gerichts für die Art und Höhe der zu erwartenden Disziplinarmaßnahme ins Gewicht, setzt es das Disziplinarverfahren unter Bestimmung einer Frist, bis zu der die Nachtragsdisziplinarklage erhoben werden kann, durch unanfechtbaren Beschluss aus (§ 54 Abs. 2 Satz 2, 4 und 5 LDG). Die Frist kann unter den in § 54 Abs. 2 Satz 3 LDG genannten Voraussetzungen verlängert werden. Wird innerhalb der Frist keine Nachtragsdisziplinarklage erhoben, setzt das Gericht das durch den Beschluss nach § 54 Abs. 2 Satz 2 LDG ausgesetzte Disziplinarverfahren ohne Einbeziehung der neuen Handlungen fort. Gleichwohl kann der Dienstherr die neuen Handlungen noch bis zur Zustellung der Ladung zur mündlichen Verhandlung oder bis zur Zustellung eines Beschlusses nach § 60 LDG zum Gegenstand einer Nachtragsdisziplinarklage oder aber, unabhängig von den genannten Zustellungszeitpunkten, zum Gegenstand eines neuen Disziplinarverfahrens machen.

Die durchaus komplex gestaltete Regelung zur Nachtragsdisziplinarklage zielt im Kern auf einen möglichst zügigen Fortgang und Abschluss des anhängigen Disziplinarklageverfahrens (vgl. auch LT-Drucks. 3/3364, Begründung zu Art. 1 § 54 des Gesetzentwurfs).

Hinsichtlich der Form und des Inhalts der Nachtragsdisziplinarklage trifft § 54 LDG keine besonderen Regelungen, heranzuziehen sind daher die Regelungen in § 53 Abs. 1 und 3 LDG (vgl. auch *Urban* in Urban/Wittkowski, § 53 BDG Rn. 18, 19 m. w. N.).

## § 55

### Belehrung des Beamten

**Der Beamte ist durch den Vorsitzenden gleichzeitig mit der Zustellung der Disziplinarklage oder der Nachtragsdisziplinarklage auf die**

**Fristen des § 56 Abs. 1 und des § 59 Abs. 2 sowie auf die Folgen der Fristversäumung hinzuweisen.**

### Erläuterungen

Mit dem gerichtlichen (Begleit-)Schreiben zur Zustellung der Disziplinar- oder der Nachtragsdisziplinarklage (sog. Eingangsverfügung) sind dem Beamten die in § 55 LDG genannten Hinweise zu geben. Dies geschieht bei dem VG Potsdam üblicherweise mit dem folgenden Text:

*„Sie haben Gelegenheit zur schriftlichen Äußerung zur Disziplinarklage innerhalb von zwei Monaten nach Klagezustellung. Es werden folgende Hinweise gegeben:*

*Wesentliche Mängel des behördlichen Disziplinarverfahrens oder der Klageschrift sind gemäß § 56 Abs. 1 LDG innerhalb von zwei Monaten nach Zustellung der Klage geltend zu machen. Wesentliche Mängel, die nicht oder nicht innerhalb dieser Frist geltend gemacht werden, kann das Gericht unberücksichtigt lassen, wenn ihre Berücksichtigung nach seiner freien Überzeugung die Erledigung des Disziplinarverfahrens verzögern würde; dies gilt nicht, wenn Sie zwingende Gründe für die Verspätung glaubhaft machen (vgl. § 56 Abs. 2 LDG).*

*Beweisanträge sind gemäß § 59 Abs. 2 Satz 1 LDG innerhalb von zwei Monaten nach Zustellung der Klage zu stellen. Ein verspäteter Antrag kann abgelehnt werden, wenn seine Berücksichtigung nach der freien Überzeugung des Gerichts die Erledigung des Disziplinarverfahrens verzögern würde; dies gilt nicht, wenn zwingende Gründe für die Verspätung glaubhaft gemacht werden (vgl. § 59 Abs. 2 Satz 2 LDG).“*

Versäumt der Vorsitzende es, die Belehrungen gleichzeitig mit der Zustellung der Klage zu erteilen, können diese nachträglich erteilt werden; die verspätete Belehrung führt nicht zum Nachteil des Beamten zu einer Verkürzung der genannten Fristen, d. h. diese beginnen erst mit der Zustellung der nachgeholten Belehrung (vgl. *Gansen*, § 54 BDG Rn. 5; *Urban* in Urban/Wittkowski, § 54 BDG Rn. 6).

## § 56
## Mängel des behördlichen Disziplinarverfahrens oder der Klageschrift

**(1) Bei einer Disziplinarklage hat der Beamte wesentliche Mängel des behördlichen Disziplinarverfahrens oder der Klageschrift innerhalb von zwei Monaten nach Zustellung der Klage oder der Nachtragsdisziplinarklage geltend zu machen.**

**(2) Wesentliche Mängel, die nicht oder nicht innerhalb der Frist des Absatzes 1 geltend gemacht werden, kann das Gericht unberücksichtigt lassen, wenn ihre Berücksichtigung nach seiner freien Überzeugung die Erledigung des Disziplinarverfahrens verzögern würde und der Beamte über die Folgen der Fristversäumung belehrt worden ist;**

**dies gilt nicht, wenn der Beamte zwingende Gründe für die Verspätung glaubhaft macht.**

**(3) Das Gericht kann dem Dienstherrn zur Beseitigung eines wesentlichen Mangels, den der Beamte rechtzeitig geltend gemacht hat oder dessen Berücksichtigung es unabhängig davon für angezeigt hält, eine Frist setzen. § 54 Abs. 2 Satz 3 bis 5 gilt entsprechend. Wird der Mangel innerhalb der Frist nicht beseitigt, wird das Disziplinarverfahren durch Beschluss des Gerichts eingestellt.**

**(4) Die rechtskräftige Einstellung nach Absatz 3 steht einem rechtskräftigen Urteil gleich.**

**Erläuterungen**

Übersicht



§ 56 LDG bezweckt, bezogen auf die Disziplinarklage „die notwendige gerichtliche Überprüfung der verfahrensrechtlichen Bestimmungen mit dem Interesse an einer zügigen Verfahrensdurchführung und -beendigung in Einklang zu bringen" (LT-Drucks. 3/3364, Begründung zu Art. 1 § 56 des Gesetzentwurfs). Hat der Beamte wesentliche Mängel des Disziplinarverfahrens oder der Klageschrift nicht innerhalb der in § 56 Abs. 1 LDG genannten Frist von zwei Monaten geltend gemacht, ist er damit, sofern eine diesbezügliche Belehrung nach § 55 LDG erfolgt ist, präkludiert: Das Gericht kann die Mängel dann nach § 56 Abs. 2 LDG unberücksichtigt lassen, wenn die unterbliebene rechtzeitige Geltendmachung nach seiner freien Überzeugung die Erledigung des Disziplinarverfahrens verzögern würde.

## 1. Wesentliche Mängel

Das Gesetz selbst verzichtet auf eine Definition dazu, welche Mängel „wesentlich" sind. Mit dem Merkmal der Wesentlichkeit sollen der Begründung des Gesetzentwurfs zufolge „die für den Fortgang des Disziplinarverfahrens unabdingbaren Verfahrensbestimmungen von den bloßen Ordnungsbestimmungen, deren Verletzung sich auf das weitere Verfahren nicht auswirkt, abgegrenzt werden" ((LT-Drucks. 3/3364, Begründung zu Art. 1 § 56 des Gesetzentwurfs). Danach ist ein wesentlicher Mangel im behördlichen Disziplinarverfahren gegeben, wenn sich nicht mit hinreichender Sicherheit ausschließen lässt, dass der Mangel sich auf das Ergebnis (etwa auf den Entschluss zur Klageerhebung) ausgewirkt haben kann (vgl. BVerwG, Beschl. vom 16.3.2017 – 2 B 47.16 –, juris Rn. 17 m. w. N.). Bei Mängeln im Zusammenhang mit der Personalvertretung sind „alle konkreten Umstände des Mitbestimmungsverfahrens zu berücksichtigen" (BVerwG Urt. vom 24.6.2010 – 2 C 17.09 –, juris Rn. 19; vgl. auch OVG Bln-Bbg, Urt. vom 18.2.2014 – OVG 81 D 1.11 –, juris Rn. 47 f.). Entsprechendes gilt für die Beteiligung der Schwerbehindertenvertretung und der Gleichstellungsbeauftragten. Fehler bei der behördlichen Sachverhaltsaufklärung sind nicht wesentlich, da das Gericht selbst den Sachverhalt ordnungsgemäß aufzuklären hat (*Gansen*, § 55 BDG Rn. 14). Entsprechendes gilt für die Befangenheit eines am behördlichen Disziplinarverfahren mitwirkenden Bediensteten (*Gansen*, a. a. O. Rn. 15).

Aus dem Regelungszusammenhang (§ 56 Abs. 3 LDG) ergibt sich, dass die Norm nur für Mängel gilt, die noch beseitigt werden können, also behebbar sind (*Urban* in Urban/Wittkowski, § 55 BDG Rn. 10 f.). Ein nicht behebbarer Mangel führt ohne weiteres zur Klageabweisung. Mängel der Klageschrift sind im Regelfall behebbar (*Gansen*, § 55 BDG Rn. 18). Für den Fall der Klageerhebung durch eine dafür nicht zuständige Stelle hat das OVG Bln-Bbg das Vorliegen eines nicht behebbaren Mangels angenommen (OVG Bln-Bbg, Urt. vom 10.11.2011 – OVG 80 D 6.09 –, juris Rn. 16 ff.; a. A. – m. w. N. – *Gansen*, § 55 BDG Rn. 16).

## 2. Fristsetzung zur Mängelbeseitigung/Rechtsfolgen

Nach § 56 Abs. 3 Satz 1 LDG kann das Gericht dem Kläger zur Beseitigung eines wesentlichen Mangels, den der Beamte rechtzeitig geltend gemacht hat oder dessen Berücksichtigung es unabhängig davon für angezeigt hält, eine Frist setzen. Dies geschieht durch unanfechtbaren Beschluss (§§ 56 Abs. 3 Satz 2 i. V. m 54 Abs. 2 Satz 4 und 5 LDG). Alternativ zu diesem förmlichen Vorgehen kann das Gericht jedoch auch durch einen schlichten rechtlichen Hinweis auf eine zeitnahe Mangelbeseitigung hinzuwirken versuchen, was in aller Regel, wenn das Vorliegen des erheblichen Mangels außer Streit steht, eine förmliche Beschlussfassung entbehrlich macht.

Fasst das Gericht einen Beschluss nach § 56 Abs. 3 Satz 1 LDG, muss der Mangel innerhalb der (gegebenenfalls nach §§ 56 Abs. 3 Satz 2 i. V. m. 54 Abs. 2 Satz 3 LDG zu verlängernden) Frist beseitigt werden. Geschieht dies nicht, wird das Disziplinarverfahren durch Beschluss des Gerichts eingestellt (§ 56 Abs. 3 Satz 3 LDG). Diese Einstellung steht nach § 56 Abs. 4 LDG einem rechtskräftigen Urteil gleich. Dies bedeutet, dass dann eine erneute disziplinarrechtliche Verfolgung der zum Gegenstand der Disziplinarklage gemachten Handlungen ausgeschlossen ist (Verbrauch der Disziplinarbefugnis, § 62 Abs. 2 LDG).

## § 57
## Beschränkung des Disziplinarverfahrens

**(1) Das Gericht kann durch Beschluss das Disziplinarverfahren beschränken, indem es solche Handlungen ausscheidet, die für die Art und Höhe der zu erwartenden Disziplinarmaßnahme nicht oder voraussichtlich nicht ins Gewicht fallen. Der Beschluss ist unanfechtbar.**

**(2) Die ausgeschiedenen Handlungen können nicht wieder in das Disziplinarverfahren einbezogen werden, es sei denn, die Voraussetzungen für die Beschränkung entfallen nachträglich. Werden die ausgeschiedenen Handlungen nicht wieder einbezogen, können sie nach dem unanfechtbaren Abschluss des Disziplinarverfahrens nicht Gegenstand eines neuen Disziplinarverfahrens sein.**

### Erläuterungen

Die Vorschrift korrespondiert hinsichtlich der Beschränkung mit der in § 20 LDG für das behördliche Disziplinarverfahren getroffenen Regelung. Daher kann an dieser Stelle auf Erl. 2 zu § 20 LDG verwiesen werden. § 57 LDG gilt, da der Gesetzgeber keine einschränkende Regelung dazu getroffen hat, nicht nur für Disziplinarklagen, sondern auch für Anfechtungsklagen des Beamten (vgl. *Urban* in Urban/Wittkowski, § 56 BDG Rn. 4, abweichend tendierend *Schmiemann* in Schütz/Schmiemann, § 56 BDG Rn. 1). Liegen die Voraussetzungen nach § 57 Abs. 1 LDG vor, ist ein Beschluss zur Beschränkung des Disziplinarverfahrens auf die für die zu erwartende Disziplinarmaßnahme voraussichtlich allein den Ausschlag gebenden Handlungen in aller Regel aus Gründen der Prozessökonomie und zur Beschleunigung des Verfahrens sachgerecht. Die Beschränkung ist nicht von einer Zustimmung der Beteiligten abhängig, jedoch ist diesen, auch wegen der – abweichend vom Bundesrecht (§ 56 BDG) normierten – Unanfechtbarkeit des Beschränkungsbeschlusses, zuvor Gelegenheit zur Stellungnahme zu geben. Will der Beamte die Beschränkung nicht akzeptieren, da er überzeugt ist, durch die ausgeschiedenen Handlungen kein Dienstvergehen begangen zu haben, bliebe allenfalls ein hierauf bezogener Feststellungantrag zu erwägen, der allerdings wegen des Unterlaufens der in § 57 Abs. 1 LDG getroffenen Regelung unzulässig sein könnte und für den überdies im Regelfall das Feststellungsinteresse fehlen dürfte. Gegebenenfalls kann das Gericht die Klage hinsichtlich des Feststellungsbegehrens nach § 3 LDG i. V. m. § 93 Satz 1 VwGO abtrennen und sich, im Sinne der Zweckrichtung des Beschränkungsbeschlusses, zunächst wie geplant auf den (primär) relevanten Teil des Streitgegenstandes konzentrieren.

## § 58
## Bindung an tatsächliche Feststellungen aus anderen Verfahren

**(1) Die tatsächlichen Feststellungen eines rechtskräftigen Urteils im Straf- oder Bußgeldverfahren oder im verwaltungsgerichtlichen Verfahren, durch das nach § 9 des Brandenburgischen Besoldungsgesetzes über den Verlust der Besoldung bei schuldhaftem Fernbleiben vom Dienst entschieden worden ist, sind im Disziplinarverfahren, das denselben Sachverhalt zum Gegenstand hat, für das Verwaltungsgericht bindend. Es hat jedoch die erneute Prüfung solcher Feststellungen zu beschließen, die offenkundig unrichtig sind.**

**(2) Die in einem anderen gesetzlich geordneten Verfahren getroffenen tatsächlichen Feststellungen sind nicht bindend, können aber der Entscheidung ohne erneute Prüfung zugrunde gelegt werden.**

### Erläuterungen

Die in § 58 LDG für das gerichtliche Verfahren normierte Bindungswirkung korrespondiert mit § 24 LDG (zu den Zwecken siehe die Erläuterungen zu jener Vorschrift).

Die Bindungswirkung erstreckt sich auf die entscheidungserheblichen tatsächlichen durch rechtskräftiges Urteil getroffenen Feststellungen zum äußeren und inneren Tatbestand der sachgleichen Straf- oder Bußgeldnorm bzw. des beamtenrechtlichen, auf den Verlust der Besoldung wegen Fernbleibens vom Dienst bezogenen Tatbestandes. Sie erfasst grundsätzlich auch im Ausland ergangene rechtskräftige Strafurteile (str., so aber u. a. BVerwG, Urt. vom 19.4.2018 – 2 C 59.16 –, juris Rn. 8 ff.). Für einen Strafbefehl scheidet eine Bindungswirkung nach § 58 Abs. 1 LDG aus (BVerwG, Urt. vom 29.3.2012 – 2 A 11.10 –, juris Rn. 37); zu prüfen ist vom Gericht insoweit aber die Anwendung von § 58 Abs. 2 LDG, wonach die in einem anderen gesetzlich geordneten Verfahren getroffenen tatsächlichen Feststellungen zwar nicht bindend sind, aber der Entscheidung ohne erneute Prüfung zugrunde gelegt werden können (BVerwG, Beschl. vom 24.7.2019 – 2 B 22.19 –, juris Rn. 10).

Die nicht selten aufkommende Frage, ob eine Minderung der Schuldfähigkeit (aufgrund einer krankhaften seelischen Störung) „erheblich" ist, muss als Rechtsfrage vom Verwaltungsgericht in eigener Verantwortung beantwortet werden, ist also nicht von der Bindungswirkung eines einschlägigen Strafurteils umfasst (vgl. näher BVerwG, Beschl. vom 17.10.2019 – 2 B 79.18 –, juris Rn. 10 m. w. N.).

Nach § 58 Abs. 1 Satz 2 LDG hat das Verwaltungsgericht die erneute Prüfung solcher Feststellungen zu beschließen, die offenkundig unrichtig sind (sog. Lösungsbeschluss). Danach ist das Verwaltungsgericht nur dann berechtigt und verpflichtet, sich von den Tatsachenfeststellungen etwa eines rechtskräftigen Strafurteils zu lösen und den disziplinarrechtlich bedeutsamen Sachverhalt eigenverantwortlich zu ermitteln, wenn es ansonsten „sehenden Auges" auf der Grundlage eines unrichtigen oder aus rechtsstaatlichen Gründen unverwertbaren Sachverhalts entscheiden müsste (siehe z. B. BVerwG, Beschl. vom 8.3.2019 – 2 B 75.18 –, juris Rn. 17). Dies ist etwa der Fall, wenn die Tatsachenfeststellungen des Strafurteils in Widerspruch zu Denkgesetzen oder allgemeinen Erfahrungssätzen stehen oder aus sonstigen Gründen offenbar unrichtig sind. Darüber hinaus kommt eine Lösung in Betracht, wenn neue Beweismittel vorgelegt werden, die dem Strafgericht nicht zur Verfügung standen und nach denen die Tatsachenfeststellungen jedenfalls auf erhebliche Zweifel stoßen. Die Bindungswirkung entfällt aber auch bei Strafurteilen, die in einem ausschlaggebenden Punkt unter offenkundiger Verletzung wesentlicher Verfahrensvorschriften zustande gekommen sind (so, auch zum Vorstehenden und m. w. N., BVerwG a. a. O.).

## § 59
## Beweisaufnahme

**(1) Das Gericht erhebt die erforderlichen Beweise.**

**(2) Bei einer Disziplinarklage sind Beweisanträge von dem Dienstherrn in der Klageschrift und von dem Beamten innerhalb von zwei Monaten nach Zustellung der Klage oder der Nachtragsdisziplinarklage zu stellen. Ein verspäteter Antrag kann abgelehnt werden, wenn seine Berücksichtigung nach der freien Überzeugung des Gerichts die Erledigung des Disziplinarverfahrens verzögern würde und der Beamte über die Folgen der Fristversäumung belehrt worden ist; dies gilt nicht, wenn zwingende Gründe für die Verspätung glaubhaft gemacht werden.**

**(3) Die Bestimmungen der Strafprozessordnung über die Pflicht, als Zeuge auszusagen oder als Sachverständiger ein Gutachten zu erstatten, über die Ablehnung von Sachverständigen sowie über die Vernehmung von Angehörigen des öffentlichen Dienstes als Zeugen und Sachverständige gelten entsprechend.**

### Erläuterungen

Übersicht

### 1. Unmittelbarkeit der Beweisaufnahme

Entsprechend dem im Verwaltungsprozess geltenden Untersuchungsgrundsatz (§ 3 LDG i. V. m. § 86 VwGO) verpflichtet § 59 Abs. 1 LDG das Gericht, die erforderlichen Beweise (selbst) zu erheben (Grundsatz der Unmittelbarkeit der Beweisaufnahme). Bestrittene beweisbedürftige Tatsachen dürfen folglich nicht durch Verlesen von Vernehmungsprotokollen des behördlichen Disziplinarverfahrens festgestellt werden, das Gericht muss sich vielmehr einen unmittelbaren persönlichen Eindruck in der mündlichen Verhandlung verschaffen (*Gansen*, § 58 BDG Rn. 5, unter Hinweis auf BVerwG, Beschl. vom 4.9.2008 – 2 B 61.07 –, juris Rn. 7).

Hinsichtlich der Beweismittel und der Beweisaufnahme gelten im Kern keine Besonderheiten: Augenschein, Zeugen, Sachverständige, Beteiligte, Urkunden – § 3 LDG i. V. m. §§ 96 Abs. 1 Satz 2 und 98 VwGO i. V. m. §§ 358 bis 444 und 450 bis 494 ZPO. Allerdings gelten nach § 59 Abs. 3 LDG vor allem für die Zeugnisverweigerungsrechte die einschlägigen Vorschriften der Strafprozessordnung.

### 2. Beweisanträge

Zur Verfahrensbeschleunigung beschränkt § 59 Abs. 2 LDG das Beweisantragsrecht des Dienstherrn durch die Vorgabe, von diesem bereits in der Klageschrift Gebrauch zu machen, sowie dasjenige des Beamten durch die vorgegebene Frist von zwei Monaten nach Klagezustellung. Das Gericht kann einen verspäteten Antrag unter den Voraussetzungen des § 59 Abs. 2 Satz 2 LDG ablehnen. Eine Verpflichtung hierzu besteht aber nicht. Das Gericht kann daher nach pflichtgemäßem Ermessen – trotz einer an sich gegebenen Präklusion – die Beweise, etwa um einer höheren Akzeptanz seines Urteils willen, gleichwohl erheben.

## § 60
## Entscheidung durch Beschluss

**(1) Bei einer Disziplinarklage kann das Gericht, auch nach der Eröffnung der mündlichen Verhandlung, mit Zustimmung der Beteiligten durch Beschluss**

1. **auf die erforderliche Disziplinarmaßnahme (§ 5) erkennen, wenn nur ein Verweis, eine Geldbuße, eine Kürzung der Dienstbezüge oder eine Kürzung des Ruhegehalts verwirkt ist, oder**
2. **die Disziplinarklage abweisen.**

**Zur Erklärung der Zustimmung kann den Beteiligten von dem Gericht, dem Vorsitzenden oder dem Berichterstatter eine Frist gesetzt werden, nach deren Ablauf die Zustimmung als erteilt gilt, wenn nicht ein Beteiligter widersprochen hat.**

**(2) Der rechtskräftige Beschluss nach Absatz 1 steht einem rechtskräftigen Urteil gleich.**

**Erläuterungen**

Übersicht



## 1. Entscheidung über die Disziplinarklage durch Beschluss

Die nach § 60 LDG eröffnete vereinfachte Beendigung des Disziplinarklageverfahrens soll dem Verwaltungsgericht einen schnelleren Abschluss der Sache ermöglichen, wenn die Beteiligten dies entweder ausdrücklich oder durch fehlenden Widerspruch innerhalb einer ihnen nach Abs. 1 Satz 2 der Vorschrift gesetzten Frist erklärt haben. Möglich sind jedoch nur das Verhängen eines Verweises, einer Geldbuße oder einer Kürzung der Dienstbezüge bzw. des Ruhegehalts sowie die Klageabweisung (Abs. 1 Satz 1 Nr. 1 und 2). Die Entscheidung durch Beschluss steht daher nur für Fälle zur Verfügung, in denen sich im Laufe des Verfahrens ergeben hat, dass die ursprünglich mit der Disziplinarklage angestrebte Disziplinarmaßnahme (§ 35 Abs. 1 LDG: Zurückstufung, Entfernung aus dem Beamtenverhältnis oder Aberkennung des Ruhegehalts) nicht zu verhängen ist. Das Gericht entscheidet nach eigenem Ermessen darüber, ob es in solchen Fällen gegenüber den Beteiligten etwa im Zuge der Einholung der erforderlichen Zustimmungen zu der Entscheidung durch Beschluss offenlegt, auf welche konkrete Maßnahme es – etwa für den oder im Fall eines glaubhaften Geständnisses des Beamten – zu erkennen gedenkt. Die verbreitet vertretene Gegenauffassung, das Gericht müsse die konkret beabsichtigte Maßnahme mitteilen (*Urban* in Urban Wittkowski, § 59 BDG Rn. 6; *Köhler* in Köhler/Baunack, § 59 BDG Rn. 10; *Gansen*, § 59 Rn. 4a), lässt sich der Sache nach von der Regelung leiten, die in § 70a Abs. 1 Satz 2 BDO normiert war, die jedoch in § 60 LDG gerade keine Entsprechung gefunden hat (vgl. in diesem Sinne VG Magdeburg, Beschl. vom 3.6.2020 – 15 A 13/18 –, juris Rn. 8): Nach jener Regelung durfte ein Disziplinargerichtsbescheid nur ergehen, wenn u. a. „der Bundesdisziplinaranwalt sowie der Beamte *der Verhängung einer bestimmten Disziplinarmaßnahme, dem Freispruch oder der Einstellung des Verfahrens ohne Hauptverhandlung nicht*" widersprochen hatten.

Die Vereinfachung gegenüber der Entscheidung durch Urteil ergibt sich insbesondere auch daraus, dass es genügt, den Beschluss nur sehr knapp zu begründen. Letzteres folgt nicht zuletzt daraus, dass die gegen den Beschluss nach § 68 Abs. 1 LDG i. V. m. § 147 VwGO statthafte Beschwerde nach § 68 Abs. 2 LDG nur auf das Fehlen der Zustimmung der Beteiligten gestützt werden kann.

Der rechtskräftige Beschluss steht nach § 60 Abs. 2 LDG einem rechtskräftigen Urteil gleich, hat also insbesondere den Verbrauch der Disziplinarbefugnis nach § 62 Abs. 2 LDG zur Konsequenz.

### 2. Gerichtsbescheid

Aus der speziellen Regelung des § 60 LDG folgt, dass über eine Disziplinarklage nicht durch gerichtsbescheid nach § 3 LDG i. V. m. § 84 VwGO entschieden werden kann. Eine Entscheidung durch Gerichtsbescheid kommt jedoch bei einer (Anfechtungs-)Klage des Beamten auch im gerichtlichen Disziplinarverfahren in Betracht (LT-Drucks. 3/3364, Begründung zu Art. 1 § 60 des Gesetzentwurfs).

## § 61

## Mündliche Verhandlung, Entscheidung durch Urteil

**(1) Das Gericht entscheidet über die Klage, wenn das Disziplinarverfahren nicht auf andere Weise abgeschlossen wird, aufgrund mündlicher Verhandlung durch Urteil. § 106 der Verwaltungsgerichtsordnung wird nicht angewandt.**

**(2) Bei einer Disziplinarklage dürfen nur die Handlungen zum Gegenstand der Urteilsfindung gemacht werden, die dem Beamten in der Klage oder der Nachtragsdisziplinarklage als Dienstvergehen zur Last gelegt werden. Das Gericht kann in dem Urteil**

**1. auf die erforderliche Disziplinarmaßnahme (§ 5) erkennen oder**

**2. die Disziplinarklage abweisen.**

**(3) Bei der Klage gegen eine Disziplinarverfügung prüft das Gericht neben der Rechtmäßigkeit auch die Zweckmäßigkeit der angefochtenen Entscheidung.**

### Erläuterungen

Übersicht

## 1. Entscheidung durch Urteil aufgrund mündlicher Verhandlung (Abs. 1 Satz 1)

§ 61 Abs. 1 Satz 1 LDG entspricht § 101 Abs. 1 Satz 1 VwGO. Die Vorgabe des § 101 Abs. 1 Satz 2 VwGO, wonach die mündliche Verhandlung „so früh wie möglich stattfinden" soll, erübrigt sich für das disziplinargerichtliche Verfahren wegen des in § 4 Satz 1 LDG normierten Gebotes der Beschleunigung. Weitergehende Besonderheiten gelten nicht: Der Ablauf der Verhandlung entspricht dem allgemeinen Verwaltungsprozess, die Kammer für Disziplinarsachen kann ohne Teilnahme des Beamten mündlich verhandeln (§ 3 LDG i. V. m. § 102 Abs. 2 VwGO), es gilt der Grundsatz der Öffentlichkeit nach § 3 LDG i. V. m. § 55 VwGO i. V. m. § 169 GVG (BVerwG, Beschl. vom 8.4.2009 – 2 B 81.08 –, juris Rn. 12). Im Einvernehmen mit den Beteiligten kann nach § 3 LDG i. V. m. § 101 Abs. 2 VwGO auch ohne mündliche Verhandlung (im schriftlichen Verfahren) entschieden werden (*Gansen*, § 60 BDG, Rn. 7), was in der Regel aber nur im Nachgang zu einem vorangegangenen Erörterungstermin (§ 3 LDG i. V. m. § 87 Abs. 1 Satz 2 Nr. 1 VwGO) sachgerecht sein dürfte. Zum Gerichtsbescheid siehe Erl. 2 zu § 60.

## 2. Möglichkeiten zur gütlichen Beilegung (Abs. 1 Satz 2)

Nach § 61 Abs. 1 Satz 2 LDG findet § 106 VwGO keine Anwendung, d. h., der Abschluss eines gerichtlichen Vergleichs ist im Disziplinarverfahren ausgeschlossen. Ein solcher soll der Begründung des Gesetzentwurfs zufolge „seiner Natur nach dem Disziplinarrecht wesensfremd" sein (LT-Drucks. 3/3364, Begründung zu Art. 1 § 61 des Gesetzentwurfs).

Der gesetzliche Ausschluss des gerichtlichen Vergleichs erfasst nur den förmlichen Prozessvergleich, schließt jedoch andere (vergleichsähnliche), die Disziplinarmaßnahme beeinflussende Absprachen im Sinne einer Verständigung nicht aus (a. A. *Urban* in Urban/Wittkowski, § 60 BDG Rn. 11; *Weiß* in Weiß/Koch, M § 60 Rn. 142, 53: *„Ausübung der Disziplinarbefugnisse [...] nicht verhandelbar"*). Daher können die Beteiligten z. B. Einigkeit über den Tenor der abschließenden Entscheidung erzielen und dem Gericht nahelegen, dieser Einigung gemäß nach § 60 LDG durch Beschluss zu entscheiden (*Gansen*, § 60 BDG Rn. 12), wobei ein solcher Abschluss – im Gegensatz zu einem Prozessvergleich – natürlich nicht gegen den Willen des Gerichts herbeigeführt werden kann. Dem Disziplinarrecht „wesensfremd" ist eine solche Einigung nicht (mehr), vgl. für den Strafprozess § 267c StPO, siehe ferner Erl. zu § 81. Für andere denkbare – und gleichfalls nicht durch § 61 Abs. 2 LDG gesetzlich ausgeschlossene – Formen der gütlichen Beilegung bedarf es nicht unbedingt einer Zustimmung des Gerichts. Beispielsweise können die Beteiligten

- sich auf eine bestimmte Änderung einer Disziplinarverfügung einigen, wobei der Dienstherr diese etwa auch im Rahmen der mündlichen Verhandlung oder eines Erörterungstermins vornehmen kann mit der Folge, dass das Klageverfahren (einigungsgemäß) durch Rücknahme oder Hauptsachenerledigungserklärung beendet wird, oder
- sich auf eine Beurlaubung des Beamten ohne Dienstbezüge für einen bestimmten (ggf. schon in der Vergangenheit ansetzenden und langen) Zeitraum (etwa bis zum Erreichen des regulären Ruhestandsalters) und auf eine vor diesem Hintergrund erfolgende Rücknahme der Disziplinarklage, alternativ oder zusätzlich zur Beurlaubung auch auf eine Rückernennung in ein niedrigeres Statusamt auf Antrag des Beamten aus dessen eigenem (persönlichen) Interesse (§§ 19, 50 BbgBesG, § 13 Abs. 5 BbgBeamtVG), nebst einer besonderen Kostenregelung einigen.

Das Gericht kann die Beteiligten nach eigenem Ermessen in ihrem Bestreben um eine gütliche Beilegung – etwa wie vorstehend skizziert – unterstützen und mit dafür Sorge tragen, dass die getroffene gütliche Verständigung in einer wirksamen und (etwa durch die Abgabe von Erklärungen zum Rechtsbehelfs- bzw. Rechtsmittelverzicht) auch nicht angreifbaren Weise vollzogen wird. § 61 Abs. 1 Satz 2 LDG steht dem nicht entgegen.

### 3. Gegenstand der Urteilsfindung bei der Disziplinarklage

§ 61 Abs. 2 Satz 1 LDG stellt klar, dass der für die Urteilsfindung maßgebliche Prozessstoff durch die dem Beamten durch die Disziplinarklage und gegebenenfalls ergänzend die Nachtragsdisziplinarklage zur Last gelegten (und nicht nach § 57 Abs. 1 LDG ausgeschiedenen) Handlungen begrenzt ist. Aus § 61 Abs. 2 Satz 2 Nr. 1 LDG folgt, dass das Gericht nicht an den vom Dienstherrn gestellten Klageantrag gebunden ist, sondern unabhängig hiervon auf die erforderliche Disziplinarmaßnahme erkennt. Beispielsweise kann das Gericht auch dann, wenn lediglich eine Zurückstufung beantragt wurde, auf eine Entfernung aus dem Dienst erkennen (vgl. *Urban* in Urban/Wittkowski, § 60 BDG Rn. 16 m. w. N.).

### 4. Prüfungsgegenstand bei der Disziplinarverfügung

Bei der gegen eine Disziplinarverfügung gerichteten Klage des Beamten prüft das Gericht nach § 61 Abs. 3 LDG – abweichend von § 114 Satz 1 VwGO – neben der Rechtsmäßigkeit auch die Zweckmäßigkeit der angefochtenen Entscheidung. Das Gericht übt folglich die Disziplinarbefugnis selbst aus und hebt daher etwa eine als rechtswidrig erkannte Disziplinarverfügung nicht in jedem Fall lediglich auf. Das Gericht ist jedoch gemäß § 3 LDG i. V. m. § 88 VwGO gehindert, über das Klagebegehren des Beamten hinauszugehen, kann also die angefochtene Disziplinarverfügung nicht verschärfen (Verschlechterungsverbot).

## § 62
## Grenzen der erneuten Ausübung der Disziplinarbefugnisse

**(1) Soweit der Dienstherr die Disziplinarklage zurückgenommen hat, können die ihr zugrunde liegenden Handlungen nicht mehr Gegenstand eines Disziplinarverfahrens sein.**

**(2) Hat das Gericht unanfechtbar über die Klage gegen eine Disziplinarverfügung entschieden, ist hinsichtlich der dieser Entscheidung zugrunde liegenden Handlungen eine erneute Ausübung der Disziplinarbefugnisse nur wegen solcher erheblicher Tatsachen und Beweismittel zulässig, die keinen Eingang in das gerichtliche Disziplinarverfahren gefunden haben. Eine Verschärfung der Disziplinarmaßnahme nach Art oder Höhe oder die Erhebung der Disziplinarklage ist nur innerhalb von drei Monaten nach der Zustellung des Urteils zulässig, es sei denn, es ergeht wegen desselben Sachverhalts ein rechtskräftiges Urteil aufgrund von tatsächlichen Feststellungen, die von denjenigen tatsächlichen Feststellungen, auf denen die Entscheidung beruht, abweichen.**

### Erläuterungen

Übersicht



### 1. Verbrauch der Disziplinarbefugnis bei Rücknahme der Disziplinarklage

Soweit der Dienstherr die Disziplinarklage zurückgenommen hat, können die ihr zugrundeliegenden Handlungen nach § 62 Abs. 1 LDG nicht mehr zum Gegenstand eines (neuerlichen) Disziplinarverfahrens sein (vgl. LT-Drucks. 3/3364, Begründung zu Art. 1 § 62 des Gesetzentwurfs: „Verwertungsverbot").

Der Wortlaut des § 62 Abs. 1 LDG differenziert nicht nach dem Grund für die Rücknahme der Disziplinarklage, weshalb auch bei der Rücknahme einer unzulässigen Disziplinarklage ein Verbrauch der Disziplinarbefugnis eintreten könnte (so z. B. *Urban* in Urban/Wittkowski, § 61 BDG Rn. 7). Allerdings dient § 62 Abs. 1 LDG gerade auch der Wahrung des Beschleunigungsgebots (siehe LT-Drucks. 3/3364, Begründung zu Art. 1 § 62 des Gesetzentwurfs), welches nicht berührt ist, wenn eine Klagerücknahme nur zu dem Zweck erfolgt, die unzulässig erhobene Klage umgehend – ordnungsgemäß – neu zu erheben. Dies spricht – wie auch die Gesamtschau mit der in § 62 Abs. 2 LDG getroffenen Regelung – dafür, § 62 Abs. 1 LDG auf den Fall der Rücknahme einer unzulässigen Disziplinarklage nicht anzuwenden (vgl. VG Stuttgart, Urt. vom 16.11.2022 – DB 23 K 4460/22 –, juris Rn. 435 ff.).

**2. Disziplinarbefugnis nach rechtskräftiger Entscheidung über die Klage des Beamten**

§ 62 Abs. 2 LDG schränkt die Bindungswirkung eines auf die Anfechtungsklage des Beamten gegen eine Disziplinarverfügung ergangenen Urteils ein: Eine erneute Ausübung der Disziplinarbefugnisse ist nach § 62 Abs. 2 Satz 1 LDG gleichwohl zulässig, aber nur wegen solcher erheblicher Tatsachen und Beweismittel, die keinen Eingang in das gerichtliche Disziplinarverfahren gefunden haben. Eine Verschärfung der Disziplinarmaßnahme nach Art oder Höhe oder die Erhebung der Disziplinarklage – also eine Wiederaufnahme zu Lasten des Beamten – ist nach § 62 Abs. 2 Satz 2 LDG nur fristgebunden, nämlich innerhalb von drei Monaten nach der Zustellung des Urteils, zulässig. Diese Frist ist allerdings nicht maßgeblich, wenn wegen desselben Sachverhalts ein rechtskräftiges Urteil aufgrund von tatsächlichen Feststellungen ergeht, die von denjenigen tatsächlichen Feststellungen, auf denen die Entscheidung beruht, abweichen. Letzteres ist denkbar, wenn eine Aussetzung des Disziplinarverfahrens nach § 23 LDG unterblieben oder aber das Disziplinarverfahren bei Eröffnung des (straf-)gerichtlichen Verfahrens bereits abgeschlossen war.

## Abschnitt 2
## Besondere Verfahren

### § 63
### Antrag auf gerichtliche Fristsetzung

**(1) Ist ein behördliches Disziplinarverfahren nicht innerhalb von sechs Monaten seit der Einleitung durch Einstellung, durch Erlass einer Disziplinarverfügung oder durch Erhebung der Disziplinarklage abgeschlossen worden, kann der Beamte bei dem Gericht die gerichtliche Bestimmung einer Frist zum Abschluss des Disziplinarverfahrens beantragen. Die Frist des Satzes 1 ist gehemmt, solange das Disziplinarverfahren nach § 23 ausgesetzt ist.**

**(2) Liegt ein zureichender Grund für den fehlenden Abschluss des behördlichen Disziplinarverfahrens innerhalb von sechs Monaten nicht vor, bestimmt das Gericht eine Frist, in der es abzuschließen ist.**

**Anderenfalls lehnt es den Antrag ab. § 54 Abs. 2 Satz 3 bis 5 gilt entsprechend.**

**(3) Wird das behördliche Disziplinarverfahren innerhalb der nach Absatz 2 bestimmten Frist nicht abgeschlossen, ist es durch Beschluss des Gerichts einzustellen.**

**(4) Der rechtskräftige Beschluss nach Absatz 3 steht einem rechtskräftigen Urteil gleich.**

**Erläuterungen**

Übersicht



## 1. Zulässigkeitsvoraussetzungen für den Antrag

Der in § 63 LDG geregelte Antrag auf gerichtliche Fristsetzung gibt dem Beamten die Möglichkeit, einer gegebenen oder zu besorgenden Verletzung des Beschleunigungsgebots (§ 4 LDG) entgegenzuwirken.

Zulässig ist der Antrag auf gerichtliche Fristsetzung nach § 63 Abs. 1 Satz 1 LDG erst, wenn seit der Einleitung des behördlichen Disziplinarverfahrens sechs Monate verstrichen sind, ohne dass das Verfahren abgeschlossen worden ist. Für die maßgebliche Abschlussentscheidung kommen (nur) die Einstellung des Disziplinarverfahrens, der Erlass einer Disziplinarverfügung oder die Erhebung der Disziplinarklage in Betracht. Die Frist beginnt mit dem Aktenvermerk über die Einleitung nach § 18 LDG (vgl. *Urban* in Urban/Wittkowski, § 62 BDG Rn. 5), und zwar mit dem auf den Tag der Einleitung folgenden Tag (§ 3 LDG i. V. m. §§ 1 Abs. 1 VwVfGBbg, 31 Abs. 1 VwVfG, 187 Abs. 1 BGB). Für die Berechnung des Fristendes gelten die § 3 LDG i. V. m. §§ 1 Abs. 1 VwVfGBbg, 31 Abs. 1, Abs. 3 Satz 1 VwVfG und 188 Abs. 2 BGB). Eine Ausdehnung des Disziplinarverfahrens (§ 20 Abs. 1 LDG) hat keinen Einfluss auf den Lauf der Frist (vgl. VGH BW, Beschl. vom 14.11.2016 – DL 13 S 1510/16 –, juris Rn. 2).

Die Frist ist nach § 63 Abs. 1 Satz 2 LDG (nur) gehemmt, solange das Disziplinarverfahren ausgesetzt ist; der Zeitraum der Hemmung wird in die Sechs-Monats-Frist also nicht eingerechnet.

Ein vor Ablauf der Frist gestellter Antrag ist unzulässig; läuft die Frist hingegen während der Dauer des Antragsverfahrens ab, wird der Antrag damit zulässig (*Gansen*, § 62 BDG Rn. 6).

Überschneiden sich die Antragstellung und die Abschlussentscheidung, gilt das Folgende: Geht der Antrag auf Fristsetzung erst nach dem Wirksamwerden der Abschlussentscheidung bei Gericht ein, sollte der Beamte ihn zurücknehmen, da das Gericht ihn anderenfalls nur als unzulässig ablehnen kann. Ergeht die Abschlussentscheidung nach Eingang des Fristsetzungsantrags, erledigt sich damit das Fristsetzungsverfahren; die Beteiligten sollten es folglich in der Hauptsache für erledigt erklären.

## 2. Verfahren und Entscheidung

Das Gericht stellt den Antrag zu und fordert typischerweise zur Übersendung einer (Kopie) des Disziplinarvorgangs und zu einer Stellungnahme zu dem Antrag auf, wobei es sachgerecht erscheint, zugleich um eine Mitteilung zu bitten, bis wann mit dem Ergehen einer Abschlussentscheidung zu rechnen ist. Häufig zeichnet sich in der Praxis dann schon eine Erledigung des Fristsetzungsverfahrens durch eine ohnehin anstehende Abschlussentscheidung oder – ausgelöst durch die Antragstellung – eine forcierte abschließende Bearbeitung des Disziplinarverfahrens ab. In der Antragserwiderung sollte im Übrigen substantiiert vorgetragen werden, aus welchen Gründen innerhalb von sechs Monaten (und auch im danach verstrichenen weiteren Zeitraum) keine Abschlussentscheidung ergangen ist bzw. aus Sicht des Dienstherrn noch nicht getroffen werden konnte.

Das Gericht hat in der Sache nach § 63 Abs. 2 LDG zu prüfen, ob ein „zureichender Grund" für den fehlenden Abschluss des behördlichen Disziplinarverfahrens vorliegt. Ist dies der Fall, lehnt es den Antrag ab. Liegt hingegen kein zureichender Grund für den unterbliebenen Abschluss des Disziplinarverfahrens innerhalb von sechs Monaten vor, bestimmt das Gericht eine Frist, in der das Verfahren abzuschließen ist.

Ob ein „zureichender Grund" vorliegt, bestimmt sich nach dem Umfang des Verfahrensstoffs, dessen Schwierigkeitsgrad, der Zahl und der Art der zu erhebenden Beweise sowie sonstiger Umstände des Verfahrens: Ein zureichender Grund für den unterbliebenen Verfahrensabschluss binnen sechs Monaten liegt dann nicht vor, wenn eine gewisse Zeitspanne von einiger Dauer verstrichen ist, die bei effektiver Nutzung für die Aufklärung und den Abschluss des Verfahrens nicht erforderlich gewesen wäre; einzelne ungenutzte Tage fallen dabei nicht ins Gewicht. Weiter muss ein „verfahrensrechtliches Verschulden" der Disziplinarbehörde oder sonstiger beteiligter Stellen an der Verfahrensverzögerung hinzukommen (siehe zum Vorstehenden VGH BW, Beschl. vom 14.11.2016 – DL 13 S 1510/16 –, juris Rn. 4 m. w. N.).

Bei der Bemessung der gegebenenfalls danach dem Antragsgegner zu setzenden Frist hat das Gericht eine summarische Beurteilung des weiteren Aufklärungsaufwandes vorzunehmen und dabei den Besonderheiten des Einzelfalles Rechnung zu tragen. Die Frist muss so bemessen werden, dass einerseits eine ordnungsgemäße – also auch hinreichend sorgfältige – abschließende Bearbeitung zu gewährleistet ist, andererseits ist das berechtigte Interesse des Beamten an einem baldigen Abschluss des Verfahrens zu berücksichtigen. Im Zweifel sollte die Frist vor dem Hintergrund des Beschleunigungsgrundsatzes durchaus knapp bemessen sein (vgl. VGH BW, Beschl. vom 14.11.2016 – DL 13 S 1510/16 –, juris Rn. 19 m. w. N.).

### 3. Folgen der gerichtlichen Fristsetzung

Das Disziplinarverfahren muss innerhalb der vom Gericht gesetzten Frist abgeschlossen werden. Zeichnet sich für den Antragsgegner ab, dass ihm dies aus von ihm nicht zu vertretenden Gründen voraussichtlich nicht gelingen kann, ist er gehalten, nach § 63 Abs. 2 Satz 2 LDG i. V. m. § 54 Abs. 2 Satz 3 bis 5 LDG einen Antrag auf Fristverlängerung zu stellen. Der Antrag muss vor Ablauf der vom Gericht gesetzten Frist gestellt werden, denn eine bereits verstrichene Frist kann nicht mehr „verlängert" werden.

Wird die vom Gericht gesetzte Frist nicht eingehalten, ist nach § 63 Abs. 3 LDG das behördliche Disziplinarverfahren durch Beschluss des Gerichts einzustellen. Gegen den Einstellungsbeschluss kann nach § 68 Abs. 1 LDG i. V. m. § 146 Abs. 1 VwGO Beschwerde eingelegt werden.

Der rechtskräftige Beschluss steht nach § 63 Abs. 4 LDG einem rechtskräftigen Urteil gleich. Der Beamte kann dann wegen der zugrundeliegenden Handlungen disziplinarrechtlich nach § 62 Abs. 2 LDG nicht mehr belangt werden. Der Antrag auf gerichtliche Fristsetzung kann sich für den Beamten folglich durchaus als „scharfes Schwert" erweisen.

## § 64
## Antrag auf Aussetzung der vorläufigen Dienstenthebung und der Einbehaltung von Bezügen

**(1) Der Beamte kann die Aussetzung der vorläufigen Dienstenthebung und der Einbehaltung von Dienst- oder Anwärterbezügen beim Gericht beantragen; Gleiches gilt für den Ruhestandsbeamten bezüglich der Einbehaltung von Ruhegehalt. Der Antrag ist bei dem Oberverwaltungsgericht zu stellen, wenn bei ihm in derselben Sache ein Disziplinarverfahren anhängig ist.**

**(2) Die vorläufige Dienstenthebung und die Einbehaltung von Bezügen sind auszusetzen, wenn ernstliche Zweifel an ihrer Rechtmäßigkeit bestehen.**

**(3) Für die Änderung oder Aufhebung von Beschlüssen über Anträge nach Absatz 1 gilt § 80 Abs. 7 der Verwaltungsgerichtsordnung entsprechend.**

## Erläuterungen

Übersicht



### 1. Zulässigkeit und Gegenstand des Antrags

§ 64 LDG regelt den Rechtsschutz gegen die vorläufige Dienstenthebung und die Einbehaltung von Bezügen nach § 39 Abs. 1 und 2 LDG. Wegen dieser speziellen Regelung ist ein Antrag nach § 80 Abs. 5 VwGO (i. V. m. § 3 LDG) nicht statthaft. Das Verfahren ist aber im Hinblick auf den vorläufigen Charakter der Maßnahmen und die nach § 64 Abs. 2 LDG nur stattfindende, auf das Bestehen ernstlicher Zweifel an der Rechtmäßigkeit beschränkte (summarische) gerichtliche Prüfung als ein vorläufiges Rechtsschutzverfahren ausgestaltet (LT-Drucks. 3/3364, Begründung zu Art. 1 § 64 des Gesetzentwurfs).

Der Antrag ist in nach § 64 Abs. 1 Satz 1 LDG bei dem Verwaltungsgericht zu stellen. Ausnahmsweise ist abweichend hiervon nach § 64 Abs. 1 Satz 2 LDG das Oberverwaltungsgericht zuständig, wenn bei diesem „in derselben Sache" ein Disziplinarverfahren anhängig ist. Dies ist der Fall, wenn mindestens eine derjenigen Handlungen, auf welche die Anordnungen nach § 39 LDG gestützt werden, Gegenstand eines – schon im Zeitpunkt der Antragstellung – bei dem Oberverwaltungsgericht anhängigen Disziplinarverfahrens ist (*Gansen*, § 63 BDG Rn. 4).

Der Antrag nach § 64 Abs. 1 LDG hat keine aufschiebende Wirkung, folglich bleiben die angegriffenen Anordnungen vollziehbar bzw. werden weiterhin vollzogen, bis das Gericht dem Antrag stattgibt und die Vollziehung aussetzt. Zu der Frage, ob eine angeordnete Einbehaltung von Dienstbezügen auch rückwirkend ausgesetzt werden könnte (vgl. einerseits BayVGH, Beschl. vom 29.3.2019 – 16a DS 19.435 –, juris Rn. 13, 18, sowie – weitergehend – SächsOVG, Beschl. vom 11.1.2016 – 6 B 357/15.D –, juris Rn. 18; andererseits *Urban*, in Urban/Wittkowski, § 63 BDG Rn. 17, *Gansen*, § 63 BDG Rn. 19; *Schmiemann* in Schütz/Schmiemann, § 63 BDG Rn. 12), liegt noch keine (gefestigte) disziplinargerichtliche Rechtsprechung für das Land Brandenburg vor. Für die Möglichkeit zur rückwirkenden Aussetzung spricht, dass ohne eine solche die – von Beginn an rechtswidrige – Einbehaltungsanordnung sonst zur Folge hätte, dass die bis zur ex nunc erfolgenden Aussetzungsanordnung einbehaltenen Bezüge im Falle der späteren Entfernung aus dem Beamtenverhältnis nach § 41 Abs. 1 Nr. 1 LDG endgültig verfallen würden und der Beamten ohne rückwirkende Aussetzung insoweit keine Rechtsschutzmöglichkeit hätte. Das Gericht kann über eine rückwirkende Aussetzung nur befinden, wenn der Beamte mit der Antragstellung ein darauf zielendes Begehren zum Ausdruck gebracht hat (§ 3 LDG i. V. m. § 88 VwGO).

Erledigt sich der Antrag durch die Aufhebung der vorläufigen Dienstenthebung, ist die Umstellung des Antrags im Sinne eines „Fortsetzungsfeststellungsbegehrens" nicht statthaft. Ein solches Antragsbegehren liefe dem eingangs aufgezeigten Charakter des § 64 LDG als vorläufiges Rechtsschutzverfahren und dem abschließend geregelten möglichen Antragsgegenstand zuwider (vgl. OVG Saarland, Beschl. vom 23.5.2012 – 7 B 116/12 –, juris Rn. 5; VG Berlin, Urt. vom 8.7.2014 – 80 K 25.13 OL –, juris Rn. 18; *Urban* in Urban/Wittkowski, § 63 BDG Rn. 1; *Gansen*, § 63 BDG Rn. 2 f.; *Schmiemann* in: Schütz/Schmiemann, § 63 BDG Rn. 3). Soweit der Beamte trotz der Aufhebung der vorläufigen Dienstenthebung noch durch zu deren Begründung angeführte Vorwürfe beschwert ist, kann er dazu bei Bedarf ein sog. Selbstreinigungsverfahren nach § 19 Abs. 1 LDG anstrengen.

## 2. Entscheidung des Gerichts

Das Gericht prüft nach § 64 Abs. 2 LDG nur, ob ernstliche Zweifel an der Rechtsmäßigkeit der vorläufigen Dienstenthebung und/oder der Einbehaltung von Bezügen bestehen. Solche können sich daraus ergeben, dass die Disziplinarbehörde zu Unrecht vom Vorliegen der Voraussetzungen nach § 39 Abs. 1, 2 LDG ausgegangen ist oder aber ihr insoweit ausgeübtes Ermessen fehlerhaft ausgeübt hat (siehe näher Erl. zu § 39 LDG). Das Gericht trifft (anders als nach § 80 Abs. 5 VwGO) keine eigene Ermessensentscheidung (vgl. *Gansen*, § 64 BDG Rn. 4 f.).

Das Gericht entscheidet durch Beschluss (zur Statthaftigkeit einer rückwirkenden Aussetzung siehe bereits Erl. 1). Gegen den Beschluss ist nach § 68 Abs. 1 und 3 i. V. m. § 146 Abs. 1 und Abs. 4 VwGO die Beschwerde statthaft.

## 3. Abänderungsverfahren

Gemäß § 64 Abs. 3 LDG gilt für die Änderung oder Aufhebung von Beschlüssen über Anträge nach § 64 Abs. 1 LDG § 80 Abs. 7 VwGO entsprechend. Die Änderung oder Aufhebung kann also sowohl durch den Beamten als auch durch die Disziplinarbehörde wegen veränderter oder im ursprünglichen Verfahren nicht geltend gemachter Umstände beantragt werden. Hatte der Aussetzungsantrag in Bezug auf die Einbehaltung von Bezügen Erfolg, weil die Behörde die (unverändert gebliebenen) wirtschaftlichen Verhältnisse des Beamten nicht hinreichend ermittelt oder berücksichtigt hat, liegen die genannten Voraussetzungen für eine Abänderung nicht vor. Die Behörde kann dann jedoch eine (ex nunc wirkende) neue – fehlerfreie – Anordnung nach § 39 Abs. 2 LDG treffen.

## Kapitel 3
## Disziplinarverfahren vor dem Oberverwaltungsgericht

### Abschnitt 1
### Berufung

#### § 65
#### Statthaftigkeit, Form und Frist der Berufung

**(1) Gegen das Urteil des Verwaltungsgerichts über eine Disziplinarklage steht den Beteiligten die Berufung an das Oberverwaltungsgericht zu. Die Berufung ist bei dem Verwaltungsgericht innerhalb eines Monats nach Zustellung des vollständigen Urteils schriftlich einzulegen und zu begründen. Die Begründungsfrist kann auf einen vor ihrem Ablauf gestellten Antrag hin von dem Vorsitzenden verlängert werden. Die Begründung muss einen bestimmten Antrag sowie die im Einzelnen anzuführenden Gründe der Anfechtung (Berufungsgründe) enthalten. Mangelt es an einem dieser Erfordernisse, ist die Berufung unzulässig.**

**(2) Im Übrigen steht den Beteiligten die Berufung gegen das Urteil des Verwaltungsgerichts nur zu, wenn sie von dem Verwaltungsgericht oder dem Oberverwaltungsgericht zugelassen wird. Die §§ 124 und 124a der Verwaltungsgerichtsordnung sind anzuwenden.**

**Erläuterungen**

Übersicht

1. Berufung
2. Zulassungsberufung

**1. Berufung**

Der Gesetzgeber hielt es für „nicht angezeigt", für Disziplinarklagen die Zulassungsberufung einzuführen, dies mit der Erwägung, erst das Verwaltungsgericht habe – abweichend von der üblichen Konstellation im Verwaltungsprozess – die eigentliche Sachentscheidung getroffen, weshalb diese angesichts ihrer erheblichen Auswirkungen „auf den Betroffenen" ohne besondere Zulassungsvoraussetzungen durch eine zweite Instanz überprüfbar sein müsse (LT-Drucks. 3/3364, Begründung zu Art. 1 § 65 des Gesetzentwurfs). Diese Argumentation lässt sich, wie der Hinweis auf die Auswirkungen für den Betroffenen zeigt, primär von der – in der Praxis vorherrschenden – Perspektive eines in erster Instanz für den Dienstherrn im Wesentlichen erfolgreich abgeschlossen Disziplinarklageverfahrens leiten. Da sehr viele verwaltungsgerichtliche Streitsachen erhebliche Auswirkungen für die Betroffenen haben, und da der Gesetzgeber gleichwohl nur einen – teils: wie insbesondere bei Asylsachen sehr stark – eingeschränkten Zugang zu einer Überprüfung in einem Berufungsverfahren für „angezeigt" hielt, kann die getroffene Sonderregelung rechtspolitisch nicht überzeugen (vgl. auch *Wittkowski* in Urban/Wittkowski, § 64 Rn. 3).

Zur Frist und Form der Berufungseinlegung trifft § 65 Abs. 1 LDG nicht weiter erläuterungsbedürftige Regelungen. Hinzuweisen ist nur darauf, dass eine nicht schon in der Berufungsschrift enthaltene Begründung direkt bei dem Oberverwaltungsgericht eingereicht werden kann (vgl. BVerwG, Urt. vom 13.7.2023 – 2 C 13.22 –, juris Rn. 9 ff.) und dass mit „dem Vorsitzenden", welchem die Entscheidung über eine Verlängerung der Begründungsfrist überantwortet ist, der Vorsitzende des Disziplinarsenats bei dem Oberverwaltungsgericht gemeint ist (vgl. *Urban* in Urban/Wittkowski, § 63 Rn. 7).

Durch die Rechtsprechung des Bundesverwaltungsgerichts ist geklärt, dass eine auf das Disziplinarmaß beschränkte Berufung nicht zulässig ist (BVerwG, Urt. vom 28.7.2011 – 2 C 16.10 –, juris Rn. 16).

Für die Anschlussberufung gilt über § 3 LDG § 127 VwGO.

### 2. Zulassungsberufung

Gegen alle nicht zu Disziplinarklagen ergangenen Urteile des Verwaltungsgerichts steht den Beteiligten die Berufung nach § 65 Abs. 2 LDG nur zu, wenn sie von dem Verwaltungsgericht oder dem Oberverwaltungsgericht zugelassen wird. Insoweit gelten keine Besonderheiten gegenüber dem allgemeinen Verwaltungsprozessrecht, dessen einschlägige Vorschriften, nämlich §§ 124 und 124a VwGO, auch hier nach § 65 Abs. 2 Satz 2 LDG anzuwenden sind.

## § 66
## Berufungsverfahren

**(1) Für das Berufungsverfahren gelten die Bestimmungen über das Disziplinarverfahren vor dem Verwaltungsgericht entsprechend, soweit sich aus diesem Gesetz nichts Anderes ergibt. Die §§ 54 und 55 werden nicht angewandt.**

**(2) Wesentliche Mängel des behördlichen Disziplinarverfahrens, die nach § 56 Abs. 2 unberücksichtigt bleiben durften, bleiben auch im Berufungsverfahren unberücksichtigt.**

**(3) Ein Beweisantrag, der vor dem Verwaltungsgericht nicht innerhalb der Frist des § 59 Abs. 2 gestellt worden ist, kann abgelehnt werden, wenn seine Berücksichtigung nach der freien Überzeugung des Oberverwaltungsgerichts die Erledigung des Disziplinarverfahrens verzögern würde und der Beamte im ersten Rechtszug über die Folgen einer Fristversäumung belehrt worden ist; dies gilt nicht, wenn zwingende Gründe für die Verspätung glaubhaft gemacht werden. Beweisanträge, die das Verwaltungsgericht zu Recht abgelehnt hat, bleiben auch im Berufungsverfahren ausgeschlossen.**

**(4) Die durch das Verwaltungsgericht erhobenen Beweise können der Entscheidung ohne erneute Beweisaufnahme zugrunde gelegt werden.**

### Erläuterungen

Das Berufungsverfahren wird im Wesentlichen entsprechend dem erstinstanzlichen Verfahren durchgeführt, § 66 Abs. 1 LDG.

§ 66 Abs. 2 LDG stellt klar, dass die Präklusion nach § 56 Abs. 2 LDG im Berufungsverfahren fortwirkt, entsprechendes gilt – inhaltlich anknüpfend an § 128a VwGO – für die Präklusion zu Beweisanträgen.

Gemäß § 66 Abs. 4 LDG kann das Oberverwaltungsgericht nach eigenem Ermessen im Interesse der Beschleunigung des Verfahrens (LT-Drucks. 3/3364, Begründung zu Art. 1 § 66 des Gesetzentwurfs) auf eine unmittelbare Beweisaufnahme verzichten und stattdessen die durch das Verwaltungsgericht erhobenen Beweise verwerten. Das Oberverwaltungsgericht kann dazu auch differenziert vorgehen, sich also dazu entschließen, z. B. nur einen von mehreren in der ersten Instanz vernommen Zeugen erneut (oder auch nur punktuell ergänzend) selbst zu befragen (vgl. *Schmiemann* in Schütz/Schmiemann, § 65 Rn. 11).

## § 67

## Mündliche Verhandlung, Entscheidung durch Urteil

**Das Oberverwaltungsgericht entscheidet über die Berufung, wenn das Disziplinarverfahren nicht auf andere Weise abgeschlossen wird, aufgrund mündlicher Verhandlung durch Urteil. § 106 der Verwaltungsgerichtsordnung wird nicht angewandt.**

### Erläuterungen

Das Berufungsgericht entscheidet, wenn das Disziplinarverfahren nicht auf andere Weise abgeschlossen wird, aufgrund mündlicher Verhandlung durch Urteil. Nur einen Abschluss des Berufungsverfahrens durch gerichtlichen Vergleich hat der Gesetzgeber nach § 67 Satz 2 LDG ausgeschlossen, da ein solcher im Disziplinarverfahren „nicht angebracht" (LT-Drucks. 3/3364, Begründung zu Art. 1 § 67 des Gesetzentwurfs) sei. Letzteres schließt eine vergleichsähnliche gütliche Beilegung nicht aus (siehe Erl. 2 zu § 61 LDG). Der Ausschluss des § 106 VwGO erscheint angesichts der generell (auch im Verwaltungsprozess) gestiegenen Bedeutung einer auf Konsens angelegten Vermittlung zwischen den Beteiligten nicht mehr zeitgemäß (*Wittkwoski* in Urban/Wittkowski, § 66 BDG Rn. 6).

Für eine Anwendung von § 130a VwGO über § 3 LDG, also für eine Entscheidung durch Beschluss bei einstimmiger Auffassung zur (Un-)Begründetheit, besteht wegen der speziellen Regelung in § 66 Abs. 1 LDG i. V. m. § 60 Abs. 1 LDG kein Raum. Im Übrigen gelten gegenüber dem Berufungsverfahren nach der Verwaltungsgerichtsordnung keine Besonderheiten.

## Abschnitt 2
## Beschwerde

### § 68
### Statthaftigkeit, Form und Frist der Beschwerde

**(1) Für die Statthaftigkeit, Form und Frist der Beschwerde gelten die §§ 146 und 147 der Verwaltungsgerichtsordnung.**

**(2) Gegen Beschlüsse des Verwaltungsgerichts, durch die nach § 60 Abs. 1 über eine Disziplinarklage entschieden wird, kann die Beschwerde nur auf das Fehlen der Zustimmung der Beteiligten gestützt werden.**

**(3) Für das Beschwerdeverfahren gegen Beschlüsse des Verwaltungsgerichts über eine Aussetzung nach § 64 gilt § 146 Absatz 4 der Verwaltungsgerichtsordnung entsprechend.**

#### Erläuterungen

Zur Statthaftigkeit, Form und Frist der Beschwerde gelten nach § 68 Abs. 1 LDG die (allgemeinen) Regelungen der §§ 146 und 147 VwGO. Nach § 68 Abs. 3 VwGO werden die Beschlüsse des Verwaltungsgerichts über die Anordnung der vorläufigen Dienstenthebung und der Einbehaltung von Bezügen hinsichtlich des Beschwerdeverfahrens mit Beschlüssen in Verfahren des vorläufigen Rechtsschutzes nach §§ 80, 80a und 123 VwGO gleichgestellt, der Beschwerdeführer muss also den einschlägigen Darlegungsanforderungen Rechnung tragen.

Eine Besonderheit gilt im Übrigen nach § 68 Abs. 2 LDG nur für Beschwerden gegen die nach § 60 Abs. 1 LDG durch Beschluss ergangenen Entscheidungen über Disziplinarklagen. Die Beschwerde kann insoweit nur auf das Fehlen der Zustimmung der Beteiligten gestützt werden. Ob das Verwaltungsgericht in der Sache richtig entschieden hat, kann also nicht mehr im Beschwerdewege zur Überprüfung durch die zweite Instanz gestellt werden.

### § 69
### Entscheidung des Oberverwaltungsgerichts

**Das Oberverwaltungsgericht entscheidet über die Beschwerde durch Beschluss.**

#### Erläuterungen

Die Vorschrift korrespondiert mit § 150 VwGO.

## Kapitel 4
## Disziplinarverfahren vor dem Bundesverwaltungsgericht

### § 70
### Form, Frist und Zulassung der Revision

**Für die Zulassung der Revision, für die Form und Frist der Einlegung der Revision und der Einlegung der Beschwerde gegen ihre Nichtzulassung sowie für die Revisionsgründe gelten die §§ 132, 133, 137 bis 139 der Verwaltungsgerichtsordnung sowie § 127 des Beamtenrechtsrahmengesetzes.**

#### Erläuterungen

Das Revisionsrecht weist gegenüber dem Revisionsrecht für (allgemeine) Klagen aus dem Beamtenverhältnis keine Besonderheiten auf. Die Revision bzw. Revisionszulassung kann folglich auch auf eine Divergenz zu einer Entscheidung eines anderen Oberverwaltungsgerichts zu einer noch nicht durch das Bundesverwaltungsgericht geklärten Rechtsfrage und auf die Verletzung von Landesrecht gestützt werden (§ 127 Nr. 1 und 2 BRRG).

### § 71
### Revisionsverfahren, Entscheidung über die Revision

**(1) Für das Revisionsverfahren gelten die Bestimmungen über das Disziplinarverfahren vor dem Oberverwaltungsgericht entsprechend.**

**(2) Für die Entscheidung über die Revision gelten die §§ 143 und 144 der Verwaltungsgerichtsordnung.**

**Erläuterungen**

Für das Revisionsverfahren gelten gegenüber dem Berufungsverfahren keine Besonderheiten (§ 71 Abs. 1 LDG). Das Revisionsgericht entscheidet auf der Grundlage der allgemeinen einschlägigen Regelungen der §§ 143 und 144 VwGO.

## Kapitel 5
## Wiederaufnahme des gerichtlichen Disziplinarverfahrens

### § 72
### Wiederaufnahmegründe

**(1) Die Wiederaufnahme des durch rechtskräftiges Urteil abgeschlossenen Disziplinarverfahrens ist zulässig, wenn**

1. **in dem Urteil eine Disziplinarmaßnahme ausgesprochen worden ist, die nach Art oder Höhe im Gesetz nicht vorgesehen ist,**
2. **Tatsachen oder Beweismittel beigebracht werden, die erheblich und neu sind,**
3. **das Urteil auf dem Inhalt einer unechten oder verfälschten Urkunde oder auf einem vorsätzlich oder fahrlässig falsch abgegebenen Zeugnis oder Gutachten beruht,**
4. **ein Urteil, auf dessen tatsächlichen Feststellungen das Urteil im Disziplinarverfahren beruht, durch ein anderes rechtskräftiges Urteil aufgehoben worden ist,**
5. **an dem Urteil ein Richter oder Beamtenbeisitzer mitgewirkt hat, der sich in dieser Sache der strafbaren Verletzung einer Amtspflicht schuldig gemacht hat,**
6. **an dem Urteil ein Richter oder Beamtenbeisitzer mitgewirkt hat, der von der Ausübung des Richteramts kraft Gesetzes ausgeschlossen war, es sei denn, dass die Gründe für den gesetzlichen Ausschluss bereits erfolglos geltend gemacht worden waren,**
7. **der Beamte nachträglich glaubhaft ein Dienstvergehen eingesteht, das in dem Disziplinarverfahren nicht hat festgestellt werden können, oder**
8. **im Verfahren der Disziplinarklage nach dessen rechtskräftigem Abschluss in einem wegen desselben Sachverhalts eingeleiteten Straf- oder Bußgeldverfahren unanfechtbar eine Entscheidung ergeht, nach der gemäß § 14 die Disziplinarmaßnahme nicht zulässig wäre.**

**(2) Erheblich im Sinne des Absatzes 1 Nr. 2 sind Tatsachen und Beweismittel, wenn sie allein oder in Verbindung mit den früher getroffenen Feststellungen geeignet sind, eine andere Entscheidung zu begründen, die Ziel der Wiederaufnahme des Disziplinarverfahrens sein kann. Neu im Sinne des Absatzes 1 Nr. 2 sind Tatsachen und Beweismittel, die dem Gericht bei seiner Entscheidung nicht bekannt gewesen sind. Ergeht nach Eintritt der Rechtskraft des Urteils im Disziplinarverfahren in einem wegen desselben Sachverhalts eingeleiteten Straf- oder Bußgeldverfahren ein rechtskräftiges Urteil aufgrund von tatsächlichen Feststellungen, die von denjenigen tatsächlichen Feststellungen des Urteils im Disziplinarverfahren abweichen, auf denen es beruht, gelten die abweichenden Feststellungen des Urteils im Straf- oder Bußgeldverfahren als neue Tatsachen im Sinne des Absatzes 1 Nr. 2.**

**(3) In den Fällen des Absatzes 1 Nr. 3 und 5 ist die Wiederaufnahme des Disziplinarverfahrens nur zulässig, wenn wegen der behaupteten Handlung eine rechtskräftige strafgerichtliche Verurteilung erfolgt ist oder wenn ein strafgerichtliches Verfahren aus anderen Gründen als wegen Mangels an Beweisen nicht eingeleitet oder nicht durchgeführt werden kann.**

### Erläuterungen

Die Wiederaufnahme ist in allen durch Urteil oder urteilsgleichen Beschluss abgeschlossenen Disziplinarverfahren zulässig, wenn dafür einer der in § 72 Abs. 1 LDG normierten Gründe vorliegt und kein Unzulässigkeitsgrund nach § 73 LDG vorliegt. Da die Vorschrift bisher ersichtlich keine praktische Bedeutung erlangt hat und da die geregelten Wiederaufnahmegründe keine Zweifelsfragen aufkommen lassen, bedarf die Vorschrift keiner eingehenderen Erläuterung.

## § 73

## Unzulässigkeit der Wiederaufnahme

**(1) Die Wiederaufnahme des durch rechtskräftiges Urteil abgeschlossenen Disziplinarverfahrens ist unzulässig, wenn nach dem Eintritt der Rechtskraft**

1. **ein Urteil im Straf- oder Bußgeldverfahren ergangen ist, das sich auf denselben Sachverhalt gründet und diesen ebenso würdigt, solange dieses Urteil nicht rechtskräftig aufgehoben worden ist, oder**
2. **ein Urteil im Strafverfahren ergangen ist, durch das der Verurteilte sein Amt oder seinen Anspruch auf Ruhegehalt verloren hat oder ihn verloren hätte, wenn er noch im Dienst gewesen wäre oder Ruhegehalt bezogen hätte.**

**(2) Die Wiederaufnahme des Disziplinarverfahrens zuungunsten des Beamten ist außerdem unzulässig, wenn seit dem Eintritt der Rechtskraft des Urteils drei Jahre vergangen sind.**

**Erläuterungen**

§ 73 Abs. 1 LDG stellt für das Wiederaufnahmeverfahren sicher, dass unterschiedliche Würdigungen desselben Sachverhalts im Disziplinarverfahren einerseits und im Straf- und Bußgeldverfahren andererseits vermieden werden. Außerdem normiert § 73 Abs. 2 LDG eine absolute Ausschlussfrist von drei Jahren für die Wiederaufnahme des Disziplinarverfahrens zuungunsten des Beamten.

## § 74
## Frist, Verfahren

**(1) Der Antrag auf Wiederaufnahme des Disziplinarverfahrens muss bei dem Gericht, dessen Entscheidung angefochten wird, binnen drei Monaten schriftlich oder zur Niederschrift des Urkundsbeamten der Geschäftsstelle eingereicht werden. Die Frist beginnt mit dem Tag, an dem der Antragsberechtigte von dem Grund für die Wiederaufnahme Kenntnis erhalten hat. In dem Antrag ist das angefochtene Urteil zu bezeichnen und anzugeben, inwieweit es angefochten wird und welche Änderungen beantragt werden; die Anträge sind unter Bezeichnung der Beweismittel zu begründen.**

**(2) Im Wiederaufnahmeverfahren darf nicht tätig werden, wer an der den ersten oder zweiten Rechtszug abschließenden Entscheidung als Richter oder Beamtenbeisitzer mitgewirkt hat.**

**(3) Für das weitere Verfahren gelten die Bestimmungen über das gerichtliche Disziplinarverfahren entsprechend, soweit sich aus diesem Gesetz nichts Anderes ergibt.**

**Erläuterungen**

§ 74 Abs. 1 LDG bestimmt eine (im Vergleich zu § 586 Abs. 1 und 2 ZPO lang bemessene) Frist für den Antrag auf Wiederaufnahme von drei Monaten ab der (positiven) Kenntniserlangung von dem Wiederaufnahmegrund, d. h. von den den Wiederaufnahmegrund (möglicherweise) tragenden Tatsachen.

Nicht explizit geregelt ist der Kreis der Antragsberechtigten. Zu der vor diesem Hintergrund streitigen Frage, ob nach dem Tod des Beamten dessen Erben die Wiederaufnahme beantragen können (ablehnend *Gansen*, § 73 BDG Rn. 2, *Schmiemann* in Schmiemann/Wittkowski, § 73 BDG Rn. 3; siehe demgegenüber *Wittkowski* in Urban/Wittkowski, § 37 BDG Rn. 8) ist noch keine Rechtsprechung ergangen. Die Frage dürfte vor dem Hintergrund der früheren Regelung in § 100 Abs. 1

BDO für die Länder, die – wie auch der Bund – keine entsprechende Regelung getroffen haben, ungeachtet der Regelung in § 77 Abs. 2 LDG zu verneinen sein.

## § 75

## Entscheidung durch Beschluss

**(1) Das Gericht kann den Antrag, auch nach der Eröffnung der mündlichen Verhandlung, durch Beschluss verwerfen, wenn es die gesetzlichen Voraussetzungen für seine Zulassung nicht für gegeben oder ihn für offensichtlich unbegründet hält.**

**(2) Das Gericht kann vor der Eröffnung der mündlichen Verhandlung mit Zustimmung der zuständigen Behörde oder Einrichtung durch Beschluss das angefochtene Urteil aufheben und die Disziplinarklage abweisen oder die Disziplinarverfügung aufheben. Der Beschluss ist unanfechtbar.**

**(3) Der rechtskräftige Beschluss nach Absatz 1 sowie der Beschluss nach Absatz 2 stehen einem rechtskräftigen Urteil gleich.**

### Erläuterungen

§ 75 LDG ermöglicht im Interesse einer Verfahrensbeschleunigung einen Abschluss auf andere Weise als durch Urteil, nämlich durch Beschluss. Dies ist insbesondere dann möglich, wenn das Gericht (vgl. § 74 Abs. 1 Satz 1 LDG) den Antrag für „offensichtlich unbegründet" hält.

## § 76

## Mündliche Verhandlung, Entscheidung des Gerichts

**(1) Das Gericht entscheidet, wenn das Wiederaufnahmeverfahren nicht auf andere Weise abgeschlossen wird, aufgrund mündlicher Verhandlung durch Urteil.**

**(2) Gegen das Urteil des Verwaltungsgerichts und des Oberverwaltungsgerichts kann das in dem jeweiligen Verfahren statthafte Rechtsmittel eingelegt werden.**

### Erläuterungen

§ 76 Abs. 1 LDG korrespondiert mit den §§ 61 Abs. 1 Satz 1, 67 Satz 1 LDG, wobei aus dem Fehlen einer den §§ 61 Abs. 1 Satz 2, 67 Satz 2 LDG entsprechenden Vorgabe zur Nichtanwendbarkeit von § 106 VwGO nicht etwa gefolgert werden kann, der Abschluss eines Prozessvergleichs sei zulässig.

### § 77
### Rechtswirkungen, Entschädigung

**(1) Wird in einem Wiederaufnahmeverfahren das angefochtene Urteil zugunsten des Beamten aufgehoben, erhält dieser von dem Eintritt der Rechtskraft des aufgehobenen Urteils an die Rechtsstellung, die er erhalten hätte, wenn das aufgehobene Urteil der Entscheidung entsprochen hätte, die im Wiederaufnahmeverfahren ergangen ist. Wurde in dem aufgehobenen Urteil auf Entfernung aus dem Beamtenverhältnis oder auf Aberkennung des Ruhegehalts erkannt, gilt § 35 des Landesbeamtengesetzes entsprechend.**

**(2) Der Beamte und die Personen, denen er kraft Gesetzes unterhaltspflichtig ist, können im Falle des Absatzes 1 neben den hiernach nachträglich zu gewährenden Bezügen in entsprechender Anwendung des Gesetzes über die Entschädigung für Strafverfolgungsmaßnahmen vom 8. März 1971 (BGBl. I S. 157) in der jeweils geltenden Fassung Ersatz des sonstigen Schadens vom Dienstherrn verlangen. Der Anspruch ist innerhalb von drei Monaten nach dem rechtskräftigen Abschluss des Wiederaufnahmeverfahrens bei der für die Erhebung der Disziplinarklage zuständigen Behörde oder Einrichtung geltend zu machen. Ihre Entscheidung ist dem Antragsteller zuzustellen. Lehnt sie den Anspruch ab, gelten für seine Weiterverfolgung die Vorschriften über den Rechtsweg für Klagen aus dem Beamtenverhältnis.**

#### Erläuterungen

§ 77 LDG regelt die Rechtswirkungen der in einem Wiederaufnahmeverfahren zugunsten des Beamten erfolgten Aufhebung des angefochtenen rechtskräftigen Urteils, nämlich eine dienstrechtliche Folgenbeseitigung nach § 77 Abs. 1 LDG und einen Entschädigungsanspruch – auch der Personen, denen der Beamte unterhaltspflichtig ist – nach § 77 Abs. 2 LDG. Praktisch relevant geworden ist diese Vorschrift bisher ersichtlich nicht.

## Kapitel 6
## Kostenentscheidung im gerichtlichen Disziplinarverfahren

### § 78
### Kostentragung

**(1) Der Beamte, gegen den im Verfahren der Disziplinarklage auf eine Disziplinarmaßnahme erkannt wird, trägt die Kosten des Verfahrens. Bildet das dem Beamten zur Last gelegte Dienstvergehen nur zum Teil die Grundlage für die Entscheidung oder sind durch besondere Ermittlungen im behördlichen Disziplinarverfahren, deren Ergebnis**

**zugunsten des Beamten ausgefallen ist, besondere Kosten entstanden, können ihm die Kosten nur in verhältnismäßigem Umfang auferlegt werden.**

**(2) Wird eine Disziplinarverfügung trotz Vorliegens eines Dienstvergehens aufgehoben, können die Kosten ganz oder teilweise dem Beamten auferlegt werden.**

**(3) Wird das Disziplinarverfahren nach § 63 Abs. 3 eingestellt, trägt der Dienstherr die Kosten des Verfahrens.**

**(4) Im Übrigen gelten für die Kostentragungspflicht der Beteiligten die Bestimmungen der Verwaltungsgerichtsordnung.**

**Erläuterungen**

Die Regelung zur Kostentragung im Verfahren der Disziplinarklage nach § 78 Abs. 1 LSG korrespondiert mit der Kostentragungsregelung nach § 38 Abs. 1 LDG für das behördliche Disziplinarverfahren.

Wie bei der Einstellung trotz Vorliegens eines Dienstvergehens im behördlichen Disziplinarverfahren (§ 38 Abs. 2 Satz 2 LDG), können dem Beamten nach § 78 Abs. 2 LDG die Kosten im gerichtlichen Verfahren ganz oder teilweise auferlegt werden, wenn dieser trotz Vorliegens eines Dienstvergehens mit seiner Anfechtungsklage gegen eine Disziplinarverfügung Erfolg hat.

Wird das Verfahren wegen Ablaufs der vom Gericht auf Antrag des Beamten nach § 63 Abs. 2 LDG für die behördliche Abschlussentscheidung gesetzten Frist nach § 63 Abs. 3 LDG eingestellt, trägt der Dienstherr nach § 78 Abs. 3 LDG die Kosten.

Im Übrigen richtet sich die Kostentragung bei Klagen des Beamten, abgesehen von der schon erwähnten Sonderregelung des § 78 Abs. 2 LDG, nach § 78 Abs. 4 LDG i. V. m. §§ 154, 155 VwGO, also nach dem Maß des Obsiegens oder Unterliegens.

## § 79
## Kosten

**(1) In gerichtlichen Disziplinarverfahren werden Gebühren in entsprechender Anwendung des Gebührenverzeichnisses der Anlage zu § 78 des Bundesdisziplinargesetzes erhoben. Auslagen werden nach den Bestimmungen des Gerichtskostengesetzes erhoben.**

**(2) Kosten im Sinne des § 78 sind auch die zur zweckentsprechenden Rechtsverfolgung oder Rechtsverteidigung notwendigen Aufwendungen der Beteiligten einschließlich der Kosten des behördlichen Disziplinarverfahrens.**

**(3) Die gesetzlichen Gebühren und Auslagen eines Rechtsanwalts sind stets erstattungsfähig.**

**Erläuterungen**

Nach § 79 Abs. 1 Satz 1 LDG i. V. m der Anlage zu § 78 BDG werden abgestufte Gebühren zwischen gegenwärtig 360 Euro (Disziplinarklage mit dem Antrag auf Entfernung aus dem Beamtenverhältnis) und 60 Euro (Anfechtung einer auf einen Verweis lautenden Disziplinarverfügung/Klage gegen eine Einstellungsverfügung) erhoben. Bei Beendigung des gesamten Verfahrens durch Zurücknahme der Klage oder Erledigungserklärungen nebst Einigung über die Kostentragung bzw. Kostenübernahmeerklärung werden die Gebühren auf den Gebührenwert 0,5 reduziert, für das Berufungsverfahren gilt dies nur bis zum Eingang der Begründungsschrift. Wegen der weiteren Einzelheiten kann an dieser Stelle auf die Anlage zu § 78 BDG getroffenen Regelungen Bezug genommen werden.

Nach § 79 Abs. 2 LDG sind die Kosten des behördlichen Disziplinarverfahrens grundsätzlich erstattungsfähig. Die gesetzlichen Gebühren und Auslagen eines Rechtsanwalts sind nach § 79 Abs. 3 LDG stets erstattungsfähig.

## TEIL 5

## UNTERHALTSBEITRAG, UNTERHALTSLEISTUNG UND BEGNADIGUNG

### § 80

### Unterhaltsbeitrag bei Entfernung aus dem Beamtenverhältnis oder bei Aberkennung des Ruhegehalts

**(1) Die Zahlung des Unterhaltsbeitrags nach § 10 Abs. 3 oder § 12 Abs. 2 beginnt, soweit in der Entscheidung nichts Anderes bestimmt ist, zum Zeitpunkt des Verlusts der Dienstbezüge oder des Ruhegehalts.**

**(2) Die Zahlung des Unterhaltsbeitrags nach § 12 Abs. 2 steht unter dem Vorbehalt der Rückforderung, wenn für denselben Zeitraum eine Rente aufgrund der Nachversicherung gewährt wird. Zur Sicherung des Rückforderungsanspruchs hat der Ruhestandsbeamte eine entsprechende Abtretungserklärung abzugeben.**

**(3) Das Gericht kann in der Entscheidung bestimmen, dass der Unterhaltsbeitrag ganz oder teilweise an Personen gezahlt wird, zu deren Unterhalt der Beamte oder Ruhestandsbeamte verpflichtet ist; nach Rechtskraft der Entscheidung kann dies die oberste Dienstbehörde bestimmen.**

**(4) Auf den Unterhaltsbeitrag werden Erwerbs- und Erwerbsersatzeinkommen im Sinne des § 18a Abs. 2 sowie Absatz 3 Satz 1 und 2 des Vierten Buches Sozialgesetzbuch angerechnet. Der frühere Beamte oder frühere Ruhestandsbeamte ist verpflichtet, der obersten Dienstbehörde alle Änderungen in seinen Verhältnissen, die für die Zahlung des Unterhaltsbeitrags bedeutsam sein können, unverzüglich anzuzeigen. Kommt er dieser Pflicht schuldhaft nicht nach, kann ihm der Unterhaltsbeitrag ganz oder teilweise mit Wirkung für die Vergangenheit entzogen werden. Die Entscheidung trifft die oberste Dienstbehörde.**

**(5) Der Anspruch auf den Unterhaltsbeitrag erlischt, wenn der Betroffene wieder in ein öffentlich-rechtliches Amts- oder Dienstverhältnis berufen wird.**

### Erläuterungen

§ 80 LDG trifft ergänzende Regelungen zu §§ 10 Abs. 3 und 12 Abs. 2 LDG:

Die Zahlung beginnt nach § 80 Abs. 1 LDG bei fehlender abweichender Festlegung durch das Gericht mit dem Zeitpunkt des Verlusts der Dienstbezüge oder des Ruhegehalts.

§ 80 Abs. 2 LDG normiert einen gesetzlichen Rückforderungsvorbehalt für den Fall einer auf den selben Zeitraum bezogenen (rückwirkend erfolgenden) Rentengewährung, welcher zudem durch eine hierauf bezogene Abtretungserklärung des Beamten gesichert wird. Dem früheren Beamten ist damit als Empfänger des Unterhaltsbeitrags die Entreicherungsrede abgeschnitten (vgl. *Schnellenbach/Bodanowitz*, Beamtenrecht in der Praxis, § 15 Rn. 54 ff.).

Durch eine entsprechende Bestimmung kann das Gericht sicherstellen, dass der Unterhaltsbeitrag ganz oder teilweise an die Personen gezahlt wird, denen gegenüber der (frühere) Beamte oder Ruhestandsbeamte zum Unterhalt verpflichtet ist. Die Bestimmung kann nach Rechtskraft des Urteils auch von der obersten Dienstbehörde nachträglich getroffen werden.

Die Anrechnungsregelung nach § 80 Abs. 4 LDG dient der Verwaltungsvereinfachung und entspricht der allgemeinen Regelungssystematik des Beamtenversorgungsgesetzes, der zufolge Erwerbs- und Erwerbsersatzeinkommen auf Unterhaltsbeiträge unmittelbar und ohne Anwendung von Mindestbelassungsvorschriften oder Höchstgrenzenregelungen angerechnet werden (LT-Drucks. 3/3364, Begründung zu Art. 1 § 80 des Gesetzentwurfs).

Der in § 80 Abs. 5 LDG geregelte Erlöschensfall ist praktisch nicht relevant (siehe §§ 10 Abs. 6, 12 Abs. 4 LDG).

## § 81
## Unterhaltsleistung bei Mithilfe zur Aufdeckung von Straftaten

(1) Im Falle der Entfernung aus dem Beamtenverhältnis oder der Aberkennung des Ruhegehalts kann die zuletzt zuständige oberste Dienstbehörde dem ehemaligen Beamten oder ehemaligen Ruhestandsbeamten, der gegen das Verbot der Annahme von Belohnungen oder Geschenken verstoßen hat, die Gewährung einer monatlichen Unterhaltsleistung zusagen, wenn er sein Wissen über Tatsachen offenbart hat, deren Kenntnis dazu beigetragen hat, Straftaten, insbesondere nach den §§ 331 bis 335 des Strafgesetzbuches, zu verhindern oder über seinen eigenen Tatbeitrag hinaus aufzuklären. Die Nachversicherung ist durchzuführen.

(2) Die Unterhaltsleistung ist als Prozentsatz der Anwartschaft auf eine Altersrente, die sich aus der Nachversicherung ergibt, oder einer entsprechenden Leistung aus der berufsständischen Alterssicherung mit folgenden Maßgaben festzusetzen:

1. Die Unterhaltsleistung darf die Höhe der Rentenanwartschaft aus der Nachversicherung nicht erreichen.
2. Unterhaltsleistung und Rentenanwartschaft aus der Nachversicherung dürfen zusammen den Betrag nicht übersteigen, der sich als Ruhegehalt nach § 25 Absatz 1 in Verbindung mit § 10 des Brandenburgischen Beamtenversorgungsgesetzes ergäbe.

Die Höchstgrenzen nach Satz 1 gelten auch für die Zeit des Bezugs der Unterhaltsleistung; an die Stelle der Rentenanwartschaft aus der Nachversicherung tritt die anteilige Rente.

(3) Die Zahlung der Unterhaltsleistung an den früheren Beamten kann erst erfolgen, wenn dieser die Regelaltersgrenze erreicht vollendet hat oder eine Rente wegen Erwerbsminderung aus der gesetzlichen Rentenversicherung oder eine entsprechende Leistung aus der berufsständischen Versorgung erhält.

(4) Der Anspruch auf die Unterhaltsleistung erlischt bei erneutem Eintritt in den öffentlichen Dienst sowie in den Fällen, die bei einem Ruhestandsbeamten den Verlust der Versorgung nach § 11 des Brandenburgischen Beamtenversorgungsgesetzes zur Folge hätten. Der hinterbliebene Ehegatte oder eingetragene Lebenspartner erhält den Anteil an der Unterhaltsleistung, der verhältnismäßig dem Anteil des Witwengeldes an dem Ruhegehalt nach § 35 des Brandenburgischen Beamtenversorgungsgesetzes entspricht, wenn zum Zeitpunkt der Entfernung aus dem Beamtenverhältnis oder der Aberkennung des Ruhegehalts die Ehe oder eingetragene Lebenspartnerschaft bereits bestanden hatte.

### Erläuterungen

Die in § 81 LDG normierte, praktisch ersichtlich bisher nicht relevant gewordene „Kronzeugenregelung" dient dem Interesse der Korruptionsbekämpfung.

Dass der Gesetzgeber die Zusage der Gewährung einer monatlichen Unterhaltsleistung, welche in solchen Fällen sicherlich nicht ohne eine darauf bezogene Absprache bzw. Vereinbarung erfolgen kann, vorsieht, andererseits aber meint, der Abschluss eines gerichtlichen Vergleichs sei „seiner Natur nach dem Disziplinarrecht wesensfremd" (LT-Drucks. 3/3364, Begründung zu Art. 1 § 61 des Gesetzentwurfs), erscheint nicht konsistent.

## § 82
## Begnadigung

**(1) Dem Ministerpräsidenten steht das Begnadigungsrecht in Disziplinarsachen nach diesem Gesetz zu. Er kann es anderen Stellen übertragen.**

**(2) Wird die Entfernung aus dem Beamtenverhältnis oder die Aberkennung des Ruhegehalts im Gnadenweg aufgehoben, gilt § 36 Abs. 2 des Landesbeamtengesetzes entsprechend.**

### Erläuterungen

Dass der Ministerpräsident das Begnadigungsrecht für das Land Brandenburg im Einzelfall ausübt, diese Befugnis jedoch überragen kann, ist schon durch Art. 92 der Verfassung des Landes Brandenburg normiert. Einschlägig ist dazu ferner der „Erlass des Ministerpräsidenten über die Ausübung des Begnadigungsrechts (Gnadenerlass) vom 19.4.1995 (Abl. S. 442), durch den die Befugnis zur Ausübung des Begnadigungsrechts in Disziplinarsachen gegen Landesbeamte dem für die Dienstaufsicht über den Beamten zuständigen Minister, in Bezug auf Kommunalbeamte dem für die Kommunalaufsicht zuständigen Minister und bei Beamten der Körperschaften, Anstalten und Stiftungen des öffentlichen Rechts, die der Aufsicht des Landes unterstehen, dem für die Aufsicht zuständigen Minister übertragen wird (Art. 2 Nr. 5 des Gnadenerlasses). Die Justiziabilität von Gnadenentscheidungen mag „komplex" sein und „differenzierter Beurteilung" bedürfen (BVerfG, Beschl. vom 27.9.2012 – 2 BvR 1766/12 –, NJW 2013, 39, 40 m. w. N.). Außer Frage steht jedoch, dass auf die Ausübung des Gnadenrechts (mit einem bestimmten, angestrebten Ergebnis) kein Rechtsanspruch besteht (BayVerfGH, Entsch. vom 8.7.2008 – Vf. 6-VII-07 –, juris Rn. 23 m. w. N.).

§ 82 Abs. 2 LDG regelt die Folgen einer Begnadigung durch den Verweis auf § 36 Abs. 2 LBG.

# TEIL 6
# BESONDERE BESTIMMUNGEN FÜR EINZELNE BEAMTENGRUPPEN

## Kapitel 1
## Polizeivollzugsbeamte

### § 83
### Dienstvorgesetzte

**Der Minister des Innern kann durch Rechtsverordnung bestimmen, dass Vorgesetzte der Polizeivollzugsbeamten als Dienstvorgesetzte im Sinne dieses Gesetzes gelten.**

**Erläuterungen**

Von der Ermächtigung hat der Minister des Innern aktuell keinen Gebrauch gemacht (vgl. § 5 BZVPol).

## Kapitel 2
## Beamte auf Probe und Beamte auf Widerruf

### § 84
### Zulässige Disziplinarmaßnahmen

**Zulässige Disziplinarmaßnahmen bei Beamten auf Probe und Beamten auf Widerruf sind Verweis und Geldbuße.**

**Erläuterungen**

Die Beschränkung auf die genannten Disziplinarmaßnahmen bei Beamten auf Probe und Beamten auf Widerruf hat ihren Grund in den für diese geltenden Entlassungsvorschriften (§ 23 Abs. 3 Nr. 1 und Abs. 4 BeamtStG). Siehe auch bereits Erl. zu § 5.

### § 85
### Ermittlungen

**(1) Ein Beamter auf Probe kann nach § 23 Abs. 3 Satz 1 Nr. 1 des Beamtenstatusgesetzes nur entlassen werden, nachdem die für die Erhebung der Disziplinarklage zuständige Behörde oder Einrichtung nach den Bestimmungen dieses Gesetzes Ermittlungen durchgeführt hat.**

**(2) Ein Beamter auf Probe kann die Durchführung von Ermittlungen nach Absatz 1 beantragen, um sich von dem Verdacht eines Dienstvergehens zu entlasten; § 19 gilt entsprechend.**

**(3) Bei einem Beamten auf Widerruf, der wegen eines Dienstvergehens entlassen werden soll oder der sich von dem Verdacht eines Dienstvergehens entlasten will, gelten die Absätze 1 und 2 entsprechend.**

### Erläuterungen

Auch bei Beamten auf Probe und solchen auf Widerruf sind nur die im Sinne von § 22 Abs. 1 Satz 2 LDG erforderlichen Ermittlungen durchzuführen. Steht der Sachverhalt (etwa auch aufgrund der nach § 24 Abs. 1 LDG bindenden tatsächlichen Feststellungen eines rechtskräftigen Strafurteils) fest, kann die Entlassung nach § 23 Abs. 3 Satz 1 Nr. 1 BeamtStG unter der dort geregelten Voraussetzung vorgenommen werden, dass das Dienstvergehen bei einem Beamten auf Lebenszeit mindestens mit einer Gehaltskürzung disziplinarisch zu ahnden wäre. Dass die beamtenrechtliche Entlassung über die Durchführung der erforderlichen Ermittlungen hinausgehend keines abgeschlossenen förmlichen Disziplinarverfahrens bedarf, ergibt sich auch aus den nach § 84 LDG nur zulässigen – milderen – Disziplinarmaßnahmen.

## Kapitel 3
## Kommunalbeamte und sonstige Beamte von Körperschaften, Anstalten und Stiftungen des öffentlichen Rechts

### § 86
### Dienstvorgesetzter, höherer Dienstvorgesetzter, oberste Dienstbehörde

**(1) Wer Dienstvorgesetzter der Kommunalbeamten ist, bestimmen die Kommunalverfassung des Landes Brandenburg, das Gesetz über kommunale Gemeinschaftsarbeit und das Gesetz über den Kommunalen Versorgungsverband. Die Beamten des Kommunalen Versorgungsverbandes sind Kommunalbeamte im Sinne dieses Gesetzes. An die Stelle des höheren Dienstvorgesetzten und der obersten Dienstbehörde tritt der Dienstvorgesetzte.**

**(2) Bei dem Landrat, dem hauptamtlichen Bürgermeister, dem Verbandsgemeindebürgermeister, dem Amtsdirektor, dem Ersten Beigeordneten sowie bei dem hauptamtlichen Verbandsvorsteher tritt an die Stelle des Dienstvorgesetzten die Rechtsaufsichtsbehörde und an die Stelle des höheren Dienstvorgesetzten sowie der obersten Dienstbehörde die oberste Rechtsaufsichtsbehörde. Dies gilt auch für den**

**Direktor des Kommunalen Versorgungsverbandes sowie für kommunale Ehrenbeamte, die keinen Dienstvorgesetzten haben.**

**(3) Bei kommunalen Ruhestandsbeamten werden die Disziplinarbefugnisse durch den zum Zeitpunkt des Eintritts in den Ruhestand zuständigen Dienstvorgesetzten, bei dem Landrat, dem hauptamtlichen Bürgermeister, dem Verbandsgemeindebürgermeister, dem Amtsdirektor, dem Ersten Beigeordneten, dem hauptamtlichen Verbandsvorsteher und dem Direktor des Kommunalen Versorgungsverbandes im Ruhestand durch die zum Zeitpunkt des Eintritts in den Ruhestand zuständige Rechtsaufsichtsbehörde ausgeübt. Bei kommunalen Ehrenbeamten, die verabschiedet worden sind oder deren Ehrenbeamtenverhältnis durch Zeitablauf endet, werden die Disziplinarbefugnisse durch die zum Zeitpunkt der Verabschiedung oder der Beendigung des Ehrenbeamtenverhältnisses zuständige Rechtsaufsichtsbehörde ausgeübt.**

## Erläuterungen

Übersicht



### 1. Dienstvorgesetzte der Kommunalbeamten

§ 86 Abs. 1 LDG regelt, dass die Dienstvorgesetzten nach den einschlägigen kommunalrechtlichen Bestimmungen (auch) Dienstvorgesetzte in Disziplinarsachen sind. Zu nennen sind:

- § 61 Abs. 2 Satz 1 BbgKVerf: Die Gemeindevertretung ist Dienstvorgesetzte des Hauptverwaltungsbeamten (hauptamtlicher Bürgermeister, Oberbürgermeister).
- § 61 Abs. 2 Satz 2 BbgKVerf: Der Hauptverwaltungsbeamte ist Dienstvorgesetzter und oberste Dienstbehörde für die übrigen Gemeindebeamten.
- §§ 138, 140 Abs. 1 i. V. m. 61 Abs. 2 Satz 1 BbgKVerf: Der Amtsausschuss ist Dienstvorgesetzter des Amtsdirektors.
- §§ 138, 140 Abs. 1 i. V. m. 61 Abs. 2 Satz 2 BbgKVerf: Der Amtsdirektor ist Dienstvorgesetzter für die übrigen Beamten des Amtes.
- §§ 131 Abs. 1 i. V m. 61 Abs. 2 Satz 1 BbgKVerf: Der Kreistag ist Dienstvorgesetzter des Landrats.

- § 131 Abs. 1 i. V. m. 61 Abs. 2 Satz 2 BbgKVerf: Der Landrat ist Dienstvorgesetzter der übrigen Beamten des Kreises.
- § 16 Abs. 6 Satz 3 GKG: Die Verbandsversammlung ist Dienstvorgesetzter des Verbandsvorstehers.
- § 16 Abs. 5 Satz 2 GKG: Der Verbandsvorsteher ist Dienstvorgesetzter der übrigen Beamten des Zweckverbandes.
- § 6 Abs. 2 KVBbgG: Der Verwaltungsrat des Kommunalen Versorgungsverbandes ist Dienstvorgesetzter des Direktors dieser Körperschaft.
- § 6 Abs. 3 Satz 4 KVBbgG: Der Direktor des Kommunalen Versorgungsverbandes ist Dienstvorgesetzter der Beamten dieser Körperschaft.

### 2. Übergang der Disziplinarbefugnis auf die Rechtsaufsichtsbehörden

Soweit nach § 86 Abs. 1 LDG die Gemeindevertretung, die Stadtverordnetenversammlung, der Amtsausschuss, der Kreistag und der Verwaltungsrat Dienstvorgesetzte sind, bestimmt § 86 Abs. 2 LDG den Übergang der Disziplinarbefugnis auf die jeweiligen Rechtsaufsichtsbehörden. Dies ist insbesondere der Landrat als allgemeine untere Landesbehörde für die kreisangehörigen Städte und Gemeinden (§ 110 Abs. 1 BbgKVerf) und – in der Regel – auch für die Zweckverbünde (§ 42 Abs. 2 GKG) sowie das für Inneres zuständige Ministerium für die kreisfreien Städte (§ 110 Abs. 2 BbgKVerf) und für den Kommunalen Versorgungsverband (§ 1 Abs. 2 Satz 1 KVBbgG).

Der Grund für diese Sonderregelung wird in der Begründung des Gesetzentwurfs (LT-Drucks. 3/3364, Begründung zu Art. 1 Vorbemerkungen zu den §§ 86–90 des Gesetzentwurfs) wie folgt beschrieben: *„Entscheidungen im Disziplinarverfahren sind nach pflichtgemäßem Ermessen zu treffen und zu begründen. Dies erfordert ein Mindestmaß an Fachkunde, Verwaltungserfahrung und sachlicher Neutralität. Es liegt jedoch in der Natur der Sache, dass Entscheidungen der Vertretungskörperschaften subjektiv aufgrund kommunal- und gesellschaftspolitischer Erwägungen oder persönlicher Auffassungen und Präferenzen getroffen werden. Da das einzelne Mitglied einer Vertretungskörperschaft über die Motivation seines Abstimmverhaltens – insbesondere bei geheimen Abstimmungen – selbstverständlich nicht rechenschaftspflichtig ist, können Abwägungsprozesse, die in Ermessensentscheidungen münden, häufig nicht geprüft und nachvollzogen werden. Dies ist für Disziplinarentscheidungen nicht hinnehmbar. Die Bestimmungen sehen daher vor, dass in den Fällen, in denen Dienstvorgesetztenfunktionen von Vertretungskörperschaften ausgeübt werden, die Disziplinarbefugnis auf die Rechtsaufsichtsbehörden übergeht."*

### 3. Zuständigkeit für kommunale Ruhestands- und ausgeschiedene Ehrenbeamte

§ 86 Abs. 3 LDG schreibt die Ausübung der Disziplinarbefugnisse durch den letzten Dienstvorgesetzten bzw. die zuletzt zuständig gewesene Rechtsaufsichtsbehörde vor.

## § 87

## Kürzung der Dienstbezüge, Zurückstufung, Einbehaltung von Dienstbezügen

**(1) Der Dienstvorgesetzte des Kommunalbeamten kann abweichend von § 34 Abs. 3 Kürzungen der Dienstbezüge bis zum zulässigen Höchstmaß festsetzen.**

**(2) Für Kommunalbeamte auf Zeit gilt § 9 Abs. 1 Satz 1 mit der Maßgabe, dass die Zurückstufung in die Grundeinstufung (§ 2 Abs. 1 und 2 der Einstufungsverordnung) zulässig ist. § 9 Abs. 3 gilt entsprechend.**

**(3) Abgewählte kommunale Wahlbeamte auf Zeit unterfallen der Regelung über die Einbehaltung von Dienstbezügen nach § 39 Absatz 2 auch dann, wenn bis zum Tag der Abwahl eine vorläufige Dienstenthebung nach § 39 Absatz 1 nicht ausgesprochen worden ist, wegen der Schwere des Dienstvergehens aber voraussichtlich auf Aberkennung des Ruhegehalts erkannt werden wird. Die Einbehaltung der Dienstbezüge nach Satz 1 endet mit Ablauf des Anspruchs auf Weiterzahlung der Bezüge, die dem abgewählten Beamten am Tag vor der Abwahl nach Maßgabe besoldungsrechtlicher Vorschriften zustehen. Für den sich unmittelbar anschließenden Zeitraum findet § 39 Absatz 3 Anwendung.**

### Erläuterungen

Da der unmittelbare Dienstvorgesetzte eines Kommunalbeamten auch dessen höchster hauptamtlicher Dienstvorgesetzter ist, soll er nach § 87 Abs. 1 LDG „zur Stärkung der Selbstverwaltung" Kürzungen der Dienstbezüge bis zum zulässigen Höchstbetrag selbst festsetzen können (LT-Drucks. 3/3364, Begründung zu Art. 1 § 87 des Gesetzentwurfs).

Die Sonderregelung in § 87 Abs. 2 LDG erklärt sich daraus, dass ein Kommunalbeamter auf Zeit keiner Laufbahn angehört und daher nicht in ein niedriger bewertetes Amt seiner Laufbahn zurückgestuft werden kann.

§ 87 Abs. 3 LDG trifft eine Sonderregelung für die Einbehaltung von Dienstbezügen von abgewählten kommunalen Wahlbeamten. Dazu kann auf die Begründung des einschlägigen Gesetzentwurfs (LT-Drucks. 5/3140, Begründung zu Art. 1 Nr. 16) verwiesen werden:

*„Mit dem neuen Absatz 3 wird eine Regelungslücke geschlossen; denn aufgrund § 39 Absatz 1 bis 3 können [...] einem abgewählten, vorher jedoch nicht des Dienstes enthobenen [...] Beamten auf Zeit im unmittelbaren Zeitraum nach der Abwahl die Bezüge nicht gekürzt werden.*

*Insbesondere die kommunale Praxis zeigt, dass bei [...] Wahlbeamten aufgrund des Verdachts schwerer Dienstpflichtverletzungen (zum Beispiel bei dem Vorwurf der Vorteilsannahme) das Vertrauen in [...] den Beschuldigten so nachhaltig zerstört sein kann, dass es umgehend zur Einleitung des Abwahlverfahrens kommt. Soweit absehbar ist, dass der Abwahlantrag erfolgreich sein wird, ist mit Blick auf die in diesen Fällen üblicherweise praktizierte Ad-hoc-Maßnahme nach § 39 BeamtStG (Verbot der Führung der Dienstgeschäfte) eine zusätzliche Maßnahme nach § 39 Absatz 1 (vorläufige Dienstenthebung) aus der Sicht des kommunalen Dienstvorgesetzten entbehrlich.*

*Die Einbehaltung von Bezügen im Rahmen eines Disziplinarverfahrens ist nach dem Wortlaut des § 39 Absatz 2 und 3 aber an die vorläufige Dienstenthebung gebunden. Nach bisheriger Rechtslage konnten abgewählte [...] Beamte auf Zeit in schweren Fällen von Pflichtverletzungen, die voraussichtlich zu einer Aberkennung des Ruhegehalts führen werden, vorübergehend noch volle Dienstbezüge erhalten (§ 4 Absatz 3 BBesG F 2006), ohne dass die Einbehaltungsvorschriften des § 39 gegriffen hätten – eine durch nichts gerechtfertigte Besserstellung gegenüber denjenigen, die vorläufig des Dienstes enthoben worden sind. Da die Bezüge nach § 4 Absatz 3 BBesG F 2006 keine Versorgungsleistungen, sondern Ansprüche nach besoldungsrechtlichen Vorschriften sind, kann in diesen Fällen die Kürzungsvorschrift für [...] Ruhestandsbeamte (§ 39 Absatz 3 in Verbindung mit § 1 Absatz 1 Satz 2) keine Anwendung finden."*

## § 88
## Besondere Zuständigkeiten

**(1) Die Gemeindevertretung, der Amtsausschuss, der Kreistag oder die Verbandsversammlung (Vertretungskörperschaft) kann den Dienstvorgesetzten im Einzelfall mit der Mehrheit ihrer gesetzlichen Mitglieder anweisen, ein Disziplinarverfahren einzuleiten. Abweichend von Satz 1 kann die Vertretungskörperschaft mit der Mehrheit ihrer gesetzlichen Mitglieder von der Rechtsaufsichtsbehörde die Einleitung eines Disziplinarverfahrens gegen den Landrat, den hauptamtlichen Bürgermeister, den Amtsdirektor, den Ersten Beigeordneten, den hauptamtlichen Verbandsvorsteher, den Direktor des Kommunalen Versorgungsverbandes sowie gegen kommunale Ehrenbeamte verlangen. Die Rechtsaufsichtsbehörde hat das Verlangen zurückzuweisen, wenn die Voraussetzungen des § 18 Abs. 1 Satz 1 nicht vorliegen.**

**(2) Den Widerspruchsbescheid erlässt die Ausgangsbehörde. Hat die Rechtsaufsichtsbehörde die angefochtene Entscheidung erlassen, erlässt den Widerspruchsbescheid die oberste Rechtsaufsichtsbehörde. Ein Widerspruchsverfahren findet nicht statt, wenn die angefochtene Entscheidung durch die oberste Rechtsaufsichtsbehörde erlassen worden ist.**

**(3) Disziplinarklage erhebt der Dienstvorgesetzte, bei dem Landrat, dem hauptamtlichen Bürgermeister, dem Amtsdirektor, dem Ersten Beigeordneten, dem hauptamtlichen Verbandsvorsteher, dem Direktor des Kommunalen Versorgungsverbandes sowie bei kommunalen Ehrenbeamten die Rechtsaufsichtsbehörde.**

### Erläuterungen

§ 88 Abs. 1 Satz 1 LDG gewährleistet den Einfluss der „Vertretungskörperschaften" auf die Entscheidung des Dienstvorgesetzten, etwa des hauptamtlichen Bürgermeisters, im Einzelfall ein Disziplinarverfahren einzuleiten. Der Dienstvorgesetzte hat einer entsprechenden mehrheitlichen Anweisung zu folgen, selbst wenn zureichende tatsächliche Anhaltspunkte für den Verdacht eines Dienstvergehens fehlen. Der Adressat der Anweisung sollte, wenn er diese für rechtswidrig hält, zum Schutz des Beamten zunächst auf eine Korrektur der Anweisung hinzuwirken versuchen (etwa der Bürgermeister durch eine Beanstandung nach § 55 BbgKVerf); im Übrigen kann er das anweisungsgemäß eröffnete Disziplinarverfahren in solchen Fällen – je nach Sachlage auch bereits im Zuge der Einleitungsverfügung – gemäß § 33 Abs. 1 Nr. 1 oder Nr. 4 LDG einstellen.

§ 88 Abs. 1 Satz 2 LDG verringert den mit der Übertragung der Disziplinarbefugnis auf die Rechtsaufsichtsbehörde (§ 86 Abs. 2 LDG) vorgenommenen Eingriff in die Personalhoheit durch die Möglichkeit der Vertretungskörperschaften, durch ein auf die Einleitung eines Disziplinarverfahrens gerichtetes Verlangen Einfluss auf die Entscheidung der Rechtsaufsichtsbehörde zu nehmen. Die Rechtsaufsichtsbehörde darf dieses Verlangen nur zurückweisen, wenn keine zureichenden tatsächlichen Anhaltspunkte für ein Dienstvergehen bestehen. Damit soll vermieden werden, dass die Rechtsaufsichtsbeschwerde einem aus sachfremden „kommunalpolitischen" Erwägungen oder aus Unkenntnis der Rechtslage erfolgten Verlangen folgen und sehenden Auges rechtswidrig ein Disziplinarverfahren einleiten muss. Der Gesetzgeber geht davon aus, dass gegen die das Verlangen ablehnende Entscheidung der Rechtsaufsichtsbehörde der Verwaltungsrechtsweg eröffnet ist (LT-Drucks. 3/3364, Begründung zu Art. 1 § 88 des Gesetzentwurfs).

§ 88 Abs. 2 LDG bestimmt die Widerspruchsbehörde bzw. schließt das Widerspruchsverfahren für die Anfechtung von durch das Ministerium des Innern getroffene Entscheidungen aus.

§ 88 Abs. 3 LDG regelt die Zuständigkeit für die Erhebung der Disziplinarklage.

## § 89
## Unterrichtungs- und Mitteilungspflicht

**(1) Die Rechtsaufsichtsbehörde ist über die Einleitung eines Disziplinarverfahrens unverzüglich zu unterrichten. Die Rechtsaufsichtsbehörde kann innerhalb eines Monats nach Eingang der Unterrichtung das Verfahren an sich ziehen. Wird eine Maßnahme unter Verstoß gegen Satz 1 getroffen, ist sie nichtig.**

**(2) Die Einleitung eines Disziplinarverfahrens, die Erhebung einer Disziplinarklage sowie Einstellungs- oder Disziplinarverfügungen sind, auch wenn eine Rechtsaufsichtsbehörde tätig wird oder geworden ist, der Vertretungskörperschaft mitzuteilen. Auf Antrag der Vertretungskörperschaft ist ihr Auskunft über den Stand des Verfahrens zu erteilen, wenn dies ohne Gefährdung der Sachverhaltsaufklärung möglich ist.**

**(3) Die Absätze 1 und 2 Satz 2 gelten auch, wenn die Rechtsaufsichtsbehörde an die Stelle des Dienstvorgesetzten tritt. Die Unterrichtungspflicht besteht dann gegenüber der obersten Rechtsaufsichtsbehörde.**

### Erläuterungen

Durch die durch § 89 Abs. 1 LDG begründete Pflicht des Dienstvorgesetzten, die Rechtsaufsichtsbehörde unverzüglich über die Einleitung eines Disziplinarverfahrens zu unterrichten, wird diese in den Stand gesetzt, zeitnah auf die Korrektur einer rechtswidrigen oder auch nicht sachgerechten Anwendung des Disziplinarrechts hinzuwirken und im Konfliktfall das Verfahren fristgebunden an sich zu ziehen (§ 89 Abs. 1 Satz 2 LDG). Dies setzt voraus, dass der Dienstvorgesetzte die Rechtsaufsichtsbehörde umfassend unterrichtet, also nicht nur substanzlos über die Einleitung des Disziplinarverfahrens als solche informiert. Verstößt der Dienstvorgesetzte gegen die Unterrichtungspflicht, so schlägt der darin liegende Mangel auf die von ihm verfügte Disziplinarmaßnahme durch, denn diese ist kraft § 89 Abs. 1 Satz 3 LDG nichtig. Dies stellt einen im Interesse des Beschleunigungsgebots normierten Sonderweg gegenüber dem Verfahren § 36 Abs. 2 LDG dar (vgl. LT-Drucks. 3/3364, Begründung zu Art. 1 § 89 des Gesetzentwurfs).

§ 89 Abs. 2 und Abs. 3 LDG stellen u. a. die umfassende Information der Vertretungskörperschaft sicher. Dass in § 89 Abs. 3 Satz 2, Abs. 1 LDG zum Ausdruck kommende Misstrauen gegenüber der Qualität der Ausübung der Disziplinarbefugnis insbesondere durch den Landrat als allgemeine untere Landesbehörde, ist durchaus erstaunlich.

## § 90

### Weisungsbefugnis der Rechtsaufsichtsbehörde

**Die Rechtsaufsichtsbehörde kann den Dienstvorgesetzten im Einzelfall anweisen, ein Disziplinarverfahren einzuleiten. Kommt dieser der Anweisung nicht nach, kann sie das Disziplinarverfahren selbst einleiten.**

**Erläuterungen**

§ 90 LDG eröffnet der Rechtsaufsichtsbehörde die Möglichkeit, den Dienstvorgesetzten zur Einleitung eines Disziplinarverfahrens zu veranlassen, wenn dieser in Verkennung der Rechtslage oder falscher Beurteilung der Sachlage nicht pflichtgemäß tätig wird (LT-Drucks. 3/3364, Begründung zu Art. 1 § 90 des Gesetzentwurfs). Für den Fall, dass der Dienstvorgesetzte der Weisung nicht nachkommt, hat die Rechtsaufsichtsbehörde ein Selbsteintrittsrecht.

## § 91

### Sonstige Beamte von Körperschaften, Anstalten und Stiftungen des öffentlichen Rechts

**Für die sonstigen Beamten von Körperschaften, Anstalten und Stiftungen des öffentlichen Rechts gelten die §§ 86 bis 90 entsprechend, sofern nicht das jeweils zuständige Ministerium durch Rechtsverordnung etwas Abweichendes bestimmt.**

**Erläuterungen**

Die Prüfung, ob die entsprechende Anwendung der §§ 86 bis 90 LDG auf die sonstigen Beamten von Körperschaften, Anstalten und Stiftungen des öffentlichen Rechts sinnvoll ist bzw. sachgerecht erscheint, obliegt dem fachlich zuständigen Minister, der dem gegebenenfalls durch abweichende Regelungen durch Rechtsverordnung Rechnung tragen kann. Inhalt, Zweck und Ausmaß der Ermächtigung sind durch die Bezugnahme auf die §§ 86 bis 90 LDG hinreichend umrissen (vgl. Art. 80 Satz 1 der Verfassung des Landes Brandenburg).

# TEIL 7

# ÜBERGANGS- UND SCHLUSSBESTIMMUNGEN

## § 92

### Übergangsbestimmungen

**(1) Die nach bisherigem Recht eingeleiteten Disziplinarverfahren werden in der Lage, in der sie sich bei In-Kraft-Treten dieses Gesetzes befinden, nach diesem Gesetz fortgeführt, soweit in den Absätzen 2**

**bis 11 nichts Abweichendes bestimmt ist. Maßnahmen, die nach bisherigem Recht getroffen worden sind, bleiben rechtswirksam.**

**(2) Die folgenden Disziplinarmaßnahmen nach bisherigem Recht stehen folgenden Disziplinarmaßnahmen nach diesem Gesetz gleich:**

1. **die Gehaltskürzung der Kürzung der Dienstbezüge,**
2. **die Versetzung in ein Amt derselben Laufbahn mit geringerem Endgrundgehalt der Zurückstufung und**
3. **die Entfernung aus dem Dienst der Entfernung aus dem Beamtenverhältnis.**

**(3) Wegen der vor dem In-Kraft-Treten dieses Gesetzes begangenen Dienstvergehen, für die nach bisherigem Recht eine Disziplinarmaßnahme wegen Zeitablaufs nicht mehr verhängt werden konnte, darf auch nach diesem Gesetz eine Disziplinarmaßnahme nicht verhängt werden. Im Übrigen richtet sich das Disziplinarmaßnahmeverbot wegen Zeitablaufs nach diesem Gesetz.**

**(4) Ist wegen eines vor dem In-Kraft-Treten dieses Gesetzes begangenen Dienstvergehens gegen einen Beamten im Strafverfahren oder im Bußgeldverfahren unanfechtbar eine Strafe, Geldbuße oder Ordnungsmaßnahme verhängt worden, darf wegen desselben Sachverhalts eine Disziplinarmaßnahme nach diesem Gesetz nicht verhängt werden, wenn die Verhängung einer entsprechenden Disziplinarmaßnahme nach bisherigem Recht nicht zulässig war. Dies gilt auch dann, wenn die Strafe, Geldbuße oder Ordnungsmaßnahme nach dem In-Kraft-Treten dieses Gesetzes verhängt wird.**

**(5) Ist vor dem In-Kraft-Treten dieses Gesetzes ein förmliches Disziplinarverfahren eingeleitet worden, sind ungeachtet der durchgeführten Vorermittlungen nach bisherigem Recht die nach diesem Gesetz vorgeschriebenen Ermittlungen durchzuführen. Die nach diesem Gesetz für die Erhebung der Disziplinarklage zuständige Behörde oder Einrichtung kann die nach bisherigem Recht zuständige Einleitungsbehörde mit der Fortführung des Disziplinarverfahrens beauftragen und einen nach bisherigem Recht bestellten Untersuchungsführer zum Ermittlungsführer nach diesem Gesetz bestellen.**

**(6) Statthaftigkeit, Form und Frist eines Rechtsbehelfs oder Rechtsmittels gegen eine Entscheidung, die vor dem In-Kraft-Treten dieses Gesetzes ergangen ist, bestimmen sich nach bisherigem Recht. Im weiteren Verfahren gelten ebenfalls die Bestimmungen des bisherigen Rechts.**

**(7) Die bei In-Kraft-Treten dieses Gesetzes anhängigen gerichtlichen Disziplinarverfahren werden nach den Bestimmungen des bisherigen Rechts fortgeführt.**

**(8) Für die Wiederaufnahme von Disziplinarverfahren, die vor dem In-Kraft-Treten dieses Gesetzes rechtskräftig abgeschlossen worden sind, gelten die Bestimmungen dieses Gesetzes.**

**(9) Die nach bisherigem Recht in einem Disziplinarverfahren ergangenen Entscheidungen sind nach bisherigem Recht zu vollstrecken, wenn sie unanfechtbar geworden sind.**

**(10) Hat das Verwaltungsgericht vor dem In-Kraft-Treten dieses Gesetzes über die Bewilligung eines Unterhaltsbeitrags entschieden, bleiben im Rechtsmittelverfahren nach diesem Gesetz die für die Bewilligung des Unterhaltsbeitrags geltenden Bestimmungen des bisherigen Rechts anwendbar.**

**(11) Die Frist für das Verwertungsverbot und ihre Berechnung für die Disziplinarmaßnahmen, die vor dem In-Kraft-Treten dieses Gesetzes verhängt worden sind, bestimmen sich nach diesem Gesetz. Dies gilt nicht, wenn die Frist und ihre Berechnung nach bisherigem Recht für den Beamten günstiger ist.**

**(12) Gebühren nach § 79 Absatz 1 Satz 1 werden nur für die nach dem 31. Dezember 2011 anhängig werdenden Verfahren erhoben. Dies gilt nicht im Verfahren über ein Rechtsmittel, das nach dem 31. Dezember 2011 eingelegt worden ist.**

### Erläuterungen

Die Übergangsbestimmungen haben aufgrund des Zeitablaufs seit dem In-Kraft-Treten des Landesdisziplinargesetzes keine Bedeutung mehr.

## § 93
## Verwaltungsvorschriften

**Die zur Durchführung dieses Gesetzes erforderlichen Verwaltungsvorschriften erlässt der Minister des Innern; die Verwaltungsvorschriften sind zu veröffentlichen.**

### Erläuterungen

Wegen der umfassenden gesetzlichen Regelung des Disziplinarrechts, welche nach allgemeinen Grundsätzen (Gesetzesvorbehalt) auch notwendig ist, dürften (bisher nicht erlassene) ergänzende Verwaltungsvorschriften (auch in Zukunft) nicht erforderlich sein.

## Stichwortverzeichnis

Die Zahlen verweisen auf den jeweiligen Paragrafen (halbfett) und die Gliederungsnummer (mager).

## D

## E

## F



## G

## K



## L



## M



## N



## R



## S

## Z

Schumacher (Hrsg.) | Benedens | Erdmann (u. a.)

## Kommunalverfassungsrecht Brandenburg

Im Kommunalverfassungsrecht Brandenburg werden die in der Kommunalverfassung des Landes zusammengefassten Regelungen für Kommunen ziel- und praxisorientiert kommentiert. Der Titel beinhaltet neben den Kommentierungen zur Kommunalverfassung des Landes Brandenburg auch die Kommentierungen zum Gesetz über kommunale Gemeinschaftsarbeit im Land Brandenburg und zum Brandenburgischen Kommunalwahlgesetz sowie den Text zum Verbandsgemeinde- und Mitverwaltungsgesetz.

Kommentar, Stand 2024, 2.944 Seiten, Loseblattausgabe,
ISBN 978-3-86115-125-8, 149 €

---

Brosi-Barth

## Impulsbox für das Mitarbeitergespräch - Kartenset

Mitarbeitergespräche sind wertvolle Bestandteile des Führungsalltags. Spontan, zu bestimmten ausgewählten Themen und ganz besonders als wiederkehrendes Mitarbeiterjahresgespräch ermöglichen sie es, die Arbeitsbeziehung zu den Mitarbeitenden zu stärken. Die Impulsbox für das Mitarbeitergespräch, das häufig im jährlichen Rhythmus geführt wird, ist eine Einladung, die Arbeitssituation und Zusammenarbeit aus vielfältigen Perspektiven und Blickwinkeln systemisch zu betrachten. Sie wurde mit dem Ziel konzipiert, Führungskräften und Mitarbeitenden im öffentlichen Dienst das Führen von Mitarbeitergesprächen zu erleichtern.

Kartenset, 2023, ISBN 978-3-8293-1842-6, 20 €

Krupop

**Das Einmaleins des Beamtenlebens**

2024, Softcover,
ca. 100 Seiten, 20 €,
ISBN 978-3-8293-1887-7

Metzler-Müller | Rieger | Seeck | Zentgraf

**Beamtenstatusgesetz**

Kommentar, 6. Auflage 2022,
Softcover, 630 Seiten,
ISBN 978-3-8293-1752-8, 69 €

---

Schulte | Pinger

**Mitarbeiterbindung im öffentlichen Dienst**

2021, Softcover,
270 Seiten, 30 €,
ISBN 978-3-8293-1539-5

Heid

**Beamtenrecht des Bundes**

Lehrbuch, 3. Auflage 2024,
Softcover, ca. 300 Seiten, 49 €,
ISBN 978-3-8293-1922-5